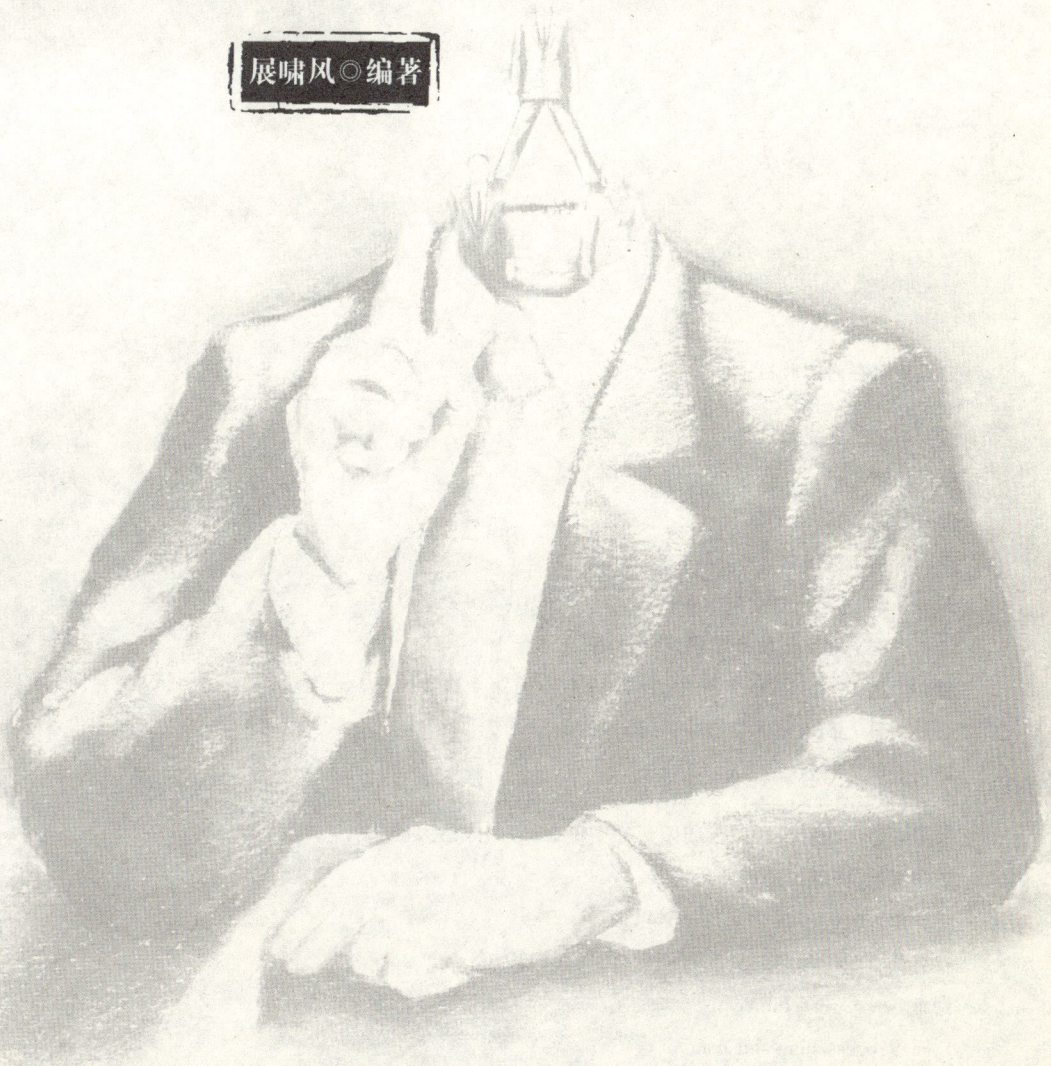

BA XINJI YONGZAI DUI DE SHIJI

把心机用在
对的时机

聪明人之所以聪明，是因为他比人多一点心机
成功者之所以成功，是因为他更懂得看对时机

展啸风◎编著

中国华侨出版社

图书在版编目(CIP)数据

把心机用在对的时机 / 展啸风编著.—北京:
中国华侨出版社,2010.4
ISBN 978-7-5113-1320-1

Ⅰ.①把… Ⅱ.①展… Ⅲ.①成功心理-通俗读物
Ⅳ.①B848.4-49

中国版本图书馆 CIP 数据核字(2011)第 049627 号

把心机用在对的时机

编　　著 / 展啸风

责任编辑 / 赵　静

责任校对 / 吕　红

经　　销 / 新华书店

开　　本 / 787×1092 毫米　1/16 开　印张/18　字数/280 千字

印　　刷 / 北京金秋豪印刷有限公司

版　　次 / 2011 年 6 月第 1 版　2011 年 6 月第 1 次印刷

书　　号 / ISBN 978-7-5113-1320-1

定　　价 / 32.00 元

中国华侨出版社　北京市朝阳区静安里 26 号通成达大厦 3 层　邮编:100028

法律顾问:陈鹰律师事务所

编辑部:(010)64443056　　64443979

发行部:(010)64443051　　传真:(010)64439708

网址:www.oveaschin.com

E-mail:oveaschin@sina.com

前　言

　　首先,笔者在前言里要特别指出,这里的"心机"不是害人之心,不是处心积虑算计别人之心,不是耍阴谋玩手段的欺诈之心。做人必须光明磊落,心里不要搁见不得光的阴霾,这样的人才能获得他人的信任和友谊。相反,那些玩弄权术、坑蒙拐骗的人,即使能隐瞒世人一时,但"群众"的眼睛是雪亮的,这种人最终会自食恶果。

　　心机不是书上学来的,"纸上得来终觉浅",它的本质是从生活中汲取的智慧,是生活的浓缩和提炼。单纯的人是可爱和可贵的,他们大多没有经历过社会的洗礼,没有经历过生活的磨砺,这样的人纯朴天然。不过人总要成长,总要面对人生的风风雨雨,于是涉世历久,人情世故经历多了,自然就会产生诸如如何避免受伤害、如何与人打交道、如何应对各种竞争、如何规划事业等等的"心机"。这种"心机"是一种谋略、一种智慧、一种助你顺利成长的内在力量。

　　不过,人生的成功,除了要有心机外,更重要的是,要把这种心机用在"对"的时机。所谓"对"的时机,譬如在面临危险的时刻、在面对重要抉择的时刻,乃至在你人生的每一个紧要关头,都能沉着镇静地运用智慧去解决。这种"心机"是人生非常难得的素质。

鉴于此认识,笔者以有限的阅历和感悟编写了这本《把心机用在对的时机》。本书以宽视角、长镜头的方式,剖析了在面对人生不同阶段和面临的不同处境,如何把心机恰到好处地运用到对的时机。编写时笔者有针对性地选取了古今中外的经典案例,从为人、处世、修身、养性、治家、管理、经商等方面,诠释了心机运用对时机的精妙之法,希望给年轻朋友们一些启发。

目　录

卷一　在暴露弱点的关头：
以本色面目出现，缺陷便会被人容忍

　　生活中，许多人都刻意追求完美，一旦达不到要求，便会心生遗憾，滋生失落。其实这完全没有必要，因为缺陷是世界的本相。若时时刻刻都想展现自己最完美的一面，那会不可避免地极力去掩饰缺陷，最终只会弄巧成拙，让自己深感疲惫，徒增痛苦。若能主动地以本色面目出现，定会卸掉心理包袱，活得更加从容。

　　其实，人们并不排斥有缺陷的人。只有不以不完美为憾，才能流露出真性情，因为它真实而感人。

卷二　在需要迂回周旋的时候：
大智若愚可成为四两拨千斤的上等智慧

　　在生活中，我们难免会遇到强劲的对手，如果不讲策略，峥嵘尽显，虽然在博弈中有可能胜出，但也会支付高昂的成本。因此，智者在摸不清对手底牌的时候，总是藏起锋芒，以大智若愚的心态巧妙周旋。这样不但可以规避正面冲突带来的风险，甚至还可以让对手对你掉以轻心，甚至忽视你的存在，这样就为自己的发展赢得了良机。

　　所以，那些大智若愚的人，见识往往在常人之上。因为他们甘为愚笨、不慕浮华的做派，本身就是四两拨千斤的上等智慧。

卷三　当屈辱到来的刹那间：

大智者常有大辱，忍大辱者则有大成

　　真正有智慧的人，通常都能够忍受奇耻大辱，然而，由于曲高和寡，能够理解他们的人往往很少。世界就是这样，智者总要忍受孤独，他们的远见卓识往往不为人们所接受，甚至会成为人们嘲讽和打压对象的理由。

　　事实上，一个人要想有所突破，就不要幻想没有障碍地前进，在众多的反对声浪中，也许只有自己才是唯一正确的。如果去央求别人的理解，有时就是对牛弹琴，如果在关键时刻顾及别人的羞辱而放弃原本正确的坚持，也就恰恰印证了别人的判断。

卷四 当处于下风的时候：
善用弱点，"弱"也能胜"强"

人们都有同情弱者的心理趋向，总是愿意以包容的心态去宽恕弱者。尽管有时弱者会受到一些人的冷眼和嘲讽，但同情弱者是大多数人的道德操守。他们同情弱者、关爱弱者，并在需要的时候及时伸出援助之手。所以说弱者并不孤立，在他的背后有一个看不见的强大群体。

因而，弱者不要怕暴露自己的弱点，有时在人前显弱更能引起人们的关注，更能获得舆论支持，也能换取人们的同情。

卷五 在人生不同境况之际：
把握好低头与抬头的机会

俗话说，人外有人，天外有天。然而，生活中有些人自恃才高八斗、学富五车，目空四海、目中无人。以这样的姿态为人处世，势必会导致人际关系紧张，甚至影响自己的上升空间。

真正的智者，总能够在错综复杂的人际关系中理出思路，他们从不居功自傲，知道何时该"低头"，何时该"抬头"。这样的人，很难遭到他人的嫉恨，也不至于独自品味"怀才不遇"的苦果。他们总是在不知不觉中春风得意、扶摇直上，一切都那么自然和理所应当，让人无可厚非。

卷六　在财力悬殊的不同周期:

穷不叫苦,富不贪恋,便离识破天道不远了

暂时的贫苦并不可怕,可怕的是处在贫苦中的人整日叫苦连天、怨声载道,好像全世界都是他的敌人。这样不讲场合、随时将一肚子苦水胡乱倾倒的人,绝对赢得不了别人的敬重。

只有那些不以苦为苦,任劳任怨,甚至苦中作乐的人,才算得上是真正的智者。也只有将这种精神贯彻始终,才能成就一番事业,并得到他人的敬重。作为富裕者,也不能够骄奢自满,而是要保持一份淡然的心境。只有不贪恋富贵,才能够拥有强大的内心,达到人生的更高境界。

卷七　在展现胸襟雅量的时刻:

声望以器量为贵,而不是名声显赫

俗话说,君子要成人之美,要有容人之量。可生活中有一些人为了拉抬自己的声望,就喜欢沽名钓誉、牵强附会,也许暂时会有人为他喝彩,但那毕竟是虚假的,难以经得起时间的考验,名声再大也无法给他们带来真正的好处。

人的声望是以度量为贵,而不是靠其显赫的地位。可以说,任何人的雅量都不是天生的,都是在不断的人格熏陶中逐渐完善的。

卷八　在友谊遭遇考验的时候:

严以待己,宽以待人

在生活中,朋友是不可缺少的,一个人事业的成败和幸福指数的高低,都与朋友的多少与层次有着密不可分的关系。俗话说,酒肉朋友易交,患难知己难逢。

如果一个人只有几个酒肉朋友,或者说狐朋狗友,那么在他真正需要帮助的时候,必定是"树倒猢狲散"的凄凉结局。而那些拥有知己的朋友,则会是另外一种情景。

卷九　在攸关取舍的敏感期:

争要争得霸气,让要让得大气

社会是竞争的平台,每个人都要在这个舞台上登台亮相,扮演好自己的角色,演绎好自己的人生。无论是精彩绝伦,还是稀松平常,这都不是最重要的,重要的是每个人要力求不能以"自己是小草",就不敢与大树共享阳光。属于自己的一定要努力争取,因为真正的幸福不在于目标是否达到,而在于达到目标的努力之中。

当然,如果原本不属于自己的,就不要胡搅蛮缠、生拉硬拽,而是以宽容的态度,成就别人的精彩。这样,在别人成功的同时,你依然能够感受到谦让的情怀。

卷十　在真伪难辨的当口:
奇中有正,正中有奇,奇正相生

世界是个万花筒,有时候会让我们很难识别优劣、区分好坏,因为那些看似美丽的鲜花,却有可能是罂粟。那些看似丑陋的碎石,却有可能是价值连城的美玉。因此,在这个世界上要想轻松自如地驾驭自己的人生方舟,就要有劈波斩浪的技能。

只有在纷纭复杂的态势中练就一双火眼金睛,才能够不至于被美丽的谎言蒙蔽,被别有用心的人欺骗,也才能够在真真假假、虚虚实实中开辟出一条通往坦途的道路。

卷十一　在需装聋作哑的时候:
智者总是神龙见首不见尾

古今中外,凡是想谋取大事者,无一不是潜伏的高手。他们不露声色、见机行事,在人际交往中,总是善于把自己的所思所想隐藏起来,从不轻易让人察觉自己的真实动向,他们的言行举止也不会透露出任何对方想要的信息,以免被人牵着鼻子走。

隐藏得越深,也就越不容易被人发现,也就越容易接近成功。做大事者,一定要学会藏锋。这就犹如一件珍贵的宝物,别人看见难免会有非分之想。至于锋芒毕露则更容易招来不必要的麻烦,也会给自己前进的道路设置种种障碍。

卷十二 在展示口才的时刻:

嬉笑怒骂,妙"口"回春

妙语从古至今,都被人们视作公关的利器,它总是在人们陷入迷津或困惑的时候被及时利用,从而化险为夷、化干戈为玉帛。妙语的功效就在于攻心为上,它可谓是所有手段中最为廉价却又极为有效的。

当然,有的妙语是口蜜腹剑,有的是忠言逆耳,有的是口吐莲花,有的又是疯人醉话,有的则是指桑骂槐,等等,都不尽相同,但所有的语言都是达到目的的辅助手段。

卷十三　在商场博弈的关头:

翻云覆雨,深藏不露

　　古有战场,硝烟弥漫;今有商海,波澜壮阔。在碧波荡漾的商海中,要想劈波斩浪、一帆风顺,就要学会经商之道,除了要掌握"眼观市场行情、耳听八方信息"的要素外,还要练就一身竞争博弈的本事,否则不是被强大的对手消灭,就是自我出局。

　　要想开辟财富通道,就要有匠心独运的商业绝技,而那些在商场叱咤风云的商业巨子,都是掌握商战玄机的高手,其运作手法几乎是登峰造极、炉火纯青,因而才在高深莫测的商战中轻松自如、游刃有余。

卷十四　在机缘降临的瞬间:

善于借势,才可寻到跳板

　　俗话说"一个篱笆三个桩,一个好汉三个帮",任何人的成功,都不是单打独斗的结果,都是在充分借鉴或者整合了周边资源的基础上,再加上个人的天赋和努力,才达到了自己的人生高度。如果单靠个人的努力就想取得非凡的成就,既不现实又不自量力。

　　因此,真正的智者,总是审时度势,从错综复杂的局势中理清思路,寻找一切可能性,从而最大限度地调动一些积极因素来辅助自己,这样才是通向成功之路的唯一捷径。

卷十五 在权力制衡的时刻:

恩威并重,收放自如

处在权力中心的人,要想有效地领导自己的部下,树立自己的权威,就要在权力场中做到见机行事,逢凶化吉,要能够随时变换脸谱,去担当差距很大的角色。

作为领导,不能只是一味地"软"或是扮红脸,那无异于纵容别人欺侮自己,可若整天总是黑着脸,这样弓虽硬,但却容易激化矛盾,从而处处受攻,八面树敌。

卷一 在暴露弱点的关头:

以本色面目出现,缺陷便会被人容忍

生活中,许多人都刻意追求完美,一旦达不到要求,便会心生遗憾,滋生失落。其实这完全没有必要,因为缺陷是世界的本相。若时时刻刻都想展现自己最完美的一面,那会不可避免地极力去掩饰缺陷,最终只会弄巧成拙,让自己深感疲惫,徒增痛苦。若能主动地以本色面目出现,定会卸掉心理包袱,活得更加从容。

其实,人们并不排斥有缺陷的人。只有不以不完美为憾,才能流露出真性情,因为它真实而感人。

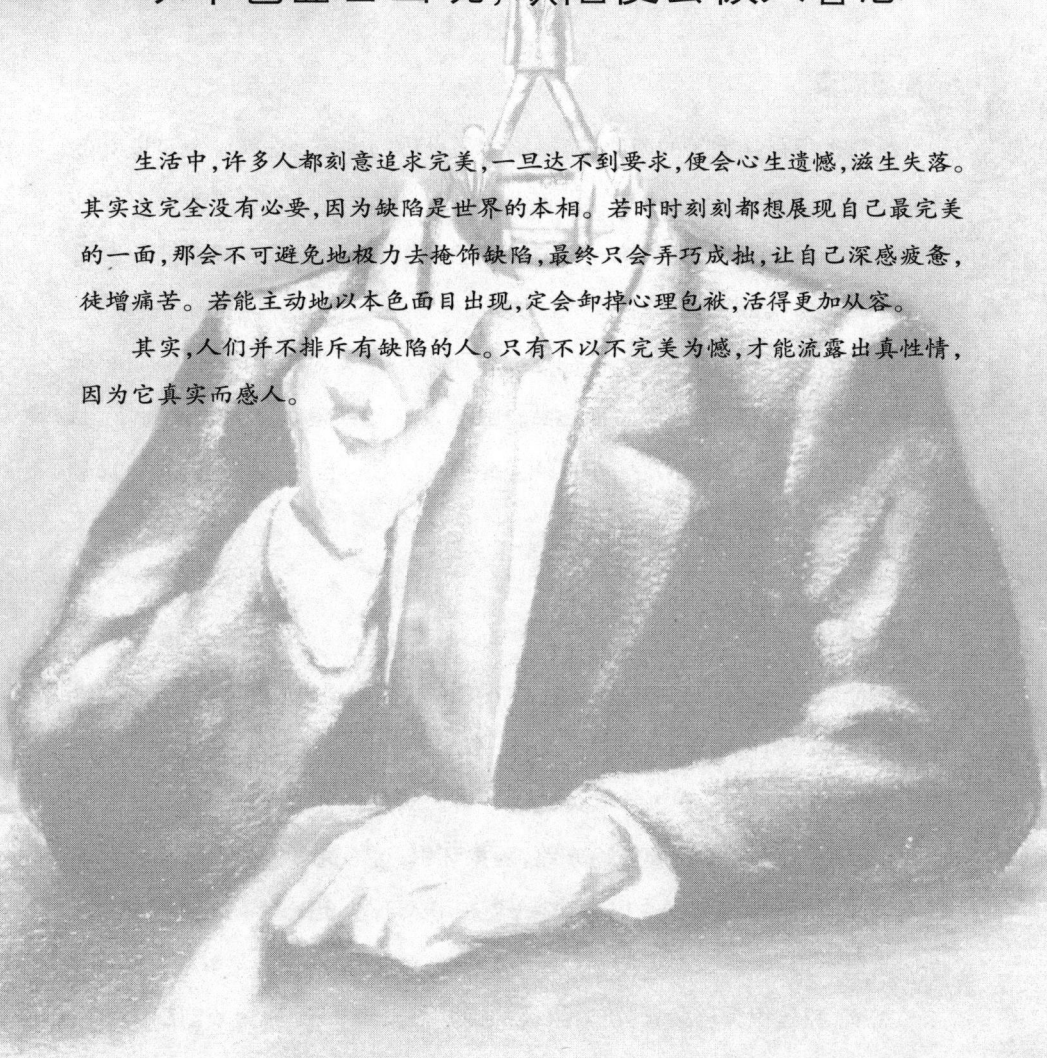

◎ 缺陷是世界的本相，过度追求完美不明智 ◎

◎ 心机箴言 ◎

处处追求完美的人，无异于给自己的身心套上了枷锁，终身难获自由，只有坦诚面对缺陷，才能流露出率真的个性。

心机解读

世界上不存在完美的事物，有缺陷才是世界的本相。这就注定了过度追求完美是不明智的，也不会成功。而且，人们一旦为自己的缺点而忧心忡忡时，就会不可避免地竭力掩饰一些自认为丑陋的东西，导致弄巧成拙的事情频频发生。事实上，这是一种更大的失败。

真正的有心机的聪明者，往往是那些不以不完美为遗憾的人，他们能够流露出率真的个性，活得洒脱而超然；相反，那些处处追求完美的人，实际上就等于给自己穿上了一层厚厚的盔甲，终身难以获得自由，其生命质量也必将随之降低。

心机案例一

崇祯皇帝是中国几千年皇帝史上罕见的勤勉皇帝，可遗憾的是，他最终也未能逃脱作为亡国之君的厄运。

崇祯 17 岁登基，登基后不久就将一手遮天的魏忠贤斩草除根，巩固了政权。但是，当时明朝已属穷途末路，险象环生，可心高气傲的崇祯却想力挽狂澜。他训诫群臣说："如今局势动荡，全在用人不当，治心不切。朕不会容忍你们骄纵无为，无心国事。"

然而，朝廷积弊已久，群臣对崇祯的话并没当真。一日，崇祯到朝房中巡

视,发现有一位大臣脱岗,就立即派人将那位大臣抓来斩首。有一大臣跪地求情:"陛下励精图治是万民之幸,但也不能操之过急。况且该大臣素来勤勉,这次脱岗实属偶犯,还望陛下网开一面。"

崇祯十分愤怒,不但没有准奏,反而将求情之人严加惩办,他生气地说:"你们官官相护、事事辩驳,难怪朝廷有诸多祸难,都是你们导致的结果。朕不想当亡国之君,就必须先清除你们这些亡国之臣!"

闻听此言,众大臣皆目瞪口呆,噤若寒蝉。

崇祯二年,出现罕见大旱,崇祯训斥群臣说:"如今天怒人怨,都是你们冒犯天规闯祸所致!"

见崇祯如此霸气,礼部侍郎钱象坤就上奏说:"天有天灾,人有人祸,皆有不同原因,陛下不要过于深责了。臣以为当务之急是设法救灾,而惩治大臣只会人心浮动,更不利成就大业。"

崇祯不顾君王斯文,将钱象坤大骂一通,并命群臣自我反省。群臣皆不服,曾私下议论说:"皇上揽功推过,实属不该,我们怎么可能做到人人都是圣贤呢!朝廷祸患由来已久,我们做臣子的又有什么办法呢?"崇祯对群臣更加猜疑,在他眼里没有一个忠臣良将,就连雄才大略的袁崇焕也未能幸免于害。

崇祯在位 17 年,朝中重臣更迭却如走马灯,竟更换了 50 个大学士、14个兵部尚书。对此,有大臣曾劝谏说:"治乱非一日之功,陛下不要对大臣太过苛刻。大臣各有各的缺点,各方面都完美的人并不存在,陛下如果这样求贤,那么只会误事。"

崇祯刚愎自用,坚持认为:"朕治国心切,怎么能容忍平庸之辈占据高官显位?现在是多事之秋,非大贤难以拯救国家,朕不敢有任何疏漏。"群臣胆战心惊,都思保身之策。

一日,前方战事吃紧,崇祯召集群臣问计,可连问数遍,竟无一人作答。崇祯大怒:"养兵千日,用兵一时,现国有危难,可你们这些酒囊饭袋,却沉默不语,难道有这样为国尽忠的吗?"

"臣等愚钝,不敢妄言,一切还仰仗陛下明示。"群臣低声回答。

崇祯暴跳如雷,将诸大臣训斥一顿。事后,有一心腹太监对崇祯说:"陛下对群臣严重不满,众人皆知,他们哪里还有勇气说话呢?陛下若想得到群臣相助,就必须对他们宽容一些。"

崇祯大声冷笑:"臣子无能,是国之不幸,朕只好独自挑担了。"

崇祯之固执,由此可见一斑,甚至连死前他都没忘记责备其大臣:"诸臣误朕也,国君死社稷。"

崇祯的勤勉固然值得称道,但其用人之法确实无法让人恭维,难道倾全国之力也找不出贤臣良将吗?显然毛病出在崇祯的求全责备上。明朝的灭亡虽有其历史原因,但与崇祯缺少"用人之长、容人之短"的政治雅量也不无关系。

在现实生活中,不管是能力非凡的领导,还是精明过人的职员,如果想和零缺陷的人共事,恐怕只能是一相情愿,其结果必然导致孤家寡人的悲惨命运。

心机案例二

有位先生娶了一名花容月貌的女子为妻,顿感无限荣耀,夫妻二人相敬如宾、和和美美,成为众人称羡的夫妻楷模。可惜好景不长,这个眉清目秀、性情温和的妻子,不知从哪天起,却慢慢长出了个酒糟鼻子,与柳眉、凤眼、樱嘴、瓜子脸极不协调,使得爱美的丈夫感觉十分尴尬。

丈夫为此终日耿耿于怀。一日外出经商,偶然看到了某整形医院散发的整容广告,其中有专门治疗酒糟鼻的,就十分兴奋,经咨询得知,特别适合妻子,况且在技术推广阶段可以享受八折优惠。于是,他二话没说就交了定金,决定给妻子一个惊喜。

丈夫一进家门,就大呼小叫:"老婆!快过来啊!你看看我给你买回来了什么宝贵礼物?"

"什么礼物让你如此兴奋?"太太狐疑不解,应声走出。

可当她看到是一份整形协议书时,原本高兴的脸瞬间凝固,她没有想到丈夫那么在意自己的酒糟鼻子,于是说道:"你怎么不事先征求我的意见?我的身体可是父母给的,你怎么随便替我做主?真要喜欢我为什么还要拿我做

试验,仅仅为了享受优惠吗?"

"优惠不是主要原因,我就是想给你一个惊喜,其实我这也是为了你好!"看到妻子满脸不悦,丈夫急忙解释。

"为了我好,就要尊重我!"妻子生气地说,"我看你是嫌我的形象丢你的人!"

尽管后来妻子勉强做了手术,做得也很成功,可妻子却再也没有往日的笑声,从此变得沉默寡言。因为,她始终认为丈夫之所以喜欢她,就是迷恋她的容貌,而不是她这个人,也觉着别人的目光总是盯着自己的鼻子。

丈夫嫌弃妻子形象有碍观瞻,便自作主张签署整形协议,还美其名曰"为了你好"、"宝贵的礼物"。结果,妻子的形象虽然完美了,但她的心里却留下了阴影。

人生几乎是没有完美可言的,完美大都只是在理想中存在。生活中处处都有遗憾,这是人生最真实的模样。许多人喜欢追求完美,但真正的完美没有几个人能追求到,于是就有了痛苦,有了失落感。其实这大可不必,只要认清生活本就没有绝对的完美,就能减少许多不必要的烦恼。

◎自损名声解除别人的戒心,得大于失◎

◎ 心机箴言 ◎

国人大多趋向"人过留名,雁过留声",甚至把名节看得比生命还要金贵。这固然值得称道,但某些非常时期,就要用非常手段。有时,递向思维、暴露其短,甚至自毁形象,反而更易拓展生存空间。

心机解读

人们往往趋向正面名声,总是想方设法来掩饰或者规避自己的缺点和不足,而将自己阳光的美好一面示人。然而,真正的会用心机者却不然,他们懂得利用机会适度地将自己的缺点坦率地表达出来，因而得到他人的信赖。

无论是强者还是弱者，都有被人需要和尊重的需求，也有超越别人获得心理优越感的需求。在错综复杂的社会中生存，难免要迎合别人的某种需要，这时候我们就必须做一些牺牲，甚至在必要时要故意贬损自己的声名，消除他人的戒心，以此增加自身的安全系数。这样的做法虽然对自身的声望有所贬损，但总体来说还是得大于失的。

心机案例一

刘邦患有严重的"猜疑症"，他的很多属下都曾遭到过猜疑和嫉恨，有的甚至还被迫走上了谋反的道路。

韩信被杀之后，萧何因功进位为相国，加封五千户。群僚都向他道贺，唯有东陵侯召平对他说："您将从此惹祸了！"萧何惊讶地问："为什么？"召平解答："主上连年出征，甚至亲冒矢石，只有您安然地待在都中，虽未遭受兵戈之劳，却又得到加封。表面上看是看重您，实则是对您不放心。"萧何听闻之后，认为很有道理，便向召平询问计策。召平说："您不如接受主上的加封，再把家里的私财全部拿出来交给主上，充作军需，也许可以免遭祸害。"萧何按照召平之意行事，果然讨得了刘邦的欢心。

后来，在讨伐英步期间，萧何仍然留在关中督运粮草。刘邦多次询问押运粮草的官员萧何近期的情况，押运官都说他体恤百姓，操办粮草军械等等。萧何不明白刘邦为何这样问，直到一位幕僚提醒他："您可能要遭灭族了！"萧何一听，大惊失色。

幕僚说："您如今是相国，功居首位，不可能再给您加封什么了。皇上屡次问您在做什么，显然是怕您久居关中，深得民心。那样的话，主上对您的疑忌就更深了。"最后，幕僚为萧何献上一计，让萧何多买田地激起民愤。押运官回到前线后，将萧何强买民田而招来谤议的事情禀告了刘邦，刘邦果然很宽慰。

不久之后，淮南平定，萧何向回都养伤的刘邦问疾，刘邦将谤书交给萧何，让他自己向百姓道歉。萧何补上田价，或将田宅退还给原主，消除了谤

议,也保全了自己。

萧何在和刘邦的博弈之中,懂得放低姿态,自污而保全自己,尽管有损形象,有些许不甘,但这总比伤及性命要好得多!人往高处走,水往低处流。然而,若是一站到高处就想要迎风高呼,那就可能让自己落入一个五光十色却又危险至极的陷阱之中。人们常说"树大易招风",实际上就是说一个人处于更高的位置时,不要得意忘形,若是沾沾自喜,居功自傲,过分张扬,不仅会让自己不思进取,还可能会因此而葬送拥有的一切。

因此,为人处世一定要懂得:身处"高处"之时,要时刻约束自己的言行和举止,不得越雷池半步。必须严格要求自己,必要时甚至得"夹着尾巴做人",这是做人的基本原则,更是生存的基本法则。

心机案例二

有一次,在英国王室的宴会上,温莎公爵邀请了印度当地居民的首领。

宴会结束的时候,侍者给每一位客人都端来了洗手盘。洗手盘十分精巧,银质的盘里盛着亮晶晶的水。印度客人们以为此水是用来喝的,便端起盘来一饮而尽。见此情形,作为陪客的英国贵族们惊诧得目瞪口呆,他们纷纷将目光投向了主人温莎公爵。

然而,温莎公爵神色自若,并没有表现出任何异常。他一面与客人们谈笑风生,一面也端起面前的洗手水,像印度客人一样非常"体面"而"痛快"地将水喝完。就这样,整个宴会完满地取得了成功。

温莎公爵如此"作贱"自己,实则是大智之举。他不仅使原本可能造成的难看与尴尬顷刻化解,也使宴会取得了预期的成功。更重要的是,这一举动使得英国国家的利益得到了进一步的保证。

温莎公爵是个贵族之首,但为了国家的利益,他也只能自损形象,若无其事地喝下洗手水。因为只有规避矛盾,事情才可能会圆满解决。因此,我们很有必要好好学习他的这种智慧和大度。

在人生的旅途上,几乎每个人都会遇到一些让人难堪的场面。这时你如果能沉着应对,学会适时地自贬,就会变被动为主动,自贬声誉的招数,可以变相地达到让人自在的目的。

如果在小事上让对方陷入了尴尬的境地，那么最后出大丑的就是自己，所以为了办成所求之事，有时完全可以适度地舍下面子，也许这正是众多成功者为什么总能使对方心服口服、心甘情愿为之办事的秘诀。

◎暴露缺点，甩掉遮掩短处的包袱◎

◎ 心机箴言 ◎

世上真正超然的人之所以稀少，就是因为大多数人喜欢遮掩丑陋，宣扬优点。真正有心机的人，是不怕出丑揭短的，这样做反倒是帮他们甩掉了遮掩短处的包袱。

心机解读

人是万物之灵，是大自然的精品，是造物主的杰作。这固然有许多值得夸耀的成分，但并非完美无缺。因此，人应该勇于承认自己的错误，暴露自己的缺陷，若一味地为自己的错误辩解、为缺陷辩护，将会犯下更大的错误。这就如同为了一句谎言，就必须用更多的谎言来辩解、修饰一样。

任何人都希望刚开始的时候给他人留下深刻的印象，这一点无可厚非，但关键是要把握住"度"，一旦做得过火就会得不偿失。真正有见识的人从不刻意去花费过多的精力去掩饰自己的丑陋，这样才不至于将自己置身于险情当中。

一味地讨好和迎合别人都是虚伪的，只有显现短处、暴露缺陷的人才能活得真实自在，且更有助于提高自己的修养。因而，他们往往能够活得清新自然，也能够在交际舞台上抛却心理包袱，轻松应战。

心机案例一

战国时期,由于魏文侯敬贤尊圣,仁爱治国,具有很强的凝聚力,各诸侯国都钦羡魏国。

大臣魏成子声望颇高,魏文侯就让他举荐贤人。魏成子举荐了子夏、田子方、段干木三人,并且强调说:"子夏是孔子的弟子,博学多识,主公如有疑难,尽可向他请教。"

这让魏文侯感到相当惊讶:"你的才学已经令寡人敬佩不已,难道还有比你更有见识的人吗?"

魏成子却十分谦虚地说道:"臣无法和子夏相提并论,主公一旦见了子夏,就能感觉出臣的浅薄了。"

提到田子方,魏成子评价说:"田子方胸怀宽广,誉满天下,而臣却喜怒无常,不可避免地会有私心杂念;可田子方却是绝对的光明磊落,主公务必要用此人。"

魏文侯一听,有些疑惑,问道:"你为什么把田子方夸得这么好,而一味地暴露自己的缺点呢?"

魏成子淡淡一笑说:"治国非同儿戏,臣不敢因私误国,只好以实相告。"

魏成子在推荐段干木时说:"以前臣总是以智多星自居,但在见了段干木之后,才知道臣实乃小巫见大巫。段干木若得重用,实在是主公之幸。"

魏文侯愈听愈觉得奇怪,就赞叹道:"以你的才能,竟对三人如此推崇,他们必是不凡之人,寡人定当重用。"

于是,魏文侯就立即将三位招来,并拜他们为高级谋士,时常向他们请教。

大臣李克对魏成子的举动大为不解,他问魏成子:"一个人声望的建立是很难的事,你为何为了荐贤而自毁声望呢?子夏等人的到来,不更是显出你的诸多短处了吗?"

魏成子淡然一笑说:"国有栋梁才能兴旺,我个人的声望微不足道。如果因为我而埋没了人才,我岂不是魏国的罪人?"李克感慨良多,对魏成子有了更多的认识和发现。

一日,魏文侯召见李克,问他说:"寡人想在魏成子和翟璜二人之中选相,你看谁更胜任呢?"

李克推辞说:"选相实为国之大事,臣不敢妄言,请主公自决。"

可魏文侯却坚持要李克表态,李克就说:"主公可依靠自己的判断。看他平时亲近什么人,富有时结交什么人,升官后举荐什么人,窘迫时看他干什么事,贫困时看他是否贪求什么东西,凭这五点就足以判断一个人了。"

魏文侯点头赞许:"你说得不错,寡人心中已经有数了。"

后来,李克拜访翟璜,翟璜问起选相之事,李克说:"我猜主公一定会选中魏成子,你就不要奢求了。"

翟璜不服说:"我哪点比魏成子差呢?西门豹、乐羊和你都是我推荐的。"

李克一笑说:"可你举荐的人才能都在你之下,包括我在内,何况你想借此巩固地位。而一国之相是要抛却私心杂念的,所以你并不适合此职。魏成子推荐的人,主公以老师待之;你荐举的人,主公却以臣下对待。因此,你比不上魏成子!"

翟璜心悦诚服。不久,魏成子升为相国。

魏成子虽然才高八斗、学识渊博,但却不孤芳自赏、自我陶醉,而是自报其短,结果却赢得了一人之下、万人之上的相国宝座。

因此,在生活中,不一定非要过分以自己的强项示众,而是适当地以自己的短处示人,反而能赢得更多人的尊重。

心机案例二

王磊在一家小公司做推销员,但总感觉难以施展自己的抱负,恰巧有一家大型合资企业招聘,比较符合自己的发展方向,经过咨询得知:由于该公司的职位待遇较高,发展空间又大,因而导致了应聘者踏破门槛的现象,其中也不乏一些经验丰富的销售精英。

　　但如何在高手如林的竞争中脱颖而出呢？王磊颇费了一番脑筋，认为有必要在简历上玩点"伎俩"，以此抓住面试官的眼球。

　　应聘那天，王磊将自己的简历递给面试官。负责招聘的人事部经理看了王磊的简历，发现与其他的简历不太一样。上面不但有他的工作经历及业绩，另外还单列一栏，介绍自己的缺点：性格急躁、做事固执等。

　　人事部经理颇为困惑，就问王磊："你为什么这么直白？怎么连缺点也不加掩饰地写在上面？难道，你不怕暴露短处而遭拒绝吗？"

　　王磊非常坦然而又真诚地回答道："没有任何人是完美的，我也一样。我想，让用人单位了解我的缺点甚至比知道我的优点更重要。而且，也只有不回避自己的缺点的人，才会有决心和勇气改掉。"

　　听了王磊的回答，人事部经理非常满意，就爽快地对他说："好，我非常欣赏你不回避缺点的勇气，再说我们公司也正需要像你这样的人才，那么这事就算定下来了，下周一准时来公司报到吧！"

　　就这样，勇于承认并说出自己缺点的王磊，靠着真诚在众多应聘者中脱颖而出，找到了称心如意的工作。

　　王磊求职成功，就在于他的真诚与坦然以及他的人格魅力。许多用人单位在招聘人才时，不仅强调学历与能力，更重要的是看重应聘者为人处世的态度。

　　生活中，有些人为了赢得用人单位的好感，增加求职成功的概率，不仅不敢承认自己的缺点，还会通过包装的方式美化或掩盖自己的缺点，甚至弄虚作假。这种自欺欺人的行为一旦被对方识破，后果不言而喻。

　　其实，如果事先将自己的缺点示人，那么即便日后犯了一点错误，也很容易得到他人的谅解和帮助。可以说，一个真正的有谋略者永远都不会奢求完美，他们总会选择在恰当的时候把自己的缺点暴露出来，以此赢得他人的好感与信赖。

卷二　在需要迂回周旋的时候：

大智若愚可成为四两拨千斤的上等智慧

在生活中，我们难免会遇到强劲的对手，如果不讲策略，峥嵘尽显，虽然在博弈中有可能胜出，但也会支付高昂的成本。因此，智者在摸不清对手底牌的时候，总是藏起锋芒，以大智若愚的心态巧妙周旋。这样不但可以规避正面冲突带来的风险，甚至还可以让对手对你掉以轻心，甚至忽视你的存在，这样就为自己的发展赢得了良机。

所以，那些大智若愚的人，见识往往在常人之上。因为他们甘为愚笨、不慕浮华的做派，本身就是四两拨千斤的上等智慧。

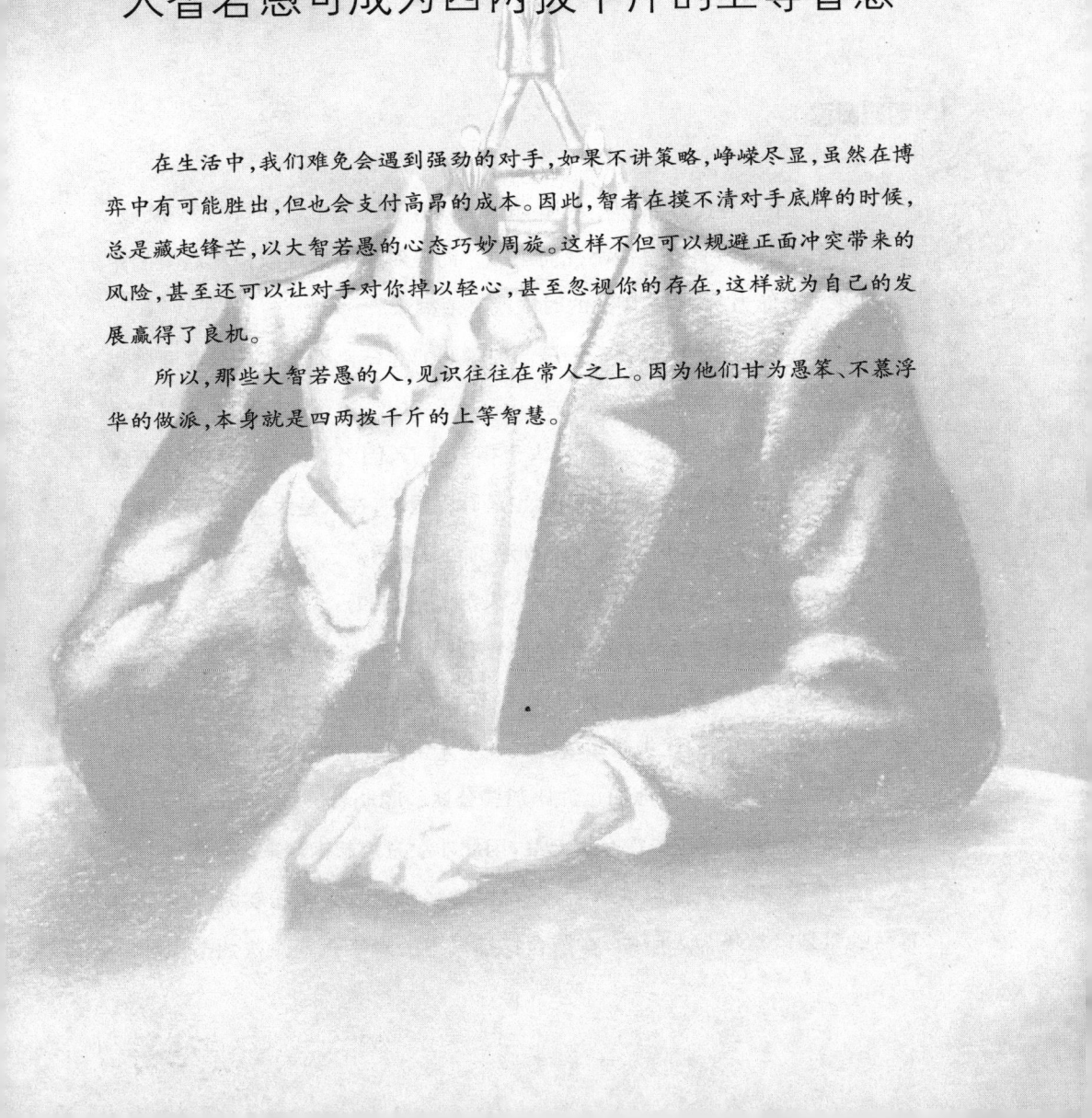

◎大智若愚是高级的处世技巧◎

◎ 心机箴言 ◎

　　善用智谋者喜用"聋"字诀的原理装傻,此法不仅可以助其争得实际利益,还可以巧妙避祸。因此,古今中外的智者,常常是采用这种看似愚笨实则高明的手段,因而也往往给后人留下大智若愚的印象。

心机解读

　　在生活中,"睁一只眼闭一只眼"是必要的,"装傻"也是必要的。"装傻"并不是说你要对所有的事情都视而不见,而是对那些你难以预料后果的事情,如果没有能力解决,该糊涂的时候就必须糊涂。

　　装糊涂不仅是一种需要,更是一种聪明的选择,不光你自己需要装糊涂,就是别人也希望你此刻装糊涂,在一些与你关系不大的事情上保持沉默。这样不但你自己平安无事,别人也相当开心,因为毕竟没有多少人愿意别人干涉自己的事情。当然,装糊涂也是有界限的,在大是大非上,要站稳立场,所谓小事糊涂大事不糊涂,才是糊涂的至高境界。

　　"装傻"是一种人生境界,并不是人人都能达到的。当你具备了相当的品性,有了一定的修养之后,才能达到那种超然的境界。而事实上,"装傻"不等于真傻,有很多外表看上去聪明得很、做事也很精明的人实际上却恰恰是真傻,因为他已把自己的优劣长短暴露得一览无余。装傻的人实际上很多是极其聪明的有心机者,尽管他们也许比那些公认的聪明者不知要高明多少,但他们深知不必要的锋芒毕露有害无益,因此才故意装起糊涂来。

　　适当"装傻"不仅能麻痹对手,还可以增加自己的人气和实力。由于在幕后的策划常常不为人所知,在前台扬扬自得的对手也就无法知道你的真

实意图和具体打算。从暗处攻击明处的目标，可以说，几乎是百发百中，屡试不爽。

心机案例一

洪武年间，朱元璋手下有一位叫郭德成的，其聪明之处就在于别人不以为他聪明。

当时的郭德成，任骁骑指挥。一天，他应召进宫，临出来时，明太祖拿出两锭黄金塞到他的袖中，并嘱咐他说："你回去以后不要告诉任何人。"

面对皇上的如此恩宠，郭德成不由得连连谢恩，并将黄金装在靴筒里。

当郭德成走到宫门时，却又显示出另外一副神态，只见他东倒西歪，俨然是一个醉汉模样。等到快出门时，他又一屁股坐在门槛上，脱下了靴子，靴子里的黄金也随之应声落地。

守门人见郭德成的靴子里竟然藏有黄金，就立即向朱元璋报告。朱元璋见守门人如此大惊小怪，就不以为然地摆摆手："有什么大惊小怪的？那是我赏赐给他的。"

有人因此责备郭德成道："皇上对你如此偏爱，赏你黄金，并且让你不要跟别人乱讲，可你倒好，却反而故意露出来闹得满城风雨。"

但郭德成却不以为然地说："要想人不知，除非己莫为。你们仔细想想，宫廷防范如此严密，藏着金子出去，哪有别人不知道的道理？若是让别人知道了，那还不说我是从宫中偷来的？如果到了那个时候，即使我浑身长满了嘴，也是说不清的。再说我妹妹在宫中服侍皇上，我出入无阻，谁又能保证不是皇上故意用此来测试我呢？"

郭德成在临出宫门时故意露出黄金，确实是聪明之举。正如郭德成所言，一旦黄金被人查到，恐怕是真的有口难辩。再说，要万一真是朱元璋借此试探呢？岂不更糟。郭德成与一般意义上的大智若愚又有所不同，他不只是装傻，而且还预料到有可能引发的麻烦，而这样就可以防患于未然，实在是高明之举。

生活中，难免会碰到该装糊涂的时候，虽然达不到古代智者的境界，但如果掌握分寸，适当地装傻是绝对有好处的。而真正的智者所装出的呆傻，更是一种聪明的极致。

心机案例二

美国第九届总统威廉，是一个从小在小镇上长大的孩子，由于没有见过太大的世面，就显得文静又怕羞，因而有的人就把他看成傻瓜，并经常用各种方法捉弄他。

这帮人经常把一枚五分硬币和一枚一角的硬币扔在他的面前，让他随便捡一个。威廉总是去捡起那个五分的，于是大家都嘲笑他。

终于，有一天一位好心人实在看不下去了，出于对他的同情，就问他："你怎么那么傻，难道你连一角和五分值都分不清吗？"

"我当然知道，"威廉就慢条斯理地说，"不过，如果我捡了那一个一角的，恐怕以后他们就再没有兴趣扔钱给我了，那我岂不是更傻吗？"

我们能说威廉傻吗？当然不能，他的行为是一种"大智若愚"，他是一个绝顶聪明的"装傻"者。

在这个世界上，聪明者数不胜数，而自作聪明者更是不计其数。那么，什么才算是真正的聪明呢？有人说，是"真正聪明者，往往聪明得让人不以为其聪明"。这话不无道理。古往今来，聪明反被聪明误者比比皆是！倒是有些看似"愚笨"的人，却往往成为事实上最聪明的人。

◎愚以愚胜,是愚人成功的途径◎

好高骛远,就如同目光短浅一样,都是缺乏远见的表现。而立足现实、放弃幻想,选择一个通过努力可以成功和实现的目标,才是"愚笨者"的高明之举。

心机解读

物有万别,人分九等。由于所处的环境、接受教育程度以及个人的勤奋状态和禀赋差异,乃至主攻方向等方面的千差万别,导致了不同的人在智商上的差异。不过,社会的发展一再证明,智商高的人未必就一定有大的作为,而所谓的"愚笨者",也未必就是碌碌无为的平庸者。

"笨人"用其笨的招数依然可以达到目的,倒是那些自以为聪明的人,往往投机取巧,寻找所谓的捷径,结果却弄巧成拙,画虎不成反类犬。如果掌握尺度、换位思考,调整一个角度看问题,也一样能够达到目的,那么愚笨的招数也就不属于愚笨了。

翻看史书就可以发现,史上许多成功者,他们并不聪明,相反却显得十分愚笨。也许正是因为其愚笨,他们才不敢弄虚作假,才肯坚持不懈,最终在许多智者视作的畏途上,硬是杀出一条血路来。有时,成功更偏爱有心机的"笨人",因为成功最需要一种心无杂念的傻劲和韧性。

心机案例一

东汉光武帝年间,董宣在北海任国相,不畏强权,对杀人犯法的当地大族公孙丹父子施以极刑,引发了公孙族人的骚乱。

董宣性格刚直,他命人将闹事的30多人全部逮捕。但如何处置这些闹事者，衙门里人的意见并不统一，多数人主张从轻发落，并向董宣解释说："这些人目无国法，胆大妄为，手持兵器，公开闹事，确属罪大恶极。但这些人势力过大，家族众多，一旦惩治他们，恐怕会引发更大的祸乱。现在既然首恶公孙丹父子已经伏法，就不如将这些人宽恕一下。俗话说，强龙不斗地头蛇，免得将来招来不测之灾。"

可董宣却坚持自己的观点，将他们通通杀掉。

后来，青州牧认为董宣杀人太多，便上书弹劾董宣。公孙家族又借机花重金贿赂朝中官员，结果董宣被定罪，关在死囚牢中。

一位好友去监狱探视董宣，抱怨他说："你只想为民除害，可你得罪的是豪门望族，你能惹得起吗？你怎么不为自己的后路着想呢？放着好好的官位不坐，却蹲在这死牢里，这不是太傻了吗？"

可董宣并不后悔，他义正词严地对好友说："我知道自己愚笨，可这正是我的特点，我为什么要改变呢？事到如此，我只恨恶人横行，苍天无眼啊！"

行刑那天，光武帝派人飞马赶赴刑场，在其人头即将落地之前赦免了他。光武帝又召见他说："你用法虽然苛刻，但不是出于私利，朕这次饶你不死，但你要记住这次深刻的教训。"

董宣死里逃生，恍然若梦。不少人前来祝贺，但也有提出警告的："你这次如果不是皇上开恩，早就人头落地了，以后可要学聪明些了。"董宣表面应允，其实内心依然不服。

后来董宣出任洛阳县令。一次，湖阳公主的一个家丁杀了人，藏在公主府中。董宣顿感事情棘手，他的下属建议说："湖阳公主是皇上的掌上明珠，万万得罪不得，何况大人深受皇上恩宠，时下正是报恩的时候，再说，以前的教训大人务必吸取。大人可将此事压下，不予追究。"

董宣的脸顿时气成了猪肝色，大声说："你把我董宣看成什么人了？我董宣可以丢官、可以丧命，但朝廷纲纪不能乱。别人可以装聋作哑，一推了之，可我董宣不会！"

于是，董宣趁湖阳公主出游时，带人捉住了那个家丁，并当场将其杀死。湖阳公主顿感颜面大失，就告御状，光武帝大怒，就想用鞭子抽死董宣。

董宣也做了必死的准备,他向光武帝磕头说:"臣这个人愚蠢之极,不会讨好皇上。不过,如果皇上因为臣不会卖乖取巧、纵容恶人而杀我,臣确实无话可说。"光武帝一怔,怒气稍消。

董宣大义凛然,说道:"臣虽愚笨,但也知道明哲保身的道理。可臣受君恩,职责所在,故臣不敢。陛下是凭借宽厚仁德的圣明,才使得汉室出现中兴的局面,可如今却听任皇亲的家丁滥杀无辜,残害百姓!陛下将用什么法典来治理天下呢?"董宣说着,便一头向旁边的殿柱上撞去,碰得血流如注。

光武帝被董宣那一番理直气壮的忠言以及刚直不阿、严格执法的行动深深地打动,就赶紧令卫士把董宣扶住包扎伤口,然后说:"念你为国家着想,朕就不治你的罪了。不过,你总得给公主一点面子,给她磕个头,赔个不是!"

董宣理直气壮地说:"我没错,也无礼可赔!"

光武帝向两个小太监使了个眼色,示意他们把董宣搀扶到公主面前磕头谢罪。两个小太监照办。这时,年近70岁的董宣用两只胳膊支撑着地,硬着脖子,怎么也不肯磕头认罪。两个小太监使劲往下按他的脖子,却怎么也按不动。

光武帝见此,就对董宣说:"你这个强项令,脖子可真够硬的,还不快点退下!"

正是董宣傻得可爱的笨方法,才给中国历史上增添了"强项令"的典故。

其实在生活中,对于自己的愚笨无须过多地费心劳神,刻意遮掩、拔高,只要留心稍加改进,适度运用,便可以将这别人不肯用的笨招变成令人可以接受的东西,甚至能够创造出光彩照人的奇迹。

心机案例二

哈尔滨的演出市场不好做,这是众所周知的事实,用行话说就是"水太深",是个标准的"三高"行业,即高风险、高投入、高回报。前面的"两高"确实让人望而却步,但也有胆大的,不怕栽跟头,哈尔滨中泰兄弟文化传媒有限公司的负责人姜宏斌就是其中的一位。

演出是个颇有技术含量的行当,而姜宏斌对此是个绝对的"门外汉"。在这之前,他确实没有什么值得炫耀的经历,有的只是失败的教训:干黄了两个木制品加工厂和一个木制品经销公司。不过,让大家没想到的是,虽然他的文化公司成立不到三年,但如今哈尔滨的多场演出都是他在做,包括成龙慈善演唱会、葛优的《西望长安》、陈佩斯的《阳台》、理查德·克莱德曼演奏会、郭德纲相声哈尔滨专场在内,而"兄弟票务"这几个字也已深入人心。

"我究竟适合做什么?"当过几年保安的姜宏斌一直在思考这个问题,某会展中心为打响知名度而举办的一场《天鹅湖》专场演出,让姜宏斌开了窍。他当时想,会展中心的演出越来越多,是不是应该成立个票务公司呢?

2004年,在无人再敢给姜宏斌出资的情况下,他只得将他名下价值20多万的房子做了抵押,贷了10万块钱,开始了尝试。中美哈林篮球表演赛是姜宏斌第一次尝试门票销售工作。

初进这一行,姜宏斌想不出什么好的办法,只好来个笨人笨招,他认为爱看篮球赛的应该是学生居多,他就把宣传单贴到大专院校的公告栏上。不久后,姜宏斌发现,公告栏上的宣传单即使没被揭走,也被后来贴得乱七八糟的信息给捂了个严严实实。于是,他就联系学校的学生会,通过他们将宣传单发到每个寝室,其中的一些利润给学生会作为活动资金。没想到,就靠这样的笨招折腾了几个月,姜宏斌居然收获了自己的第一桶金,赚了两万元。

2005年12月,姜宏斌成立了哈尔滨中泰兄弟文化传媒有限公司。

"从事票务工作太被动,如果没有演出时怎么办?"想到这一点,姜宏斌就萌发了一个大胆的想法——自己办演出。他瞅准魏三参加春晚这一契机,就决定主办的第一项活动锁定在"魏三二人转哈尔滨专场演出"上,也就是这次活动,让姜宏斌了解到这个行当的水的深浅。

因当时公司成立不久,没有财力请太多的人,于是,他再次用了原来的办法,订票电话登的是家里的固定电话和女朋友的小灵通。虽然电话是24小时开通,为了多卖一张票,也下了不少的工夫,但让姜宏斌犯愁的是,在宣传了一段时间后,票房却没有任何动静。举办这次活动的钱是跟几个朋友东拼西凑筹来的,印出来的门票如果卖不出去,就会变成一张张费纸,姜宏斌

为此愁得整宿都睡不着觉。但如果中途退出，就可能赔几万元，而公司的信誉也就彻底完了；如果坚持，可能得赔 20 万。即便如此，他还是咬牙坚持办到底，结果事情出现了转机。

从最初只负责演出的票务工作，到开始或主办、或承办一些活动，再到如今自己出资排话剧，中泰兄弟来了个"三级跳"。2006 年举办了十几场演出，2007 年大大小小的演出举办了 37 场。面对未来，姜宏斌信心百倍，并准备在演出的基础上逐步涉足网站营运、歌迷会、演艺学校等领域。

学走路的姿势，虽然幼稚，但并不可笑，姜宏斌以他自己的笨方法走出了艰难的第一步，虽然歪歪扭扭，但毕竟已经迎来了成功的曙光。

在生活中，如果凭借智慧开拓一条光明大道固然值得欣喜，但如果由于各种原因与坦途无缘，与其绞尽脑汁去寻找什么所谓的灵丹妙药，还不如静下心来，利用自己的土办法、笨办法开始行走。

◎"笨拙"一点又何妨◎

◎ 心机箴言 ◎

"笨拙"一点会给人一种亲近的感觉，让人在无形之中接受你。而那些"聪明"的人，未必能得到自己想要的；也未必能够得到领导的赏识。

心机解读

作为社会中的一员，人的行为举止，往往受社会环境的制约，有其深刻的社会根源。若不从这方面考虑问题，就会失之片面，流于形式。从这个角度看，在上位者为了维护自己的权力和私利，他们不喜欢被下属牵着鼻子走。因此，那些在领导面前故意炫耀聪明，甚至找茬故意出领导丑的人，绝对非真正的上乘智慧，实乃典型的愚蠢之举。

心机案例一

三国时,曹操手下有个叫杨修的人,不但聪明绝顶,而且喜欢张扬。

一次,杨修和曹操骑马路过曹娥碑,只见碑上刻有八个字:"黄娟、幼妇、外孙、齑臼",曹操便问杨修是否理解这八个字的意思。杨修正要回答,曹操说:"你先别讲出来,容我想想。"直到走过 30 里路以后,曹操说:"我已明白那八个字的含意了,你说说你的理解,看我们是否所见略同。"

杨修说:"绢,色丝也,并而为绝;幼妇,少女也,并而为妙;外孙为女儿的儿子,合而为好;齑臼乃受五辛之器,受旁辛字为辤(辤是辞的繁体字)。这八个字是'绝妙好辤'四字,是对曹娥碑碑文的赞美。"曹操感叹道:"我的智慧比杨修足足差了 30 里啊!"嘴里虽然这样说,可实际上曹操的心里并不痛快。

曹操修建花园时,工匠们在动工前请曹操审阅花园工程的设计图纸,曹操什么也没说,只在园门上写了一个"活"字。工匠们不解其意,忙去请教杨修。杨修说:"丞相嫌园门设计得太大了。"于是,工匠们按杨修的提示修改了方案。曹操见改造后的园门,心里非常高兴。一问工匠,才知是得到了杨主簿的指点。曹操口中对杨修称赞有加,心里却暗暗嫉恨杨修的才华。

曹操是一个疑心很重的人,总担心被人暗害,便对左右的人说:"吾在睡梦中好杀人,凡吾睡着尔等切勿靠近。"一日,曹操午睡时被子滚落,一近侍便给他拾起复盖在身。曹操拔剑杀之,然后又倒头入睡。起床后,他却假意问道:"是谁杀了我的近侍?"众人皆以实相告,曹操大哭,并命人将其厚葬。众人都认为是曹操梦中误杀,今见曹操又是痛哭,又是厚葬,不但不怪曹操,还倍加赞颂。在下葬时,杨修却指着死者说:"丞相非在梦中,君乃在梦中耳。"曹操听后,愈加嫉恨,便想找机会修理这位处处显摆的"能人"。

曹操征平汉中时,连吃败仗,欲进兵,怕马超拒守;欲收兵,又恐蜀兵耻笑,心中犹豫不决。正赶上侍从把刚熬好的鸡汤端送给曹操,操见碗中鸡肋,沉思不语。这时有人入帐,禀请夜间口令,操随口答:"鸡肋!"

杨修见令传鸡肋,便让随行军士收拾行装,准备归程。将士们皆不解,何

以得知魏王要回师。杨修说："从今夜口令，便知魏王退兵之心已决。鸡肋者，食之无味，弃之可惜。今进不能胜，退恐人笑，在此无益，不如早归。魏王班师就在这几日，故早准备行装，以免临行慌乱。"

曹操看到尚未颁布任何退兵命令，而全军上下早已一片班师回家之势，不免恼怒，一问方知又是杨修所导。曹操早恨杨修才高于己，今见其又猜透了自己的心事，便以扰乱军心定罪，杀了杨修，年仅 45 岁。

杨修若是大智慧者，即使对曹操退兵前的矛盾心态了如指掌、洞悉见底，也应心知肚明，守口如瓶；同时，作为跟随曹操多年的贴身谋士，对曹操生性多疑、暴戾凶残的性格应有充分而准确的了解。而杨修显然在这方面太自以为是了，认为曹操根本不会因此"小事"而取其项上人头。可杨修没有考虑到的是，在显其才、炫其能的同时，就等于贬低了曹操，从而丢了自己的性命，真可谓是"聪明反被聪明误"。

尽管有些当权者喜爱有才之士，可一发现其才远远超过了自己，就宁可用别人，也不用此人了。同样道理，在职场，若员工事事都表现得比老板强，就会让老板产生自己不如下属的想法，他的内心是可想而知的，随之而来的可能是对你的刁难和打击。因此，我们不得不多用点心机，好好把握一下自己的尺度。

心机案例二

刘涛刚刚进入一家大公司工作，之前他一直都在小公司里就职。

上班的第一天，他便被人事部安排到一位看似爽朗的女上司手下工作。上司先让他看了一上午的文件，然后问他有什么问题没有，刘涛说没有。临近下班的时候，上司又安排他发几份邮件，向国外几家公司索要报价单，再给国内几家单位报价。由于这些工作内容刘涛在过去的单位里都接触过，因此做起来得心应手。

为了给老板留下一个好印象，他迅速地做完了所有工作，并将报单呈送给上司。上司看了一遍，并未发现任何问题，虽然看上去很满意，但她并没有赞赏刘涛。

后来，上司安排刘涛去找某人递交材料。这工作内容听起来不难，但刘涛却一心想要积极地表现自己。他准备好资料，路上盘算着可能发生的意外情况，并想对策。可是，到了地方之后，意外还是发生了。他要找的人不在，而且该付的钱自己也没有带够，为了给上司留个好印象，他便找同学帮忙。

当上司正等着刘涛回来诉苦求救的时候，他却很好地交了差。刘涛觉得自己的表现如此优异，老板理应对自己给予奖励。可他没想到，他在公司的待遇并没有因此而发生改变，上司反倒将那些端茶倒水的跑腿事都安排给了自己。再看平时做事磨蹭、小错不断的同事周立，他却成了上司面前的红人，好差事都交给了他。刘涛还发现，每次自己向上司汇报工作的时候，上司的神情总是淡淡的，甚至连一个赞许和欣赏的眼神都没有。

年终考评的时候，每次都出色完成工作任务的刘涛得到的评分并不高，而那些表现一般的老员工分数却都比他高，甚至连那个工作能力远不及他的人也得了和他一样的分数。刘涛心里很委屈，他不知道自己到底做错了什么。直到有一天，一个朋友的举动解开了他心中的疑惑。

那天，他陪一位做室内装潢的朋友去现场。那套房子的房型设计非常完美，宽敞而明亮。业主很自豪，而朋友却有点遗憾，竟然没有任何需要设法改良的空间，经验丰富的朋友顿感"英雄无用武之地"。刘涛豁然开窍，设计师遇到了可以打 95 分的房子，就像化妆师遇到注重修饰的美女，根本无法展示自己的本事。

自此之后，刘涛便学"乖"了。每到一家公司，他都会以低 10 分的才智来应对自己的上司，果然屡试屡爽，步步高升。等到他自己成了老板之后，突然才发现，那些办事从来不出错，似乎不需要他指点的新人，其实并不可爱；只有那些在老板面前适当地表现出自己的"不足"，才能让老板找到"指导"的成就体验。

为人处世何不适当"笨"一些，在明显的地方故意留一点儿瑕疵，让人一眼就看见。这样一来，即便你出人头地、木秀于林，也不会招致"枪打露头鸟"的危险。

其实，生活中适当地把自己放得低一点儿，就等于把别人抬高了许多。当被人抬举的时候，自然就减少了敌意。所以，在领导面前应该放低姿态，做好自己该做的事，使其树立在上位者的威信。

◎揣着明白装糊涂，不该明白的时候就别知道◎

◎ 心机箴言 ◎

《博弈论》中强调，人如果太聪明，最终就会得到最差的结果。相反，如果在生活中适当地装装糊涂，反倒能够自保，这是一种守拙智慧，更是一种生活方式。

心机解读

对于人来说，明白事理是一种进步，也是现实生活对人的要求。但有的时候，糊涂却是一种修养，在有些问题上，不必刻意较真，这样才能保持平和的心态。特别是在某些关键的问题上，更要有"装聋作哑"的胸襟。

可是在现实生活中，很多人在该糊涂的时候，却不能心甘情愿地糊涂，因为这个世界有着太多的诱惑，有着太多与自身利益相关的牵扯。有些人会认为"糊涂就要吃亏"，大到晋级升迁，小到蝇头小利，统统用心算计，不会有半点糊涂。其实，有时候的糊涂却往往达到四两拨千斤的奇特功效。

其实，适时的"装糊涂"是做事情时的小窍门。过分的较真，过于追求完美，有时候反而会适得其反。有些问题，该明白的时候明白，不该明白的时候就要装作不知道，这是一种大彻大悟的理解，是一种大智慧。

心机案例一

刘备苦心经营的蜀汉王朝，并没有万世永存，到他那个在历史上以"扶不起来的刘阿斗"而著称于世的儿子手里就土崩瓦解,被魏国所灭,仅仅走过了 42 年。

做了俘虏的后主刘禅,和他的一家及蜀国的一些大臣,都被东迁洛阳。当时,魏国虽是由曹操的后代做皇帝,但其实大权早已落在了西晋的开创者司马昭父子兄弟的手里。刘禅到了洛阳,司马昭便用魏元帝的名义,封他为安乐公,还把他的子孙和原来蜀汉的大臣 50 多人封了侯。

按理说,当时的晋王司马昭也应该是日理万机的了,可有一天,他却大摆酒宴,请刘禅和原来蜀汉的大臣参加。宴会中间,还特地叫了一班歌女演出蜀地的歌舞。一些蜀汉的大臣看了这些歌舞,顿生悲情,不由得想起了亡国之苦,伤心得几欲落泪;只有刘禅看得津津有味,就像在他自己的宫里一样悠闲自在、春风得意。

司马昭在旁边观察了他的神情,宴会后,就对贾充说:"没想到,刘禅这个人没心没肺到了这种地步,竟然还有心思观赏歌舞,即使诸葛亮活到现在,恐怕也没有办法使蜀汉维持下去,这刘禅真是个扶不起来的鼠辈!"

没过几天,司马昭又接见了刘禅,问他说:"你难道一点也不想念蜀地了吗?"

刘禅很高兴地说:"在这里很快乐,我不想念蜀国。"这就是"乐不思蜀"成语的由来。

前蜀国秘书谷正也在洛阳,听说此事,就连忙求见刘禅,说:"假如以后晋王还这么问你,你就该流着眼泪告诉他'父母亲的坟墓都远在蜀地,一想起这事儿,心里就十分难过,没有哪一天不思念蜀国的'。然后你再闭上眼睛,做出深沉思念的表情。"

不久,司马昭又问刘禅到底想不想蜀国,刘禅就照着谷正的话做了回答,并闭上眼睛做出痛苦状。司马昭说:"你的话,怎么听起来像是谷正说的呢?"

刘禅就吃惊地睁开眼睛,望着司马昭说:"对,对,不错,正是谷正教我这么说的。"

司马昭不由得笑了,这才相信刘禅的确是个糊涂人,不会对自己构成威

胁，就放弃了找理由杀害他的计划。就这样，刘禅活到了公元 271 年，在洛阳去世。

当司马昭一再跟刘禅提起故国的时候，他却表现得木讷无情，一副糊涂至极的样子。也许世人都会觉得刘禅是昏庸无道、没有骨气，可是在那样一种环境，他若是聪明如诸葛亮那样，定会是司马昭所不容之人，又岂能如此逍遥？

谁知这个昔日的阿斗是真扶不起来的白痴，还是他为了保全身家性命的一种韬略呢！大家不妨看看和刘禅同样下场的南唐后主李煜，作为亡国之君被俘到汴京，宋太宗派人监视他，发现李煜写了许多怀念故国的词，又后悔不该杀了替他保江山的大将。宋太宗觉得这李煜"贼心不死"，就用毒药把他毒死了。

在生活中，糊涂有时候就是一种手段，就像变色龙以改变自己的颜色来保护自己的一种手段一样。当遇到强大对手时，不妨装傻充愣，这样也许是最好的自保方式。

心机案例二

1955 年，包玉刚花了 377 万美元，买下了一艘已经使用了 27 年的旧货船，成立了环球航运公司，自此开始了经营船队的生涯。

当时，世界航运界都使用单程包租办法，即按照船只航行里程来计算租金。由于世界经济处于兴旺时期，因此单程运费收入非常高，一条油轮跑一趟中东就能够赚到 500 多万美元。不过，包玉刚却没有为暂时的高利润所动，他仍旧坚持自己最初使用的低租金、合同期长的稳定经营方针，避免投机性业务。在经济兴旺时期，他的做法引来了许多人的非议，他们认为包玉刚太"愚蠢"，甚至还有不少人劝他不要"犯傻"，让他改跑单程。

其实，包玉刚心里非常清楚：依靠运费收入的再投资，根本无法实现迅速扩充船队的需要，想要迅速发展就必须依靠银行的低息长期贷款；然而，要获得这种贷款，就必须使银行确信自己的事业是有前途的，有长期可靠的利润。因此,他将自己买到的一条船以很低的租金长期租给一家信誉良好、财务可靠的租船户,然后凭借这份长期租船合同,向银行申请了长期低息贷款。

后来,包玉刚依靠着这些长期的可靠的贷款,慢慢地发展壮大了自己的船队。在这种稳定的经营方针下,他用了20年的时间,就将公司发展成为拥有总吨居世界之首的远洋船队,成为了世界船王。

高明的智者有时会在表面上给人一种不思进取的印象,但这其实是在隐藏自己的才能,掩盖内心的真实意图,不露声色地筹备实施计划。这种"揣着明白装糊涂"的战术在生活中的很多领域都能够有效地迷惑对方,使得对方麻痹大意,从而为自己创造条件,抓住有利的时机,出奇制胜。

◎宁做傻中奸,不做奸中傻◎

◎ 心机箴言 ◎

想要获得很好的生存与发展,在为人处世时就必须学会一点:宁做傻中奸,不做奸中傻。隐藏起自己的雄心壮志,利用装傻来实现自己的目标。

心机解读

会用心机者都深知一点:适时地装傻能够给人带来诸多益处。想要获得良好的生存与发展的机会,那么首先就必须做到不招人嫉妒,不让人觉得自己是他的威胁。如果总是将自己的壮志雄心表现在口头上,那就很容易让人感到威胁,进而让自己成为别人嫉妒的对象。这就是告诉我们:做人有时宁可做傻中奸,也绝不要做奸中傻。

所谓"奸中傻",就是总是喜欢自作聪明,高估自己的实力和能力,看问

题固执己见,找不到事物之间内在的联系与变化,过分自信和自负。结果,被人当做炮筒、玩偶,甚至是替罪羊。这种人就是表面看似聪明,实际上却是成事不足、败事有余的人。而"傻中奸"则不然,他们表面上看似愚钝,实则心思敏捷,处处谨小慎微。这是一种大智若愚的心机智慧,也是成大事的要件。

心机案例一

三国时期,魏国与吴国两军对垒,蒋干主动到军帐中向曹操请缨:"我与周瑜是同窗,凭借我的三寸不烂之舌,一定能够将其说服,让其归降。"曹操听后很高兴,便"置酒与蒋干送行"。蒋干为此很是自满,他想到自己一旦说服周瑜来降,便可居头功,封官加赏是肯定的。于是,蒋干只身携带一童前往周瑜寨中。

蒋干没想到,周瑜一见面就戳穿了他的用心,这让蒋干觉得有损颜面,只得当面否认自己是说客。周瑜于是便按计行事,大摆筵席,让文官武将都来参加,并在席中声明:"只叙朋友交情,如果有谁提起曹操与东吴军旅的事,格杀勿论!"这样一来,蒋干无法再开口说话,同时也断去了本部文官武将不慎而说漏嘴泄密的可能性。

待大家都喝得半醉的时候,周瑜拉着蒋干走出了军帐,让他领略一下吴军的雄厚实力。接着,周瑜又以增进感情为名,提出与蒋干"抵足而眠"的要求,并"佯作大醉之状,携干入帐其寝"。蒋干趁着周瑜"鼻息如雷"的时候偷偷地看了帐内桌上的一卷文书,并把一封写有降将蔡瑁、张允的书信藏到了身上。他心想:虽然劝降没有成功,但若查出一两个奸细来,也是功劳。

殊不知,这其实是周瑜的计谋。他正是借蒋干过江做说客之机,步步设计,环环相扣,以假乱真。待蒋干回到曹营,虽未能立下头功,却急欲将密信交于曹操邀功,使得曹操误杀了两员大将,而蒋干的下场也就可想而知了。

蒋干自以为聪明,可最后却掉进了周瑜专门为他设计的陷阱中,这就是典型的"奸中傻"。

生活中像蒋干这样的例子也不少,历史的经验不断提醒我们:做人,宁可在"愚昧"中潜心修行,也不可自作聪明。贪图虚荣和名利,输掉聪明事小,若是输掉了性命那就事大了。

心机案例二

岑峰是某名牌大学的应届毕业生,看着其他同学终日为了找工作愁眉苦脸,可他却一点儿也不担心。想到自己大学四年来获得的辉煌成就,原本就性格好强的他更加豪气冲天了,仿佛整个世界都是他的,他一定能够有一番大作为。

一次,岑峰到某电子公司面试。那天,他穿着得体、胸有成竹地来到了面试地点,面试官安排他与其他几名应聘者一同进行理论笔试。岑峰答得非常流畅,因为那些内容几乎都是基本知识,他很快就完成了。面试官看了下试卷后,非常有礼貌地对他说:"下周一到总经理办公室面试吧!"

听到面试官说的这番话,岑峰更加器宇轩昂了,还没走到电梯口就得意地对陪同自己来面试的朋友说:"来这么一家公司真是屈才了,要不是考虑离家近,我才不会考虑这样的单位。"他说话的时候,电梯门开了,里面走出一位西装革履的中年人。他听到了岑峰的话,语重心长地对他说:"年轻人,做 IT 不容易,要谦逊才成啊!"岑峰看了一眼那位中年人,也没在意,心想:这不是狗拿耗子多管闲事吗?

到了复试那天,岑峰因为前一天熬夜起得晚了,到那家公司面试时迟到了。走进总经理办公室,他突然发现,那位总经理竟然就是自己上一次在电梯口碰见的中年人。应聘的结果自不必说,岑峰失去了一次良好的就业机会。

如今,看着那家公司在 IT 业发展得如日中天,岑峰非常后悔。他心想:要是当初自己的心态好点儿,不那么骄傲,现在自己也是这个团队的一份子了。

岑峰就是现代的"蒋干",自恃聪明,目中无人,结果让自己白白地错失了良机。

　　真正了解处世之道的人,从来都不会到处炫耀自己的本事,他们宁可选
择装傻,做一个"傻中奸",也不会大肆炫耀,做个"奸中傻",这样对于自己的
生存和发展而言,没有任何益处,只能招来他人的非议和嫉妒,甚至是排挤。

卷三 当屈辱到来的刹那间：

大智者常有大辱,忍大辱者则有大成

　　真正有智慧的人,通常都能够忍受奇耻大辱,然而,由于曲高和寡,能够理解他们的人往往很少。世界就是这样,智者总要忍受孤独,他们的远见卓识往往不为人们所接受,甚至会成为人们嘲讽和打压对象的理由。

　　事实上,一个人要想有所突破,就不要幻想没有障碍地前进,在众多的反对声浪中,也许只有自己才是唯一正确的。如果去央求别人的理解,有时就是对牛弹琴,如果在关键时刻顾及别人的羞辱而放弃原本正确的坚持,也就恰恰印证了别人的判断。

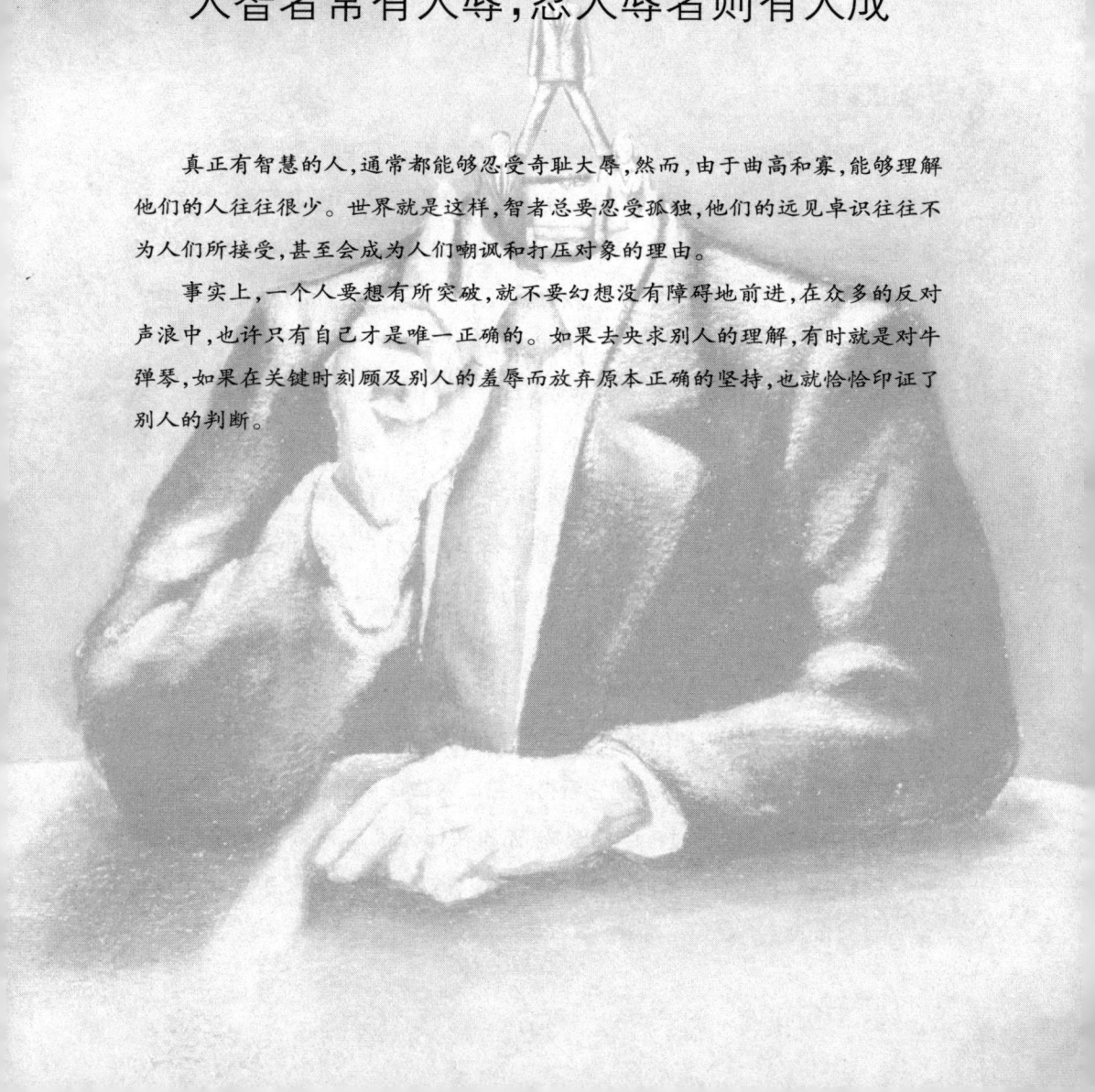

◎羞辱虽伤人,愤怒却致命◎

◎ 心机箴言 ◎

地位的悬殊、误会的存在,都可能导致侮辱、欺凌现象的发生,也势必会使心灵和自尊遭受伤害。但若是因此而大动肝火,就难免会造成致命的后果。

心机解读

人虽然是相对理性的高等动物,但有时也会因为某种原因而情绪失控,甚至是"愤怒",进而将这种"愤怒"转向和他有过接触的人,轻则被破口大骂,重则被大打出手。突然遭遇暴风骤雨式的凌辱,是最让人憋火的事情,如果针尖对麦芒,情绪的大火势必会在瞬间点燃。双方可能因此而势不两立、视作路人,甚至会发生激烈的肢体碰撞,轻则伤筋动骨,重则两败俱伤。

事实上,只要世俗和社会的不公存在,人们就无法避免遭受侮辱。为此,受伤害者也不要太过介意。个人的力量不能够操控社会,但可以掌握自己,如果过度悲观厌世、自我伤害,这才是最大的耻辱。受人侮辱不是自己的过错,虽在心灵和精神上受到摧残和打压,也难以承受,但面对侮辱还是不要随意发泄愤怒。因为怒火打击不了别人,只会燃烧自己,把自己葬送。

真正的聪明者,往往都善于制怒。他们绝不让愤怒牵着自己的鼻子走,这就使得他们时刻都能够保持住理智,做出最正确的抉择。侮辱虽然伤人,但它并不致命,所以不必把它看得太重。人生中有许多精彩是可以欣赏的,侮辱只不过是成长过程中的浪花,无论在什么状态下,都要学会控制情绪、理性思考,若是忍不住而大怒,很可能会导致冲动和蛮干,那样才是真正的自我毁灭。

心机案例一

南宋末年,蒙古大军攻克了德安城,疯狂地采取屠城政策,几十万人惨遭杀戮。当时,由于蒙古急需寻求儒生、僧人、大夫等,因此对不少读书人网开一面。赵复是读书人,虽然保全了性命,但却被军队俘虏了。

赵复是个性格刚烈的人,他无法容忍蒙古军队的暴行,更不甘心做俘虏,只求一死,就对押解他的蒙古士兵大骂。蒙古士兵也愤怒至极,真想一刀结果了他的性命。

和赵复一同被俘的一个中年道士劝他:"生命只有一次,你应当加倍珍惜才对。你不思为国报仇,却只图口舌之快,就是死了也一文不值。你真要为国家考虑,就必须冷静下来,等待机会报国。"

可赵复却哭丧道:"我所有的亲人都死于敌人之手,可我手无缚鸡之力,大仇不报,有何脸面活在世上? 与其在这儿活着受辱,还不如一死了之。"

蒙古官员姚枢奉命寻找儒生,他得知赵复求死之事后就赶过来急忙见他。可一见面,赵复便破口大骂。姚枢非常冷静,等赵复骂得精疲力尽,才开口说话:"你的愤怒只会加速你的死亡,除此之外没有任何用处。"

赵复忍住怒气说:"我不想苟且偷生,死算什么? "

姚枢叹口气,遗憾地说:"难道你日夜苦读,就是为了快速死去? 如果就这样死了,岂不是太窝囊了吗?男子汉大丈夫讲究学有所用,实现抱负,可你现在一事无成,却因为愤怒而轻生,是不是太糊涂了? "姚枢说完,转身离去。

赵复辗转反侧,思索一夜。

次日,姚枢又过来和赵复谈话,他对赵复的情况深表同情,说:"生在兵荒马乱的岁月,是我等的不幸,以个人的微薄之力怎么能改变呢? 既然狼烟四起,诸侯称霸,有志向的人就应该放弃个人所受的侮辱,不要让一时的怒火冲昏了头脑,能伸能屈大丈夫,识时务者为俊杰,做番大事才不枉读书一场。如今宋国将亡,是历史潮流,你为什么不能放下个人恩怨,以治学造福,为百姓办善事呢? "

赵复终于被触动，大哭道："我白白地读了那么多诗书，既不能报国，也不能救家，你不要再枉费心机安慰我了！"

姚枢怜惜赵复的才能，怕他自杀，晚上便把他安排在自己的帐篷里住下。

有一天深夜，赵复悄悄溜出，想投水自尽。

姚枢再次阻止了他，大声说道："自杀是懦夫行为，我要是你，绝不会死得这样不明不白、窝窝囊囊，你这样做和莽汉有什么区别呢？你的雄才大略，应当传诸后世啊！"

赵复这才顿然醒悟，放弃了自杀的念头，跟着姚枢来到了北方。姚枢非常尊重他，并经常虚心向其讨教。

有些人对姚枢如此善待俘虏颇有微词，说："你是朝廷高官，而赵复只不过是个宋国书生，可你对他却礼遇有加，是不是太抬举他了？如今是靠武力称霸天下的，赵复的学问又有什么用处呢？"

姚枢立刻反驳道："这你就不懂了，武力只能称雄一时，学问才是长久的治国韬略。我们目前缺少的就是像赵复这样有学问的人，怎么能不敬重赵复这样的人呢？"

赵复毕竟有着知识分子的清高，不想在元朝为官，朝廷为了显示威严，就想要惩罚他。姚枢为其求情说："赵复人才难得，让其做官还不如让他讲授学问更为合适。赵复是我费了好大的劲才劝其放弃死的念头的，我们不能再逼迫他了。"

于是，朝廷就接受了姚枢的建议，并建立了太极书院，由赵复传道授业、传经布道。

后来，赵复的弟子越来越多，赵复的心也逐渐安稳了。一日，姚枢又前来探望赵复，只见赵复精神饱满，就欣喜地说："你的才学终于为天下人造福了，恐怕相信不久的将来，你便可以桃李满天下了。"

赵复就向姚枢深鞠一躬，感慨道："我有今日，全仰仗大人提醒。如果不是当初大人当头棒喝，怒火攻心的我早就死了，哪里会有今天的收获呢？我能传道授业，不枉为人一场，多谢大人的鼎力相助了。"

后来,赵复育人无数,被人们尊称为"江汉先生"。

赵复在众人的开导下,终于忍受了国破家亡的耻辱,成为一代鸿儒。

人在生活中随时都可能会遭遇不测,但如果为了一时之气而"引颈一刀为快"的话,可能逞了一时之勇,而变为不必要的牺牲品。只有在生活中找准位置的人,才能抗击凌辱,做出成就。

心机案例二

姜华在创立华氏企业之前是一家塑胶公司的注塑工,每天过着"两班倒"的日子。姜华 18 岁南下深圳,在一家私人塑胶厂上班。工厂破旧不堪,夏天南方的高温炙烤着这间破旧的厂房,温度能达到 40℃左右。看着旁边的同事喝着饮料吃着冰棍,姜华擦了擦汗、咬了咬牙坚持着,为了能多省几块钱,存点钱寄回家。

2004 年 8 月的一个下午,姜华请假去火车站接来深圳上班的妹妹。8 月的火车站拥挤而闷热,两人挤在人群里。等到上了公交车的时候,一摸口袋,才发现钱包不见了。看着售票员大嗓门嚷嚷和鄙视的眼神,姜华异常受辱。妹妹赶紧掏钱交了车费。姜华听到售票员在背后嘟哝着:"没钱还装钱包掉了,没钱还装钱包掉了。"

这件事无形之中给了姜华一定的打击,特别是售票员表现出的难以形容的表情让姜华一段时间之内都感觉被人扇了巴掌,火辣辣的难受。

正是这次羞辱,让姜华成熟了许多。他辞去了塑胶厂的工作,用这些年的积蓄开了一家小饭店,经过几年的努力,姜华成立了属于自己的企业。

在生活中,羞辱可能一不小心就会来到你的面前,这是不可避免的,尽管有时是那么地莫名其妙。如果你非要为此较劲,说不定就会耗费自己一生的时间。这时候,忍是一种不错的选择。当然,这里讲的忍不住性格软弱、忍气吞声、含泪度日,而是一种等待。为图大业而等待时机成熟,是高明人的一种性情,是为人处事的上上之策。

在生活中，羞辱可能一不小心就会来到你的门前，这是不可避免的，尽管有时是那么地莫名奇妙。如果你非要为此叫劲，说不定就会耗费自己一生的时间。这时候，忍是一种不错的选择。当然，这里讲的忍不是性格软弱、忍气吞声、含泪度日，而是一种等待。为图大业而等待时机成熟，是高明人的一种谋略，是为人处世的上上之策。

◎由弱至强是一个漫长的过程，等待是必须的◎

◎ 心机箴言 ◎

一个人由弱到强，需要经验的积累和心智的磨炼，也需要经历弯路和挫折，这些都是成长的代价，也都需要时间的检验。

心机解读

不论是谁，在人生中总难免会有身陷逆境，又面临一时无力扭转的颓势，那么在这个时候，最好的办法就是暂且忍耐。不管何事，都不是一成不变的，所以在忍耐中等待命运的转折，说不定还会有时来运转的出现。

忍耐是有智慧、有能力的表现。大忍者，大智也。忍耐能够达到貌似愚蠢的程度，是谓大智若愚。大忍者，大能也。忍耐能够达到"无为而治"的境界，是谓大能若笨。能够忍耐，全凭内在的力量。英雄能够做人所不为，成人所不能，就在于他具有平常人所没有的本领。这种本领就是善于把真实的思想和激烈的情绪巧妙地掩盖起来而为世人所不察。因此，在一定意义上说，忍耐也是一种由深厚的内力所形成的韬略。

"忍"字心上一把刀。所以，没有一定的信念和意志是很难做到的。按孙子的思想，带兵打仗需要忍耐的时候尚且那么多，我们在为人处世中就更应该提倡一点忍耐精神。因为做人凡坚忍者，必成大事。

忍耐是一种磨砺，是一种意志力的体现，是人与环境、事物对抗的心理因素、物质因素的总和。两军对阵勇者胜，两军相持久者胜。

忍耐是一种明退暗进，更是一种蓄势待发。今天短暂的忍耐是为了明天更大的成功，忍耐的极点便是柳暗花明。

心机案例一

北宋仁宗年间，王曾、吕夷简两人做宰相，宋绶、蔡齐、盛度三人任参知政事。参知政事是副相，但蔡齐和宋绶分别得到王曾和吕夷简的赏识，因此也颇为众人尊重。相比之下，盛度的境遇就差远了，他不受王曾和吕夷简的重视，着实成了一个有职无权的人，文武百官也没把他放在眼里。

为此，盛度的朋友开导他说："你虽居高位，却有名无实，这样怎么可以呢？你要想法和你的顶头上司王曾、吕夷简建立更深的情谊。"

盛度说："我也知道自己并不讨二位宰相欢心，但这是事实，目前只有耐心等待。他们对我存有偏见，我要等待时机证明给他们看。"

盛度心态很好，对王曾、吕夷简仍是十分恭敬。在百官面前，他也非常谦逊："我这个人水平不高，难担重责，如有要事，你们可直接向二位宰相报告。"

一次，宋绶约上蔡齐同去拜见王曾，却毫不理会在旁边的盛度。盛度内心很不是滋味，回家后对家人诉苦说："同为参知政事，而我竟遭宋绶当面侮辱，可见弱者难当啊！"

家人非常气愤，就说："大人为何要咽下这口气，何不与皇上讲明呢？你若这样纵容他们，不是更让他们一手遮天了吗？他们结为朋党，不利朝廷，皇上不会充耳不闻的。"

盛度说："没有真凭实据，皇上怎会轻易相信？若他们再反咬我一口，我就更加危险了。现在，我只能观望。"

盛度对宋绶、蔡齐也十分客气，遇到大事，盛度从不发表自己的见解，总是以他二人中的一人的意见为准。宋绶、蔡齐也对盛度的态度很满意。

一日，王曾想罢免盛度的官职，可宋绶和蔡齐都表示反对。他们说："大人不喜欢盛度，但不一定非要赶他下台。他这个人很识趣，从来不和我们争权，自然也给大人免了许多麻烦。倘若换上来个较劲的，惹大人生气不说，恐怕很多事上都别扭，这又何苦呢？"

王曾接受了他俩的建议，盛度转危为安。盛度闻知此事，有所触动，就在外表上对他们更加恭敬了。

可也有人替盛度打抱不平，对仁宗说了盛度被排挤的事。仁宗就当面问他说："你是国家重臣，凡事要坚持正义，听说有人压制你，有这事吗？"

盛度却坚定地说："根本没有此事，皇上不要偏信。我知道自己的能力不济，所以凡事都与同僚相商，这也是怕逞强误国啊。如果这样不对，就只能怪我愚钝了。"

仁宗放下心来，转而称赞王曾等人勇于任事。

但是王曾、吕夷简仍对盛度没有好感。盛度怕惹上祸患，就想求退。一天，他对家人说："一个人活在世上，若保全不了家小，就是最大的失败。我现在处境艰难，不如引退吧！"

家人鼓励他说："大人能力非凡，遭人排挤就退缩，可不要为了我们而放弃你的志向啊。你苦熬多年，还不是为了出人头地？你的机会快来了。"

后来，王曾和吕夷简产生矛盾，二人都想增加援手。因盛度对二人都不得罪，双方都想拉拢他。他对家人说："朋党之争是朝廷大患，这样搞下去，不仅两败俱伤，更对朝廷不利。我当劝谏皇上。"

后来王曾、吕夷简越斗越凶，二人竟同时向仁宗递上奏章，请求退职外任，以示不能并立。仁宗十分惊骇，疑窦丛生。

一日，盛度一人在中书省吃饭，仁宗突然宣召他，说："二位宰相都提出外任之请，你知道其中的原因吗？"

盛度见仁宗一脸不快，就猜测到时机成熟，遂开口说："宰相大人心中所想，臣也不大清楚。不过臣有一法，只要陛下采纳，宰相大人的隐秘便马上可知。"

仁宗就催他快说，盛度故作迟疑，慢吞吞地说："听说二位宰相各有朋

党,他们的争斗也与此有关。臣不敢妄加揣测,陛下何不询问他俩谁可做他们的继任,这样就真相大白了。"

仁宗颇为不快,说道:"如果这样,就太让朕失望了!"

于是,仁宗先后向王曾和吕夷简提出这个问题,二人不加防备,一一作答。王曾力谏蔡齐,吕夷简推出宋绶。同时,二人又同时对对方赞许的人加以攻击。

仁宗一眼便看穿了他们之间的朋党关系,一怒之下,同时罢免了这四个人的职务,而后,又命盛度主持朝政。他对百官说:"盛度不依附朋党,长期被压制,这并不是他的过错。难得他志向不失,仍尽心为朝廷效力。朕今天重用他,一来可以弥补朕的过失,二来也是对他的褒奖!"

处在政治夹缝里的官员,的确难以伸直腰杆,但盛度的柔软身段终于在关键时刻为自己赢得了机会。真正的智者往往都善于等待和忍耐,深知由弱变强需要时间和过程。

生活中的每个人,或多或少地都要经历这么一段人生的历程,因为这是自然的法则,也是成长的代价,都需要等待的时间。但只有能够经受时间磨炼的人最后才能爆发蓄积的能量。

心机案例二

如今,牛根生在中国算得上是一个家喻户晓的人物。他之所以有"牛奶霸主"的成就,与他善于忍耐的精神是分不开的。

牛根生小的时候就对"吃亏是福,占便宜是祸"有更深的理解,他曾多次因为养父母的特殊身份而遭人殴打,但却从不还手,用他的话说就是"打不还手,是最好的保护。若要还手,就可能会遭致没完没了的毒打!"渐渐地,这种人生体验使他在不经意中形成了一种重要的"耐挫"的企业家品格。

1999 年初,牛根生创办蒙牛,为了减少竞争冲突,同时也是为了最大限度地保护自己,牛根生就制定了"收奶三不干"政策:凡是伊利等大企业有奶站的地方蒙牛不建奶站;凡是非奶站的牛奶,蒙牛不收;凡是跟伊利收购标准、价格不一致的事，蒙牛不干。蒙牛的这种低姿态，在一定程度上为蒙牛赢得了生存空间。

与此同时，牛根生还启动了"中国乳都"的概念，通过公益广告等形式打出"我们共同的品牌——中国乳都呼和浩特"的口号，提出了草原品牌"一荣俱荣，一损俱损"的营销理念。牛根生的做法最终赢得了更多的同情与支持，也将自己融入了内蒙古的经济发展大局，在抬高竞争对手的同时也保护了自己。

就这样，蒙牛在曲折的发展中不但站稳了脚跟，而且还成为中国乳业的领军。牛根生也成为中国十大创业风云人物之一。

"打不还手，骂不还口"的谦卑态度不但成功地化解了蒙牛与竞争对手的竞争冲突，还创造性地把自己融入了"草原"这个大品牌之中，成为中国乳业的骄傲。

因此，在面对危机，产生挫折感的时候，如果适度地转换思考模式就会化解危机，并最终跻身成功者的行列。

◎忍得一时弱，争得日后强◎

◎ 心机箴言 ◎

弱小其实不可怕，可怕的是不能够忍受弱小。智者，都能够忍受暂时的弱小，并暗自为自己蓄积能量，争得日后的强大。

心机解读

任何事情想要做大做强，都必须经历弱小的阶段。然而，当身处弱势的时候，需要的就是忍中蓄势，而不是长吁短叹或冒险急进。只有这样，才能等到时势发生变化时利用积蓄的力量争得主动，变得强大。对于很多人而言，

暂时的忍耐并不难,但若是要一忍再忍就不那么容易了,他们会变得焦躁不安,甚至自暴自弃。

"小不忍则乱大谋",这句话向来是劝人切勿急躁时的忠告,大智者更将其作为告诫自己的座右铭。一旦他们想要成就一番大事业,就会让自己坚持练"忍"功,他们有一忍再忍的胸襟雅量,忍受得住一次又一次的困苦,进而让自己立定脚跟。因为一个有志向、有理想的人,绝不应斤斤计较一时的个人得失,更不会在小事上纠缠不清。

心机案例一

楚汉相争时,刘邦的势力远不及项羽,吃败仗简直成了家常便饭。

公元前203年,刘邦被楚霸王项羽围困在了荥阳,左冲右突而不得出。此时,刘邦的大将韩信自统领兵马,北上作战,屡战屡胜,连续攻克魏、赵、燕等诸王国,最后占领了齐国全境。同年五月,韩信以功自居,派使者来见刘邦,请求刘邦立即封他为齐王,其理由是以此方便镇抚齐地。刘邦听了韩信的要求后,火冒三丈,眼下大敌当前,连他自己都不知道何时能够突围,而韩信却在此时要官,这与"趁火打劫"有何差异,这显然是胁迫要权!于是,刘邦破口大骂:"我兵困荥阳,天天盼望你韩信带兵增援。你倒好,不但不来,反要自立为王……"

这时候,刘邦感到有人踩他的脚。他正想发火,却看到是张良在向他示意,于是便止住了话头。张良靠近刘邦小声说:"主公,现在韩信手握重兵,右投则大王胜,左投则项羽胜。对于他提出的要求,您还要慎重考虑。"

刘邦向来以性格坚忍著称,经过一番权衡,他立刻明白了事情的利害关系。刘邦强压怒火,立刻派张良为使节,带着印绶去齐地,加封韩信为齐王,并征调了韩信的军队。由于韩信的增援,战争形势很快发生了逆转:汉军由劣势向优势转变,反而逐渐形成对楚的包围。

经过几年激战,刘邦凭借日趋强大的军队终于在垓下将楚军全都歼灭,取得了战争的最后胜利,建立了政权。后来,韩信也没得善终。

面对韩信的"政治敲诈",刘邦实在难以咽下这口气。然而,在张良的提示下,刘邦却采取了忍的策略。正是他这种难忍之忍的作为,最终改变了历史的格局,否则的话,这段历史就很有可能重写。

君子之道,有所忍,有所不忍。在特定的背景下,忍不仅是一种雅量,忍更是一种智慧;在人际交往中,忍是一种气度。有修养的人,从来不会在毫无意义的事情上发火动怒。只有生活中的智者,才能品味出忍的力量。一个人要想培养自己高尚的节操,就要在小事上有所忍让。

心机案例二

戴尔·卡耐基初到电台工作时只是一个无名小卒,他为了扩大自身的影响力,勤奋努力的工作从未间断过。

但再努力细心,也难免会有失误。一次,在电台上介绍《小妇人》的作者时失神大意地说错了地理位置。其中一位听众就恨恨地写信来骂他,把他骂得体无完肤。

那时的卡耐基因为没有什么知名度,还很少能收到听众的来信。可没想到少有的几封来信中,竟然是这样让他备受打击的言辞。他当时真想回信告诉她:"我把区域位置说错了,但我还从来没有见过像你这么粗鲁无礼的女人。"

但卡耐基控制住了自己,没有向她回击。他深吸了一口气,仔细地想了想,不管措辞如何,最起码说明已经有人开始关注他的节目了。他鼓励自己将敌意化解为友谊。他自问:"如果我是她的话,可能也会像她一样愤怒吗?"他尽量站在对方的立场上来思索这件事情,因为卡耐基深知,只有获得听众的认可,才是一名优秀的电台主持人走向成功的基础。

他打了个电话给那位太太,再三向她承认错误并表达歉意。这位太太终于表示了对他的敬佩,希望能与他进一步深交。正是凭借着这样一番"忍"功,戴尔·卡耐基最终取得了成功,并被人誉为 20 世纪最伟大的心灵导师和成功学大师,美国现代成人教育之父。

为了扩大自身的影响力,为了顾全大局,戴尔卡耐基面对"侮辱"选择了忍耐。这样的举动不仅为他换来了友谊,也为他日后的发展奠定了基础。

在生活中,我们也应该学会这样一种忍耐之道。正所谓:"天将降大任于斯人也,必先苦其心志,劳其筋骨,饿其体肤,空乏其身,行拂乱其所为,所以动心忍性,曾益其所不能。"从忍受煎熬到享受煎熬的过程,就完成了一个成大事者历经磨砺进而蜕变腾飞的华彩转身。只有熬得住苦难的沉重,爆发时,才能撑得起未来的辉煌。

◎以屈待伸,善忍方能成大事◎

◎ 心机箴言 ◎

古人云:能伸能屈大丈夫。在人生经历中,忍辱是不可或缺的一门功夫,只有能够忍受委屈、乃至侮辱的人,才有可能成就大业。

心机解读

古今中外,几乎所有的成功者都有不同程度的"忍辱"经历,因而对"忍为高"这句话也有更深的理解。事实上,也只有那些能克己忍让的人,才能够在不断的忍辱中蓄积力量,并思考应对之策,这样才能逐步成为雄才大略的人。

忍,是医治磨难的良方,也是最好的自救方式。忍人一时之疑,有助于脱离被动的局面,同时也是一种意志、毅力的磨炼,这样不但可以锻炼自己的心理素质,也为日后的奋发图强、励精图治、事业有成奠定坚实的基础。

屈尊低就,人生即可渐入佳境。其实屈伸之计,可以有很多种表现形式,比如以退为进,由低到高,这既是自我表现的一种艺术,也是一种自下而上竞争的方略。

心机案例一

家喻户晓，妇孺尽知，西汉名将韩信武功盖世，称雄一时。但当他是平民百姓时，贫困潦倒，做官从政不会溜须拍马，买卖经商又不会投机取巧，难于谋生，只好寄人篱下，沿街乞讨。

有一天，韩信正在街上闲逛，突然迎面走来一个宰猪的屠夫。他看不起韩信这副寒酸迂腐的书生相，嘲笑他是"漂母食"，并且当即从腰间抽出一把菜刀，扔在韩信的面前，说："韩信，你要是不怕死，就用菜刀来砍我，要是怕死不敢呢，就从我的裤裆里钻过去！"说着，他双手抱胸，双脚叉开，趾高气扬地看着韩信。

韩信一听，猜到对方是故意找碴的，他心里很是气愤，但他认真地打量着身高马大的屠夫，想想自己形只影单，硬拼肯定吃亏，便弯腰趴地，从屠夫胯下钻了过去。

顿时，屠夫得意地狂笑起来。满街的人也跟着嘲笑起来："看哪，韩信像小狗一样钻狗洞！真是一个胆小怕事的人，将来肯定也不会成就什么大事业！"韩信低着头，一声不响地从人群中走了出去。

后来，韩信忍气吞声，闭门苦读，学得一身兵法，军事才能无人能及，得到汉王刘邦的重用，拜封为大将军。在反抗秦王朝统治的起义中，韩信率军队，争夺天下，立下了汗马功劳，威名四扬。

韩信不逞一时之勇而忍辱负重，不把自己的生命浪费于无足轻重的决斗上，虽然吃了眼前亏，也蒙受了奇耻大辱，但他能自强自新，最终成为领兵百万的大将军，所向披靡，战无不胜，为汉政权400余年的基业立下了汗马功劳，终于名垂千古。

吃眼前亏是一种特殊情形下的聪明，但吃眼前亏的人可能要遭到巨大的人格、精神的污辱。而一个真正聪明的人，是不会计较一时得失的，而应该着眼未来，不做无谓的牺牲，更不会为逞一时之勇而毁掉自己的美好未来，这才是上策。

心机案例二

一位留美计算机博士学业结束后在美国找工作，他认为既然有了博士头衔，求职的标准当然就不能将就，可结果却让他大感意外，竟然连连碰壁，许多家公司都不愿意录用他。经过一番思索，他决定收起所有的学位证明，以一种最低身份，再去求职。结果，他很快就被一家公司录用为程序输入员。

这份工作他来说无疑是大材小用，但他仍然干得十分认真，毫不含糊。不久老板就发现他能找出程序中的错误，这决不是一般的程序输入员可以做到的。这时他才亮出了学士证书，老板给他换了个与学历相称的工作。

过了一段时间，老板发现他总能及时提出一些有价值的建议，水平远远高出一般的大学生，这时他才亮出了硕士证书，老板又提升了他。

又过了一段时间，老板还是觉得他与众不同，就对他进行彻底"盘查"，他才和盘托出，拿出了博士证书。这时老板才对他的水平有了全面而深刻的认识，就毫不犹豫地重用了他。而这位博士最后的职位，正是他最初想要的目标。

这位博士的择业观无疑是以退为进的方式，他先放下身份和架子，屈尊低就甚至让别人看低自己，然后寻找机会全面地展现自己的才华，让别人一次又一次地对他刮目相看，他的形象才慢慢变得高大起来。

在生活中，真正的智者从不在一个陌生的环境里炫耀自己的才华，一旦有了平台之后，才会以自己的方式展现自我的价值。以屈求伸，以退为进，这种方式，有时比直线跑步能更快地到达目的地。

◎委曲求全不是懦弱，是一种舍小取大的智慧◎

◎ 心机箴言 ◎

有人总爱把"委曲求全"视作一种懦弱行为，这实在是对宽容的一种误解，其实这是一种舍小求大的智慧。

心机解读

古往今来，成大事者，有很多是曲径通幽、卧薪尝胆、委曲求全的结果。因为，在世界上要想最干出轰轰烈烈的一番事业，不可能总是一帆风顺，总会遭遇这样或者那样的坎坷与磨难。

要想在前进的道路上排除障碍，就必须借助社会的力量，在某种情况下就要放下身段，学会求人出手相助。而有的人未必真心想帮，甚至故意刁难，那么为了达成自己的目标，就必须学会接受委屈自己的境遇。这样尽管可能被讥讽为懦弱，但实际上这是降低对手干扰的明智之举，更是一种舍小取大的智慧。

心机案例一

明朝时，赵豫担任松江知府。在任期间，赵豫对老百姓嘘寒问暖，关怀备至，深得百姓的拥戴。不过，赵豫处理事务的方法非常奇特，他的下属戏称之为"明日办"。每逢遇到前来打官司的，如果不是很着急，他就会慢条斯理地说："各位先消消气，明天再来吧！"

起初，众人对于赵豫的这套工作方法并不看好，甚至认为他是一个懒惰拖拉的知府，有人还在暗地里给他编了一句"松江知府明日来"的顺口溜来讽刺他，都叫他"明日来"。

赵豫是个性格稳重之人，为人宽厚老实，听到这个绰号，他不但不生气，也不责备叫他绰号的人，总是淡淡地一笑。因为他的态度和蔼，所以那些下属有什么话都敢跟这位知府老爷直接表达。

有一天，一个下属疑惑地问赵豫："大人，您为什么要用这样的方法呢？这样做太有损您的名誉了。"

这时，赵豫对"明日再来"做了解释："因为有很多人来官府打官司，是趁着一时的愤激情绪，一旦经过冷静思考之后，或者经过别人对他们的劝解之后，气往往就消了。气消而官司平息，这就少了很多的恩恩怨怨。可是一旦公堂对薄之后，再退却就难了很多。"

赵豫此招虽然给自己戴上了"懒惰拖拉"的帽子，但是人们的情绪却能够平静下来，官司因此而平息，使老百姓从中受益。赵豫退后一步对事情进行"冷处理"，有助于缓和情绪，让问题得到更好的解决。

实际上，赵豫"明日再来"的处理方式，是合乎人的心理规律的。经过一天的冷却，当事人都对事情有了新的思考，才能理智地对待所发生的一切。这种"冷处理"包含为人处世的高度智慧，把它用在生活中，会避免不必要的争执。

心机案例二

上海有一家大饭店，饭店的生意非常地好。一天上午，一个美国人突然闯进经理室，他气势汹汹地对经理说："你就是经理吗？我刚才在大门口滑倒摔伤了腰。你们的地板太滑了，连个防滑措施都没有，太危险了。马上带我去医务室。"

经理非常客气地说："这实在抱歉得很，腰还疼吗？我们马上带您去医务室，请您稍坐一下。"

美国人坐在椅子上，继续抱怨不停。饭店经理这时拿出了一双舒适的拖鞋，温和地对美国人说："请您换上这双鞋，它能让您稍微舒服一点，医务室已经联系好了，现在我就带您去。"

其实在美国人闯进来时，经理已经看清他的腰部没有多大问题。所以当美国人先走出经理室后，经理就把美国人的鞋交给一个服务员说："这双鞋后跟已经磨薄了，在我们回来之前把它送到楼下修鞋处换上橡胶后跟。"

检查很快就结束了，结果未发现任何异常，那人也完全冷静下来，随后一同回到经理室。经理微笑着说："没什么大问题比什么都好，这我就放心了。请喝杯茶吧！"

美国人也感到自己方才太冒失了，所以就客气地说："地板太滑，太危险，我只是想让你们注意一下，没有别的意思。"

这时经理拿出已经修好的鞋，对美国人说："很冒昧，我们擅自修理了您的鞋，那个鞋匠说，后跟磨薄了确实容易打滑。"

美国人穿上修好的鞋，感觉合适多了，他对经理的技巧大为惊讶，非常高兴地说道："经理，谢谢您的好意，您的关怀照顾我是不会忘记的。"两个人愉快地握手以后，美国人走出经理室。经理送他出门时说："请您将这个滑倒的事忘掉吧，欢迎您再来。"

美国人消失在人群中。从那以后，只要这个美国人到上海，必定住进这个饭店，而且还会找到经理聊上几句。

这位美国人之所以能够满意而去，就在于这位经理能够在抱怨面前保持理智，顺着对方的意见，并用柔和的语言和切实的行动把这位美国人的怨气化解于无形之中，从而制止了事态的进一步扩大。

在生活中，因为各种原因，人难免会遭遇委曲求全的事，但只要保持内心的明晰，即便是吃点小亏，也不必较真。俗话说，退一步天高地阔，让三分心平气和。很多事情都是在包容和委屈中轻松化解的。

卷四　当处于下风的时候：

善用弱点，"弱"也能胜"强"

　　人们都有同情弱者的心理趋向，总是愿意以包容的心态去宽恕弱者。尽管有时弱者会受到一些人的冷眼和嘲讽，但同情弱者是大多数人的道德操守。他们同情弱者、关爱弱者，并在需要的时候及时伸出援助之手。所以说弱者并不孤立，在他的背后有一个看不见的强大群体。

　　因而，弱者不要怕暴露自己的弱点，有时在人前显弱更能引起人们的关注，更能获得舆论支持，也能换取人们的同情。

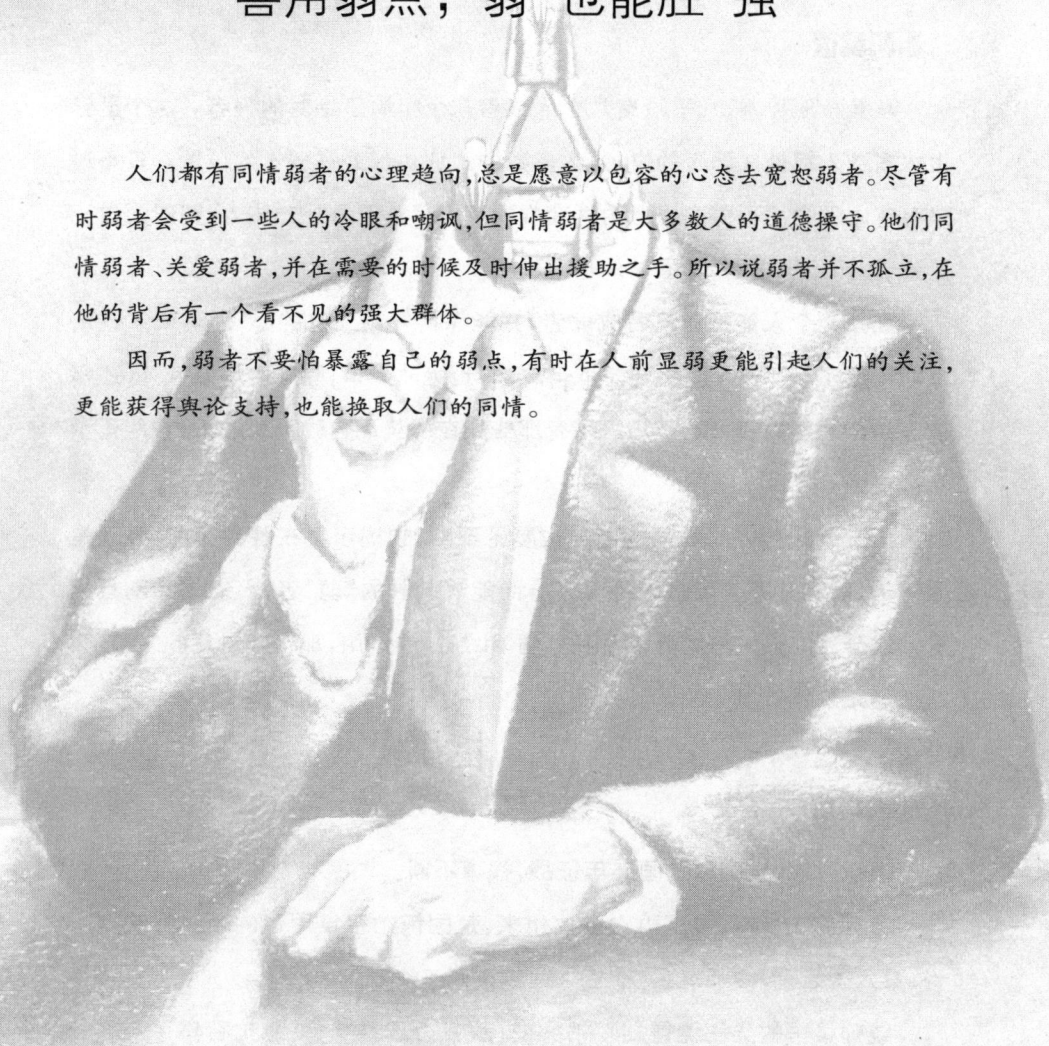

◎能够制胜的一方，并非都是强者◎

◎ **心机箴言** ◎

战场和商场都多次证明，强大未必就一定绝对取胜。有时候，那些被人忽视的弱者，却往往出人意料地取得了最后的胜利。

心机解读

从竞争形势看，几乎没有几个人或者几个组织是绝对的强者。这个世界上大多数人都处在弱者的位置，大多数的企业也都处在弱者的位置。只不过是有些人认命而不再去思考由弱变强的事情了。而另外一些人，则以为自己是强者，而不思进取，结果被弱者所取代。

如果一个人能把自己看成弱者，并能保持一颗上进的心，那这个人就离成功不远了。但一个弱者要想取得成功，也绝非易事，除了磨炼心智外，还需要有持久的耐力和方法技巧。只有那些处在弱势而自强不息的人，才能逐渐由弱变强。

历史上这种以弱胜强的事例也屡见不鲜，它揭示了在胜利面前，强弱是平等的，胜利并不一定会拒绝弱者。而能够制胜的"弱"者，人们更会刮目相看。过分迷信强大与优势，不相信"弱"和"劣"的作用，那样才是真的"弱"，也是永远无法昂首挺立的。

心机案例一

春秋时期，吴国和楚国连年征战，祸事不断。

公元前 519 年，吴军再次进攻州来，楚国慌忙召集周边的顿、胡、沈、陈、许、蔡六国之军，会师鸡父，准备火速救援州来。

统帅吴军的吴王僚得知军情突变，敌我力量悬殊，就急忙召集手下将领

议事,商讨应对策略。面对七国之军,众将领顿感陷入包围中,皆面有惧色。吴国公子光见众将怯战,也有些担心,就对吴王僚说:"楚军会集诸侯之师,实力远在我军之上,我军还是暂时避开锋芒吧。"于是,吴王僚就下令解除了对州来的包围,把部队撤到了钟离驻扎。

吴王僚虽驻扎在了钟离,但心里仍不踏实,就对公子光说:"楚军如此强大,敌我双方力量悬殊,为了安全起见,就不如再往后撤一点。"

公子光笑道:"大王不必惊慌,我军后撤并不是逃跑,而是等待战机,怎能再往后撤呢?"

吴王僚有些底气不足,说:"眼下形势敌强我弱,不用打仗就可分出输赢,反正我是不抱希望了。"

公子光不以为然,说道:"强大的一方不一定就绝对是胜者,否则的话,弱者早就灭亡了。楚军自恃兵多将广,一定会轻视我们,这样我们就能抓住战机了。"

楚军向钟离开来,挂帅的楚国令尹因病死于途中。可继任的统帅威望不高,难以驾驭各路诸侯。于是,楚军和诸侯军就无心恋战,率先撤退了。

吴王僚听说楚军退去,心情大为高兴,便想趁机撤回。此时,公子光却认为最佳战机来临,不可错过,要吴王僚下令追击。吴王僚仍旧有些担忧,他害怕发动攻击会自取其辱。

然而,公子光却坚持道:"楚军现在撤退,就说明楚军内部已乱,他们不敢再战了。诸侯军都是受楚国胁迫而来,不会真心为楚国卖命的。大王不应该只看到他们兵力多的一面,也应当看到他们战斗力不强的一面。我军虽弱,但万众一心,同仇敌忾,如果采用奇袭的战术,一定可以大获全胜。"于是,吴王僚采纳了公子光的建议。

途中,吴王僚怕中了楚军的埋伏,就下令停止追击。而公子光竭力劝慰道:"大王所虑,楚军自然也会想到,他们估计我军不敢再攻,我军正好来打他个措手不及,必定大胜。"

吴王僚被说服,公子光建议"明日即攻",而吴王僚却认为明日是"晦日",要选择一个良辰吉日再进攻。公子光道:"'晦日'进攻,楚军更加疏于防范,反而对我军有利。我军志在获胜,何必计较什么呢? 否则的话,将会贻误战机!"

第二天,吴军发动全线进攻,楚军果然疏于防守,全线崩溃,彻底失败。

吴军原本想攻克楚国的州来,却没有想到战争形势出现逆转,遭到了以楚国为首的七国联军的疯狂反扑。面对数倍于己的强敌,如果吴国仍坚持原来的军事策略的话,无疑是以卵击石、自取灭亡,因而就及时调整战略部署,采取了退让躲避的方针,等待战机。当七国联军自以为强大无、不战而胜的撤退之际,吴军认为机会来临,突然发动袭击,致使毫无防备的联军溃不成军。并利用所谓的"晦日"麻痹联军,对已经退守、毫无防备的联军再次发动全面进攻,大获全胜,创造了以弱胜强的战例。

在生活中,同样如此,只要自知弱小,而不与顽敌对抗,不做无谓的牺牲,而是寻找机会,瞅准顽敌的软肋,及时采取果断措施,同样可以达到以弱制胜的目的。

心机案例二

里维是美国的一名 10 岁的男童,他在一次车祸中不幸失去了左臂。但是,一直以来他都很想学柔道。最终,只有一条手臂的里维拜一位日本柔道大师做师傅,开始学习柔道。起初,他非常兴奋,认为自己能够学到很多招数。可是三个月过去了,师傅却只教了他一招,他有点沮丧,也不知道师傅到底是何用意。

几个月后,师傅第一次带里维参加比赛。里维没有想到,他竟然非常轻松地就赢了前两轮。第三轮有点艰难,对手很快就显出了急躁的情绪,连连进攻。里维敏捷地施展出了师傅教给自己的那一招,果然他又赢了。就这样,里维稀里胡涂地进入了决赛。决赛的对手实力很强,而且他比里维高大、强壮,看样子经验也比较丰富。有一段时间,里维明显有点招架不住,裁判担心他会受伤,便叫了暂停,并打算就此终止比赛。然而,里维的师傅不同意,他坚决地说:"继续比赛。"比赛重新开始了,对手有些骄狂,放松了戒备。里维

借此机会立刻使出了自己的那一招,制伏了对方,赢得了冠军。

在回家的路上,里维和师傅一同回顾每场比赛的细节。里维终于鼓起勇气说出了自己心中的疑问:"师傅,为什么我只用这一招就能够夺得冠军呢?"师傅回答:"有两方面原因。其一,你学会了柔道中最难的一个招数;其二,对付这一招唯一的办法就是让对方抓住你的左臂,可是这一点没有人能够做得到。"

里维没有左臂,在常人看来这是他的劣势;但是,正因为没有左臂,所以对方根本无法制伏他。将自己最大的劣势变成最大的优势,这就是一个振奋人心的思路。无论是个人还是企业,都存在不完美的地方,如果能够正视自己的这一弱点,并努力将其化为优势,那就可以由弱变强、由小变大了。

◎主动示弱,"弱"的威力便显现了◎

◎ 心机箴言 ◎

对付强敌,泰山压顶、雷霆万钧固然很好,但是,遭遇超强对手若还是以硬碰硬,就等于以卵击石。这时候,如果采用滴水穿石、绳锯断木之策,无疑是最好的办法。

心机解读

当你想要达到某种目的却面对强有力的对手时,如果过于彰显强势,就容易引起竞争的注意和提防,从而会增大战胜对手的难度。但如果显示出无所谓和很坦然的姿态,那么在竞争中所出现的情景就会有所不同,特别是在强硬的对手面前故意示弱,更能消除对手的戒备。

在生活中,"示弱"也是一种以退为进、谋求生存的妙招,它在人际互动上产生的效用有时大得超乎人们的想象。但是,我们并不主张凡事皆"示弱",固然"示弱"有其正面作用,但凡事皆"示弱"会塑造出一种退缩怯懦的性格,而缺乏与人交锋的战斗勇气,这样虽然可以保全自己,但也会丧失很多发展的机会。因此,"示弱"是一种手段与权宜,而不是目的,这是采取"示弱"的方法的人必须有的认知。

多数人对"示弱"的行为并不欣赏,但这并不能说明他们的观点是正确的。事实上,总有一些大智慧者对"示弱"推崇备至,这决不是故弄玄虚,是有其道理的。如果在机会和条件具备的时候,适当地"示弱",而不是自卑,那么"弱"的威力就会完全呈现出来。

心机案例一

明崇祯十一年,全国各地的起义军都遭到了各种联合势力的围追堵截,屡遭重创。

张献忠所在的起义军被明总兵左良玉击败,张献忠也负伤退守谷城,处在官军的重重包围之中,形势岌岌可危。性情火暴的张献忠再也沉不住气了,连忙召集众将商议解决策略。然而,众将如履薄冰、战战兢兢,唯恐一句话说错而惹恼了张献忠,故都低头不语。

张献忠平时是以残暴闻名的,可此时却软得像绵羊,他略带哭腔地说:"此时大难临头,我心绪烦乱,无计可施,你们也忍心这样对我吗?"张献忠这位昔日骁将的哀怜之语,让众将也禁不住抽泣起来。

这时,一位青年将领大声说道:"官军对我们恨之入骨,不管怎样他们都不会饶过我们。与其等死,不如拼死力战,或许还有条活路。"

张献忠已经完全丧失了斗志,哀声道此法不通。众将见素来善战的张献忠都深陷绝望,更感到大祸来临。

这时,一位中年将领越众而出,他大声喊道:"死中求活,败中取胜,并不少见,主公何必如此气馁。"

张献忠止住哀声,说:"我军现在如此狼狈,攻打强敌无疑是羊送虎口,难到你有什么通天之法?"

中年将领答道:"在下不是圣贤,也无通天之法。不过,在属下看来,我军既为弱旅,也有它的好处,我们就当在'弱'上动动脑筋。"张献忠疑惑不解。

中年将领就接着说:"从前主公强盛之时,只知猛冲猛打,不知有畏,结果暴露了实力,引起了朝廷的注意,被全力围击。现在我军元气大伤,如能派人向朝廷诈降,诉说我军的困境,相信朝廷一定会相信我们。一旦我们诈降成功,以后的事情就好办了。"

张献忠确实无计可施,就听从了中年将领的建议。他派人携带重金拜见官军中的陈洪范总兵,提出了归降的请求。陈洪范接受了重金,并把此事禀报给熊文灿。熊文灿也一向主张以"抚"代"剿",获此消息,他心中暗喜,但仍有疑虑。而陈洪范却说:"张献忠现在是穷途末路,战不能战,逃不能逃,死又怕死,他除了投降,没有别的选择了!正因为张献忠不傻,他才要保命归降朝廷,这样他还可以混个一官半职,大人就不要多疑了。"经陈洪范这么一说,熊文灿也点头称是,正好也可以借此捞取功名,就接受了张献忠的归降。

张献忠诈降顺利成功,就开始收拾残局,并积蓄力量。次年五月,重振旗鼓的张献忠认为机会来临,就再举义旗,但起义声势已经如日中天了。

张献忠的"示弱",为东山再起创造了条件。在处境不利的时候,不妨故意"示弱",这样在大长对方威风的时候,却为自己赢得了宝贵的生存空间。俗话说,"好汉不吃眼前亏","笑到最后才是真正的胜利者"。一旦巧妙利用"弱"功的时候,"弱"的威力就会自然显现。

心机案例二

众所周知:德国是世界上啤酒制造大国与啤酒顶尖技术的拥有者,这不但满足了世界各地的消费者,也为德国创造了丰厚的物质回报。然而,这项让德国人引以为骄傲的核心技术却被一个故意"示弱"的日本人给窃取走了,使得德国在啤酒业的垄断地位破局。

当时日本有一个啤酒商,远涉重洋,专程来到德国一个名牌啤酒厂,可在外面转了三天却无法进去。因为德国的啤酒厂保密程度很高,相当于军工企业,根本不允许外人随便参观。于是,他就在门口外远远地瞧着。

后来,这个日本人注意到,每天早晚都有一部黑颜色的小轿车进出,经过打听,得知车上坐的正是这家啤酒厂的老板。他想来想去,最后想出一条计策。

某日下午,当啤酒厂老板的汽车开出来时,他装着突然失足,把一条腿伸到车轮下,随着一声惨叫,他就昏了过去。德国老板连忙把他送到医院,经过抢救,命保住了,却压断了一条腿。

德国老板心里很过意不去,在医院看望他时说:"你人在异国他乡,被压断了一条腿,我很对不起你。你以后怎么办呢?"

这位日本人就装着十分可怜的样子说:"我不幸压断了腿成了残废,再也无法回国谋生了。等我好了后,只好沿街乞讨了。如果你要是可怜我,就让我给你看大门吧,混碗饭吃就可以。"

德国老板听他说得十分可怜,也没有找自己的麻烦,只求当个看门人,就当即答应了他的要求:"你好好养伤吧,好了就给我看门。"

于是,这个日本人伤养好后,就成了这家啤酒厂的门卫。他利用看门之便,经过3年的观察琢磨,终于探明了德国啤酒的配方秘密与生产工艺。

3年后,这位日本人告辞还乡,到国内开了一个颇具规模的啤酒厂,推出了一种与德国啤酒不相上下的优质啤酒,并且打进了国际市场,和德国啤酒分庭抗争。

直到一次国际啤酒交易会上,德国的啤酒老板,才见到了那个和他一决雌雄的竞争对手。让德国啤酒老板大跌眼镜的是,那位对手就是他昔日的"看门人"。

用一次精心设计的"示弱",却换回了世界一流的啤酒酿造技术,足见"示弱"的威力。

在事业和竞争中为了取胜,当然不可随意放低姿态,但在特定情况下公开暴露自己某些方面的弱点,博得对方的怜悯,往往是一种有益的处世之道。

◎眼泪用好就是"软刀子"◎

◎ 心机箴言 ◎

眼泪有时候可以转化成一股神奇的力量,其威力有时候甚至超越长矛利剑,这是弱者取胜的最廉价的智力投资。善用智者都善用眼泪,此法不但能够帮助其实现自保,还能清除前进道路上的障碍。

心机解读

任何人都不要小觑眼泪的力量,有时候,用长枪利剑的"炮舰政策"未必能达到的目的,却可以用眼泪轻松攻克。因为眼泪可以赚取同情与怜悯,可以瓦解对方的斗志,任何人都不愿意向一个需要同情的人大打出手。

人都是有感情的动物,泪水可以在迅速获得对方同情的同时,也可以消除敌意,这就为顺利解决问题清除了部分障碍。但是,任何事情都有个极限,眼泪战术也同样如此。流泪战术虽是求人办事的一大秘诀,但是除非迫不得已,别轻易使用这个杀手锏。因为让人同情的哀兵策略偶尔为之,往往具有出奇制胜的妙效。但如果作为常规武器而连续使用,效果就会大打折扣。就如同一个膀大腰圆的壮汉乞讨一样,不但无法引起人们的同情,反而会引发嘲讽,甚至还会招来不屑和鄙视的目光。

心机案例一

三国时期的刘备是个不凡之人。他对待手下,全凭"以情动人,以诚待人",在这点上,其他三国人物都不及他,甚至还有人说刘备的江山是"哭"出来的。这种说法虽然有夸张的成分,但仔细想来也不无道理。

如果从大的方面看,刘备的眼泪是爱惜人才、忧国忧民的表现,也是一种不得不用的"政治手段"。但有一点毋庸置疑，他的眼泪也感动了黎民百姓，感动了无数愿意效忠刘皇叔的臣民，他们不惜舍家舍命苦苦相随；他的眼泪还感动了文官武将，让他们与自己共同浴血奋战、终身不渝；他的眼泪还感动了异国的公主，让她舍母离乡，共奔前程。由此可见，刘备的哭功，绝非一般的功力，不但凝聚了民心，还哭出了一片锦绣江山。

刘备的"哭"我们无法一一详述，仅从刘备送徐庶这一幕，就能够看出这位三国的枭雄将"眼泪战术"运用得多么炉火纯青。

徐庶原本是刘备觅得的一员良将，但因为其母被曹操扣押为人质，徐庶迫不得已返回曹营。当时，徐庶被刘备收服之后，曹操便听从了程昱的话，派人将徐母接到曹营。徐母接到后，曹操便命她修书召徐庶前来效力，但徐母却破口大骂，并取石砚怒砸曹操。曹操大怒，想要杀了徐母泄愤，却被程昱阻止。他劝曹操说："徐母之所以这样做，目的就是想让您将她杀死，如果您真的这样做了，不但会招来不义之名，还会让徐庶死心塌地效忠刘备。与其如此，我们不如将徐母留在曹营，这样一来徐庶心有牵挂，就算扶助刘备也势必会分心。"听了程昱的话，曹操觉得言之有理，便按照他的意思扣押了徐母。

随后，程昱拜访徐母，并自称是徐庶的结拜兄弟，待徐母如生母，并经常馈送物件，而且还有手启。出于礼貌，徐母也回以手启，程昱也因此获得了徐母的笔迹。于是，程昱便模仿其笔迹给徐庶写了一封信。信中称自己被曹操所禁，幸亏程昱力救才免遭一死，现在命悬一线，希望即刻救援，以全孝道。

某日，曹操派人送来模仿徐母手迹的书信。徐庶心里清楚这是曹操的计谋，但因为他是孝子就必须探母。看到这样一个谋士即将离去，以情感人的刘备当然不甘心，于是他便亮出了自己的"绝招"。刘备当时泪如雨下，哭着说道："百善孝为先，何况是至亲分离，你放心去吧！待你救出母亲之后，有机会我再向先生请教。"徐庶也被刘备的泪水打动了，他很想立即上路，但刘备却又劝说徐庶小住一日，第二日为他饯行。于是，徐庶就决定再留一晚。

晚上，刘备准备了酒宴。席间，刘备又开始使用自己的"武器"，他恋恋不舍地对徐庶说："君一离开我，我就如同失去了左右手一样，就算是山珍海味

也没有兴致品尝。"说罢,便号啕大哭,和徐庶两人以泪洗面,坐以待旦。

第二天,刘备骑马将徐庶送出城外。至长亭,刘备又一边哭一边举杯对徐庶说:"备分浅缘薄,不能与先生相聚,望先生善事新主,以成功名。"徐庶也是泪流满面,哭着说:"某才微智浅,深荷使君重用。今不幸半途而别,实为老母故也。纵使曹操相逼,庶亦终身不设一谋。"

刘备没有就此与徐庶道别,他送了一程又一程。徐庶最后说:"不再麻烦使君远送,徐庶就此告别。"刘备听此,更是控制不住感情的泪水,他上前握住徐庶的手说:"先生此去,天各一方,未知相会却在何日!"就这样,刘备停马站于树林边,看着徐庶越来越远的背影。他凝泪远望,却被树林隔断,于是便令人将那片树林子全部砍掉,众人皆问什么原因,刘备说:"因为它阻碍我看徐元直了。"

徐庶北上归曹以后,心中仍十分依恋故主刘备和好友诸葛亮。尽管他有出众的谋略和才华,但不愿为曹操出谋划策,与刘备、诸葛亮为敌。

从上述的例子中可以看出,刘备的哭功十分了得,他成功地达到了"徐庶进曹营一言不发"和"身在曹营心在汉"的目的。

生活中,一些强者往往以"泪往肚里流"、"男儿有泪不轻弹"来标榜自己硬汉的风格,其实在关键时刻,可以适度借助泪水的力量,因为有时候泪水的力量却远远地大于其他手段,更能撞击别人的心扉,千万不要忽略看似"软弱"的武器,它有时却是制胜的法宝。

心机案例二

汽车巨头亨利·福特公司的贸易业务向来都是十分繁忙的,而福特的办公桌上也总是堆满了各种各样的催账单。每次,福特都是大概地扫一眼,然后就顺手将账单扔在桌子上,并安排经理说:"这些事情你们看着办吧,我也不知道该先付谁的好!你们自己决定!"然而有一次,他的举动却很反常。他从一大堆的催账单中抽出一张,然后对财务经理说:"马上付款给他!"

众人困惑不解,心想老板今天是怎么回事?他为什么会偏偏选中这张催账单,并且亲自安排呢?难不成他与这个人关系密切,或是有什么特别的交情吗?可是,最后的结果出乎所有人的意料,福特对应付账单上的这个人没有任何印象。直到最后,大家才知道事情的真相。

原来,这是一张传真过来的账单,内容并不多,除了列明了货物的标准、价格、金额外,只不过还在这张大面积纸的空白处画有一个正在滴着眼泪的头像。看到这幅图像,福特就立即决定迅速地解决这个公司的催账单。

事实上作为汽车巨头亨利·福特心里也一定清楚,这个催账人也许并不是真的在流泪,他之所以急着催账,可能另有苦衷或急需资金。俗话说,人心都是肉长的,福特也不例外。可就算他心里知道眼泪是假的,也还是决定让下属迅速办理此事。从这件事上,我们足以见得眼泪的威力真是不容小觑。

任何人都会有求人帮忙相助的体验,然而在求人的过程中,更不能保证事情绝对会一帆风顺,在遭遇强大阻力时,就不妨让"眼泪"开道。故事中,一个滴着泪水头像的催账单,却打动了总裁的心,并被安排为特事特办,从而达到了催讨欠款的目的。

生活中,任何人都有同情弱者的心理趋向,否则就会产生"见弱不救"的心理压力,这一点尤其对正义感强烈的人触动更大。如果通过其他途径难以解决的话,就不妨发挥一下"泪水"的威力,说不定泪水就是你打开方便之门的金钥匙。

◎用"柔弱"来感化对手◎

心机解读

　　面对敌人,谁都希望能够一举歼灭,获得全胜。但是,如果敌人的实力过
于强大,那就不能以强势的姿态出现在其面前。人们常说:滴水能穿石,柔竹
能敌强风。实际上,这就是智者强调的以弱示人,用"纤细阴柔之术"来应对
敌人。"纤"为表,而思虑之"细"在其中;"柔"为表,而行事之"阴曲"在其里。
心细如丝,便可以防欺绝奸;行事曲折隐秘,才能够出人意料。

　　如果你和对方之间存在共同的利益,只是因为某些原因与其有较为强
烈的冲突才成为对手,那你就要真诚地对待他,并利用你的"软弱"去感化
他,取得他的"原谅"与"同情",进而达到自己的目的。"柔"道是智者为人处
世的最佳方法,当然柔并不等于弱,这不过是一种策略,关键在于如何恰到
好处地利用它。

心机案例一

　　公元前279年,赵惠文王在渑池之会上亲眼目睹了蔺相如的英勇机智,
知道他是个胆识过人、不可多得的贤才。于是,回到赵国之后,赵王便立即封蔺
相如为上卿,这让另一位功臣廉颇很不满,因为蔺相如的地位已经超越了他。

　　廉颇不服气地说:"我身为大将,有攻城野战的大功,蔺相如只不过是耍
了耍嘴皮子,他的地位却比我高。况且,他曾是个地位卑微的人,岂不令人羞

耻？我怎么甘心败给他！"于是,廉颇扬言要找个机会羞辱蔺相如一番。

后来,这件事传到了蔺相如的耳朵里。为了避免和廉颇见面,蔺相如平日里尽量不出门,甚至告病不上朝。廉颇见不到蔺相如的面,心中的气自然也无法消去。一天,他远远地看着蔺相如的车马,连忙命令自己的随从驱车到前面堵截。蔺相如发现廉颇之后,急忙回车躲避,不愿和廉颇发生正面冲突,以致闹出不愉快的事情。

这样的事情先后出现了几次,蔺相如的仆人觉得很丢面子,便一同进见蔺相如说:"我等背井离乡来侍奉先生,本是钦慕您的高义。可如今,先生和廉颇同朝为官,他口出恶言,您却怕他、躲着他,真是有些过分。这样的做法,谁不感到羞耻,何况是先生您呢？我们没什么德行,就此告别。"

看到仆人们真的要离去,蔺相如连忙起身阻止,他说:"诸位暂且留步,你们认为廉将军和秦王相比,哪一个更厉害？"众人不假思索地说:"当然是亲王。"

蔺相如继续说:"秦国这样的虎狼之邦,我都不怕,又怎么会惧怕廉老将军呢？"众仆人十分不解,问道:"既然您不怕廉将军,那又为什么躲避他呢？"

蔺相如慢慢坐下身子,说道:"强大的秦国之所以不敢进犯赵国,原因就是有我和廉颇将军在赵国朝廷。如果我们两人不和,那么秦国就会乘虚而入。我之所以躲避廉将军,是为了国家大局着想,怎么能计较一己之愤呢？"听了蔺相如的这番话,众仆人都佩服得五体投地。当然,不久之后,这些话也传到了廉颇的耳朵里,他羞愧得无地自容。

有一天,蔺相如在家中,廉颇没有经过通报就闯了进来。蔺相如不知道廉颇为何而来,连忙起身迎接。只见廉颇裸露着上身,背着抽打人用的荆条,快步地走到蔺相如的面前。紧接着,他双膝跪地,说道:"我廉颇胸襟狭窄,得罪先生,特来请罪。任先生责罚,只是不要不理睬我！"看到廉颇的这番举动,蔺相如大为感动,他连忙双手将廉颇扶起。

自此以后,廉颇与蔺相如两人和好,并成了生死之交。

面对廉颇的咄咄逼人,蔺相如一再退让,用"柔弱"的姿态来面对,最终感化了廉颇,让对方感到羞愧,登门请罪。实际上,这就是典型的"心机"处世

之道。面对对方的强势,要顾全大局就不能以硬碰硬,这样只能两败俱伤,甚至让第三方获取渔翁之利。因此,在这种情形下,用"柔弱"的方式对待对方是最恰当的解决策略,正所谓"柔能克刚"。

心机案例二

福克兰是鲍尔温交通公司的总裁,他年轻的时候由于巧妙地处理了一项公司的业务,从而平步青云。当时,福克兰在一个机车工厂做普通职员。在他的建议下,公司买下了一块地皮,准备建造一座办公大楼,但是,在实行这个计划前,必须要顺利说服这块土地上的 100 户居民迁移到其他的地方。

要说服居民迁移并不是一件容易的事。居民中有一位爱尔兰老妇人,她带头与机车工厂作对。在她的带领之下,很多居民都拒绝搬走,而且这些人联合起来一同与机车厂对抗。面对这样的情形,福克兰对工厂的领导说:"如果我们通过法律的途径来解决这个问题,既费时又费钱。另外,我们也不能采用其他强硬的办法,以硬对硬来迫使他们搬迁。这样的话我们势必会树立更多敌人,就算日后大楼建成了,我们也将不得安宁。既然建楼房的建议是我提出来的,那么这件事就交给我来处理吧!"

一天,福克兰来到了爱尔兰老妇人家的门前,他看到老妇人正在石阶上坐着,便故意在她面前走来走去,心里好像在盘算着什么。福克兰的举动引起了老妇人的注意。过了一会儿,老妇人终于忍不住问他:"年轻人,你是不是遇到什么烦恼了? 如果是这样的话,你不妨说出来,也许我能够帮你。"

福克兰趁机走到老妇人的面前,他没有直接回答她的问题,只是说:"您在这里无事可做,真是天大的浪费呀! 我知道您的组织领导能力很强,您应该抓紧时间干一番大事业。听说这附近要修建大楼,您不妨发挥一下自己的超人才能,做一件连法官,甚至是总统都难以做成的事:劝说您的邻居们,让他们找一个快乐的地方永久地居住下去。这样一来,大家一定会记得您的好处的。"

听了福克兰的这番话,老妇人一改过去顽固强硬的态度。第二天,她便成了全城最忙碌的人了。她到处寻觅房屋,指挥她的邻居搬家,并把一切都办理得非常妥当。整个搬迁的过程速度很快,而且所付出的代价也只有预算的一半。机车工厂的办公大楼很快就破土动工了。

福克兰能够从老妇人率领邻居搬迁的行为中,寻思到"以柔克刚"之道,并且果断地实施,也难怪他后来会一路升迁坐到总裁的宝座上了。

当以强硬的手段行不通的时候,就不妨"以柔克刚",这种做法不仅能够让事情出现转机,还可能为自己节省时间和金钱,甚至不费吹灰之力。

总之,不要一条道走到黑,强的不行就换用"柔弱"的姿态对待,这样可能会让一切事情顺利得多。

卷五　在人生不同境况之际:
把握好低头与抬头的机会

俗话说,人外有人,天外有天。然而,生活中有些人自恃才高八斗、学富五车,目空四海、目中无人。以这样的姿态为人处世,势必会导致人际关系紧张,甚至影响自己的上升空间。

真正的智者,总能够在错综复杂的人际关系中理出思路,他们从不居功自傲,知道何时该"低头",何时该"抬头"。这样的人,很难遭到他人的嫉恨,也不至于独自品味"怀才不遇"的苦果。他们总是在不知不觉中春风得意、扶摇直上,一切都那么自然和理所应当,让人无可厚非。

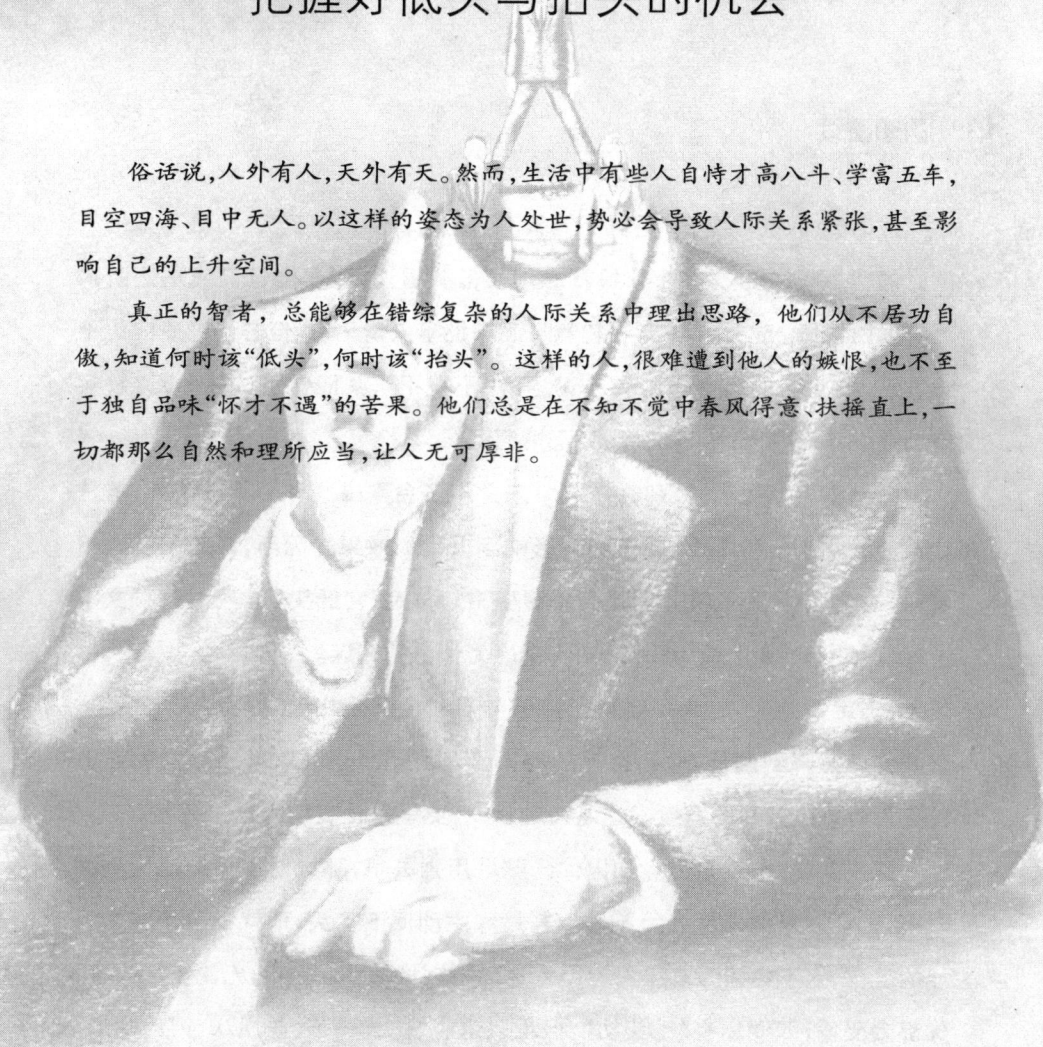

◎人在矮檐下，一定要低头◎

◎ 心机箴言 ◎

　　只有将自己融入周边环境，并将摩擦降至最低，才能维系自己的地位。有时尽管不是心甘情愿的，但人在矮檐下，一定要低头，这是一种权变，更是最高明的生存智慧。

心机解读

　　古语云：人在屋檐下，不得不低头。这是指一个人在权势、力量不如他人的时候，或是要求人办事之时，就必须要低头退让，以保全自己或是让所求之事如愿以偿。这是一句充满智慧且洞彻世事人情之言，但若仔细研究也不难发现，此句话的后半句中有一词语为"不得不"，其隐含着诸多的无奈，实有勉强之意，这种低头是消极的、不情愿的。

　　既然事不如人所愿，那么做起事来免不了会露出些许的不满情绪，若是让对方察觉到这种不满，就可能会影响到办事的效果。因而，真正的有心机者，绝非会"不得不低头"，而是身处矮檐下，"一定"会低头。这不是一种文字游戏，而是一种变消极为积极，变不情愿为情愿的智谋。

　　"一定要低头"是为了让自己能够与当时的环境相和谐，将自己与对方之间的摩擦降到最低，保存自己的能力，以便走更远的路，并将不利的环境转化为对自己有利的力量。这是一种权变，更是一种高明的生存智慧。

　　低头则安，不争为上。如果你一味地用强去争，那么对方可能比你更胜一筹，这样一来结果就大为不妙。若是你主动低下了头，那就不至于成为明显的目标，更不会因为自己头抬得太高而将矮檐撞坏。其实，无论撞坏与否，你都会受伤，即便你有"铁头功"，但难以逃脱"伤敌一千，自损八百"的命运。

就算是忍受不了,试图离开这个能够躲风避雨的"屋檐",也要先考虑好自己要去哪里。要知道,一旦你离开,再想回来就不那么容易了。

在"屋檐"下待久了,你很可能会成为屋内的一员。如果你有本事,那么把屋内人赶出来,反客为主。这不是不可能,关键看你是不是那个"心甘情愿低头"的有心机之人了!

心机案例一

隋朝时期,隋炀帝残暴成性,各地农民纷纷起义。当时,隋朝的诸多官员也纷纷倒戈,转向农民起义军。为此,隋炀帝对朝中大臣,特别是外藩重臣,都心存疑虑。

唐国公李渊(即唐太祖)曾经多次担任中央和地方官,他在所到之处有目的地结交当地的英雄豪杰,并树立恩德,因而获得了较高的声望,许多人都前来归附。为此,很多人替李渊担心,唯恐其遭到隋炀帝的猜忌。就在此关头,隋炀帝下诏让李渊到他的行官去晋见。李渊因病未能前往,隋炀帝颇为不满,并起了猜疑之心。

当时,李渊的外甥女王氏是隋炀帝的妃子。隋炀帝向其询问李渊未来朝见的原因,王氏回答说是因为病了,隋炀帝随后便问道:"他会不会死?"

王氏连忙将此消息转达给李渊,李渊听后便更加谨慎,他知道隋炀帝已经对自己起疑心了。但是,如果过早起事自己是心有余而力不足,这时也只能够低头隐忍,等待时机。为了打消隋炀帝的顾虑,李渊故意广纳贿赂,败坏自己的名声,终日沉湎于声色犬马之中,而且还到处张扬。果然,隋炀帝听到李渊的这些事情后,对其放松了警惕。这样,才有后来的太原起兵和大唐帝国的建立。

若是当初李渊在矮檐下不主动低头,或是他的头低得稍有些勉强,都可能会被心生猜疑的隋炀帝杨广除掉。

借古论今,当你在一种势力的范围之中,且依靠着这种势力生存,那你就是在别人的屋檐下。既然在人屋檐下,心态就必须要调整,就"一定"要低头,这一点不要让别人来提醒,你也不必非撞到了屋檐才想起低头。这是对客观环境的理性认识,没必要觉得有失面子。如果把生存与脸面摆在一起,二选其一,那么毫无疑问"生存第一"!

心机案例二

有一位年轻的推销员,在他开始推销产品时,屡受挫折,每天只接到微乎其微的几张订单,提成的收入甚至连温饱问题都解决不了。

可他知道,如果长此以往,自己势必会被挤出圈外,而且明显地感觉到主管已经表现出了不友好的态度,尤其是主管故意在他面前大谈另一个推销员的业绩,其实就是对他的轻视,并且是在含蓄地告诉他,要借鉴另一个业务员的经验。

其实,他也知道,另一个业务员除了有多年的网络关系外,其方法是不择手段,这一点尤其让年轻的推销员反感。他还知道,该老推销员与主管关系非同一般,如果非要在该公司待下去,就必须和老业务员以及主管保持友好的关系。

于是,年轻的推销员就故意以生手的姿态向老推销员讨教,老推销员倒也神气活现、眉飞色舞地大谈生意之道。年轻的推销员除了口头恭维之外,还拿出本子记录,俨然一个小学生的姿态。其实,他从内心里是非常反感自己的行为的,但为了生存,他必须学会适应环境。

后来年轻的推销员果然做出了一个大单,主管也对他刮目相看,并且激励他说:"如果你早有这份虚心的态度,你也许早就出成绩了!"

年轻的推销员连连点头称是,其实他自己最明白,这宗大单的成功恰恰是按照自己的诚心赢得了对方的认可,而根本不是所谓的老推销员的方法启迪。可年轻的推销员却在口头上对主管表示:"谢谢主管栽培!以后还希望主管多多指教!"

主管果然十分高兴,就夸奖年轻的推销员是可造之才。

后来,年轻的推销员仍然按照自己的诚信标准去推销产品,根本不用老

业务员不择手段的方法。出乎意料的是,他的订单却逐渐多起来了。因为业绩突出,最后他竟成了总公司的销售经理。

"要想进入一扇门,就必须让自己的头比门框更矮;要想登上成功的顶峰,就必须低下头弯腰做好攀登的准备。"这是那些善用心机者一致认同的话语。

要想有成就就要时时刻刻学会低头,只有低下头做人,才会发现有那么多值得你拾取的东西。如果你一直仰着头,会错过许多在自己脚下的一些美好的东西。就像拉车爬坡一样,低下头,弯着腰就会越过一座座的山坡,只有爬上了高处,才能扬起头来。

◎别在强人面前逞威风◎

◎ 心 机 箴 言 ◎

俗话说,一山不容二虎。若是在强者面前锋芒毕露、咄咄逼人,势必会引起彼此的刻意竞争。一旦竞争达到无法驾驭的白热化状态之时,就必然导致一个人被驱逐出局。

心机解读

兵强则灭,木强则折。在强者面前,一个人只有藏锋敛迹,圆融通达,才能让自己不被毁灭。如果偏偏在强者面前暴露锋芒,强出头、争面子,结果就会给自己造成很大的伤害,有的伤害覆水难收,甚至永远都无法弥补。

心机人士认为,为人处世要知道进退,知道什么时候抬头,什么时候低头。在强者面前低下头是为了养精蓄锐,为了自保,只有做到暂时的"低头",才能够有以后的"抬头"。否则的话就会像台风中的树木被连根拔起,或者被拦腰折断,这是非常不值得的。

因此,想要让自己在人生旅途中一帆风顺,少一点挫折,就必须要学会收敛炫耀之心，在强者面前低头，这对每个人而言都是一门必不可少的学问，也是一个人步入社会必备的自我保全手段。

心机案例一

春秋时期，郑庄公准备伐许。交战之前，他事先在国都组织比赛，挑选先行官。此消息一公布，众将领非常兴奋，都纷纷跃跃欲试，准备大显身手。

首先，众将要进行的是击剑格斗，他们各自都拿出看家本领，一争高下。几轮比试过后，最终挑出了六个人，他们要继续参加下一轮的射箭比赛。在射箭比赛的项目中，六个人各射三箭，谁射中了把心谁就是胜者。前面的四个将领在射箭项目中，有的射在靶边，有的射中了靶心。第五位上来射箭的人是公孙子都，他年轻气盛，一身好武艺，向来都是目中无人。他搭弓上箭，三箭都射在了靶心上。公孙子都昂着头，用眼角看了一眼最后的那位射手，接着退了下去。

最后上场的射手是一位老人，胡子有些花白。这个射手不是别人，正是当年劝庄公和母亲和解立下大功的颍考叔。颍考叔上前去，连射三箭，全部都射在了靶心上，他与公孙子都打了一个平手。经过两轮的比试后，他们两人进入了最后的决赛。

这时候，庄公派人拉出了一辆战车，说道："你们二人站在百步开外，同时来抢夺这部战车，谁先抢到手，谁就是先行官。"公孙子都轻蔑地看了颍考叔一眼，认为先行官一职非自己莫属。然而，谁也没料到，公孙子都跑到一半的时候不小心跌了个跟头，等到他爬起来的时候，颍考叔已经将战车抢到了手。公孙子都心里非常不服，拿着长戟就来夺车。颍考叔一看，拉起车来飞跑出去。此时，庄公连忙派人阻止，宣布颍考叔为先行官。经过此事，公孙子都一直对颍考叔怀恨在心。

颍考叔没有辜负庄公的期望，在进攻许国都城的时候，手拳大旗率先从云梯冲上了许都城头。眼看着就要大功告成了，公孙子都心里嫉妒得不行，他抽出箭来，搭弓瞄准向城头上的颍考叔射去，没有防备的颍考叔就这样被

暗箭射死了。

锋芒太露就很容易遭到嫉妒，更容易树敌。颍考叔之所以会被暗害，就是因为他曾在强势的公孙子都面前锋芒太露。

在社会中生存，如果不露锋芒，展现自我的才能，可能永远都不会得到重任，但是，如果不懂得适时低头，就很容易遭人陷害。这样一来，即便你得到了暂时的成功，但同时也等于为自己埋下了隐患。面对强者，施展自己的才华时要适可而止。

有句话说"花要半开，酒要半醉"，意指凡是鲜花盛开娇艳的时候，不是立即被人采摘而去，就是衰败的开始。人生也是一样的道理。因此，无论你有怎样出众的才智，一定要谨记：不要把自己看得太了不起，不要把自己看得太重要，更不要在强者面前逞威风。只有收敛起锋芒，适时地掩盖起自己的才华，才能够有效地保护自己，并在将来恰当的时机再次施展才能。

心机案例二

在第二次世界大战中，作为苏联党和国家最高领导人的斯大林，由于受其"唯我独尊"的思想的支配，很难接受别人不同的意见。

华西里耶夫斯基深知斯大林的这一特点，因而在与斯大林谈天说地时，华西里耶夫斯基往往是"不经意"地"顺便"说说军事问题，既不郑重其事，也不头头是道，完全是一副漫不经心的样子。

可奇妙的是，等华西里耶夫斯基走了之后不久，往往使斯大林想起一个非常高明的作战计划。过不了多久，斯大林就会召开紧急军事会议，并在会上陈述这个计划。大家都惊讶于斯大林的深谋远虑，纷纷称赞。斯大林自然十分高兴。而华西里耶夫斯基本人，也与大家一样显得惊异，并且与众人一道表示赞叹折服。

华西里耶夫斯基也许会在最高军事会议上陈述自己的见解，但他的方式、方法却令人啼笑皆非。他首先讲几条正确的意见，但口齿不清，用词不当，啰里啰唆，没有条理，声音含糊不清，因为他的座位通常都是靠近斯大林，而他所表达的意思却只要使斯大林一个人听明白，其他的人他根本不予考虑。

然后，他再故意画蛇添足地讲两条错误的意见。每当这个时候，他总是精神抖擞，且条理清楚，思路敏捷，声音洪亮，直到让这两条错误意见的荒谬性全部昭然若揭后才肯罢休，直到在场的人都听得心惊胆战和强烈反对为止。

可等到斯大林最后定夺时，自然首先要拿华西里耶夫斯基那两条错误意见开刀。斯大林往往批判得痛快淋漓，舒畅惬意。接着，斯大林再逐条逐句、清晰明白地阐述他的决策。

事后，曾有人公开嘲讽华西里耶夫斯基神经有毛病，是一个典型的"受虐狂"，每次开会不让斯大林骂一顿心里就不顺服。可此时的华西里耶夫斯基往往是笑而不语。

作为华西里耶夫斯基来讲，如果想让自己的军事思想得以被最高统帅斯大林采纳，直接下指导棋显然是行不通的，因而在斯大林这位政治强人面前，他就采用了非常低调甚至有些看似纯粹是"胡言乱语"的表述方式。

在生活中，任何人都不想别人给自己下指导棋，尤其是领导上司，更不愿意在下属面前展现自己的弱项。如果领导感觉到自己的鼻子被下属牵着走，除了会滋生愤怒外，还会利用自己的岗位优势展开回击，因而原本好的方法和建议都会胎死腹中。所以，聪明的人在强者面前都会运用恰当的方法达到自己的目的。

◎时机未到，不可强出头◎

◎ 心机箴言 ◎

想问题、办事情讲求时机，在自身能力不足和时机尚未成熟之前，万万不可贸然行动，否则就会让自己惨败。做大事者，必须要明白"一着不慎，全盘皆输"的道理。

心机解读

巴尔扎克曾经说过："人类所有的力量，只是耐心加上时间的混合。所谓强者既有意志，又能等待时机。"那些懂得在时机成熟之前忍辱负重的人，并不是懦夫，而是真正的强者。一个人想在世上成就一番事业、出人头地，这是无可厚非的，但要知道一点：要想出头，就不要强出头。

时机未到，不可强出头。这里所说的"强"有两方面的意思。其一是指"勉强"，自己的能力还不够就勉强去做某些事。俗话说：失败是成功之母。这句话没错，但若是非要去挑战超越自身能力的事情，那么这种失败在别人看来就是"不自量力"的同义词，甚至惹来嘲笑。人的失败是"能力不足"、"自不量力"。其二是指"强力"，虽然自身有足够的能力，但是客观环境却尚不成熟，这时候出头也不是件好事。大环境的条件如果不合，以本身的能力强力而行，那就要花费很大的力气。如果周围人对自己的支持程度不够，想要强力做事，那就很容易遭到排挤和打压，也会伤害到别人，甚至还会种下仇恨的种子，在生活中与人结怨。

因此，当客观环境对自己不利，当自己身处弱势的时候，一定要忍耐，潜心修炼，待时机成熟后再一展身手。这样不仅可以保护自己，也能增加成事的概率。

心机案例一

　　东汉元和年间，有一位商人的女儿名叫谢小娥。小娥 8 岁的时候，她的
母亲就过世了。此后，她便一直与父亲相依为命。后来，她的父亲将她许配给
历阳段氏。

　　一次，小娥与父亲、丈夫一同外出经商，不料途中遭遇了强盗，他们的商
船被劫，且父亲与丈夫也被杀害。小娥被强盗打晕后丢进了河中，幸好被好
心人救起，寄居在尼姑庵中。不过，小娥并没有忘记替父亲和丈夫报仇。她千
万百计地打听仇人的姓名，终于得知仇人是申兰和申春。她将仇人的名字用
血写在内衣上，发誓要手刃仇人。后来，她还乔装打扮成男子，四处找寻仇人
的下落。

　　一年之后，谢小娥来到了浔阳郡（今江西九江一带），无意间看到了街上
张榜征求佣人，而贴征聘文的人正是申兰。于是，小娥应聘进了申府帮佣。因
为担心自己一时冲动乱了大计，她言行举止都非常谨慎，并把申兰侍奉得非
常周到，没有让申兰对她起丝毫疑心。就这样，她一直侍奉申兰两年多，终于
成了申兰的心腹，申府的钱财也都由她经手。外人看来，小娥这个仆人很是
"风光"，可她却常独自在暗地里哭泣，恨不得立即杀了申兰。终于，她逮到了
一个机会。

　　一天，申春带着大鲤鱼和美酒来拜访申兰，兄弟二人狂欢滥饮，最后喝
得不省人事。一个醉倒在床上，一个在院子内昏昏沉沉。这时候，谢小娥偷潜
进来，先是一剑杀了申兰，接着又把申春五花大绑，送进了官府治罪。

　　谢小娥是个柔弱的女子，如果她不懂得等待时机，暴露了自己的意图，
那势必会遭到申兰和申春的杀害。然而，人都是有弱点的，也总能够暴露弱
点，谢小娥非常清楚这一点，因此她用两年多的隐忍换来了手刃仇人的机
会，实在是一位强者。

　　当时机尚未成熟时，不要勉强去做某件事。尽管这样或许也可以得到意
外的收获，但可能性并不大，最常见的结果就是失败，从而折损自己的意志。

而真正的有心机者,往往都是懂得见机行事之人,在自己的力量尚未达到可以实现自己的目标时,为了避免别人的干扰和阻挠,破坏自己的大计划,他们总会故意制造假象,表面上有许多退却忍让,但他们的内心却有一股超强的力量。

心机案例二

当杰克他们的船在比亚克登陆的时候,从他们船上最后卸下的货物是数吨的罐装啤酒,这些啤酒已经付过钱了。这里的气温有 30 多度,几个月来待在太平洋上的士兵们一直都没有喝过一杯冷饮,突然之间到处都是可以随便喝的啤酒。杰克喝酒的欲望被激发了,他与室友们一起跑到码头取了很多啤酒。那天晚上,他们最后一次取酒回来的时候,已经是深夜了。然而,整个码头还沉浸在官兵们的欢笑声中。

杰克和室友们发现,一只轮船的舱口盖已被绳子圈起,一场职业拳击比赛刚刚结束,只有一个人站在拳击台上。原来,海军正在举行公开的比赛,挑选整个岛上最佳的拳击手。那个站在台上的人将继续战斗,如果他打败了强大的舰队冠军,那么他这一生都会被推崇。这个意外的发现打动了杰克,旁边的朋友们也鼓动他:"杰克,你的机会来了。你可以打败那个家伙的,上去吧!"每个人都给他鼓劲,即便是陌生的观众也向他呐喊:"打败那个 280 磅的家伙!"

事实上,杰克从来没有参加过拳击比赛,而他的体重也只有 158 磅。然而,在醉酒的情况下,他已经容不得考虑这些事情了,虽然没有任何拳击经验,但他依然相信自己能够赢得舰队的拳击冠军。他们几乎没有向杰克怎么解释拳击的规则和程序。杰克脱掉了衬衣,慢慢地走进了绳圈。

比赛的哨声想起,当某人在杰克的脸上打了一下的时候,杰克转了一个身,踉跄了几步。他仍然不能够确定是谁在打自己。但是,从他在甲板上的位置上看,虽然只有一只眼能够看清楚,但他敢断定自己面临的是一个强大的、可怕的对手。杰克转过身,试图用起作用的眼睛看清头顶上那个半裸身体的家伙,可眼前的景象晃动着,如同有好几个拳击手在他的头顶上空……

杰克不知道自己在最后一轮中是如何死里逃生的,后来他的朋友告诉他,是裁判的哨声救了他,让他免遭对手的毒打。否则的话,他很可能就下不了擂台了。

其实,办不了的事情就要设法推托,超越自己能力的事情就不要去参与。在生活中,我们首先要了解自己的能力,还要留意不同类型的人的建议和鼓励。千万不要为了露脸,就受别人的怂恿,去参加超越自己能力的冒险活动,这么做很可能会毁了自己。

忍耐与等待是有心机者的品质,也是强者的必备素质。有时候,很多事情都毁在一时冲动上,而这种冲动所带来的一时快慰也会成为痛苦的根源。这并不是说不能忍的人命运一定不好,而是说在变幻莫测的世界里,人生那关键的几步根本经不起折腾。

不强出头,不仅可以降低损伤,还可以与旁人维持和谐的关系。通过冷静的观察,把握环境的命脉,待时机成熟后,那么出头也就是指日可待的事。

◎万事俱备,该出手时不含糊◎

◎ 心机箴言 ◎

事情未发之前要做到静不露机,冷静沉着,好像云雷蓄而不发,实则在暗中观察、谋划,静待最佳时机的到来。一旦时机成熟、万事俱备,就要及时出手,以迅雷之势直奔目标,让人不及掩耳。

心机解读

真正的有心机者,一旦发现了机会,就会勇敢果断而迅速地出手,绝不会犹犹豫豫,推三阻四。即便事情存在诸多阻碍,也会想办法解决,没有"东风"可以借来"东风",总之是不会放过"抬头"的机会。

"忍一时风平浪静,退一步海阔天空。"有些事情不必太较真,得过且过。但是,在一些特殊的时刻,我们也绝不能一味地退让,该出手时就要出手。如果总是犹豫不决,瞻前顾后,那就会给对方留下攻击的机会。

不过,"出手"也要有计划,不可盲目。事情未发生之前,要冷静沉着,在暗中观察、谋划,静候最佳的时机。一旦时机成熟,万事俱备,那就要及时出手,以迅雷之势让对方不及掩耳。

当然,出手不能毫无节制,更不能准备不充分、急躁、判断不周密,这些都是出手的大忌。同时,如果发现环境有变化,或是判断失误而出现不妙的情况时,就算已经出手也必须撤回,否则只能是越陷越深,全盘皆输。

心机案例一

春秋初年,郑武公去世后,太子即位,他就是郑庄公。由于庄公出生时脚先出来,母亲武姜受到惊吓,因此非常厌恶他,而偏爱他的弟弟共叔段。武姜曾经多次向武公请求立共叔段为太子,但武公没有答应。如今,武公去世,武姜和共叔段便试图夺权。武姜先替共叔段请求分封到制邑去,由于制邑是军事要塞,庄公没有答应。接着,武姜又替共叔段要求易守难攻的京城,庄公只好应允。

共叔段一到京城便开始加高加宽城墙。郑国大臣对此颇有意见,大夫祭仲说:"对于都邑城墙的高度,先王都有规定。如今共叔段不按规定修城,您应当阻止他,以免酿成后患。"庄公自然也明白这个道理,可他心里另有打算,他说:"我母亲希望这样,我有什么办法呢?"

看到庄公没有采取任何措施,共叔段更加放肆。他下令让西部和北部的边陲守军听命于自己,并私自占领了周围的城邑,这让郑国将士们愤愤不平。公子吕对庄公说:"如果不及时制止他,军队就会被他掌握了。"庄公并不焦急,他只说了一句:"多行不义必自毙。"共叔段见哥哥仍旧没有反应,便更加猖獗。他聚集粮草,修治武器,扩充军队,并和母亲串通好准备攻打庄公的国都。这一举动让百姓义愤填膺。庄公知道共叔段起兵的日期后便说:"时机到了！"接着，派公子吕率兵攻打京城。共叔段没有防护的准备，只好撤退到鄢。庄公派大将打到鄢地，共叔段被迫逃亡出国，不久后被逼自杀。

郑庄公是个高明之人，遇事能忍善藏。面对母亲与兄弟串通一气为自己制造麻烦时，他能够隐忍不发，甚至为其封地。共叔段贪欲不足，大修城邑，他也能克制隐忍，藏起自己的智慧和意图，甚至让胞弟认为自己懦弱无能。实际上，他是故意让共叔段保留自己的弱点，向世人昭显滔天罪行，这样就能够让自己一出手便致对方于死地，又免去"不孝不悌不仁"的罪名。能忍善藏之后，第二步就是抓住最佳时机，该出手时就出手，给对手以迎头痛击——克段于鄢，一举端掉了国内动乱的祸根。

从这段历史故事中，我们应该领悟到一点：无论是工作还是生活，如果与他人竞争，时机不利，那就要能忍善藏；一旦时机成熟了，该出手时就要出手，不要拖延和含糊，否则的话就会给对方可趁之机，给自己带来麻烦。

心机案例二

吉姆曾经是美国某肥料厂的一名速记员，虽然他的上司与同事总是在工作中偷懒，但他却没有受影响，依然保持着认真工作的习惯，重视每一个工作细节。

一天，吉姆的上司让他替自己编写一本阿穆尔先生前往欧洲用的密码电报书。吉姆虽然每天勤勤恳恳地干活，但他也不是胸无大志之人，他和世界上任何一个有抱负的人一样不希望自己永远停留在现在的岗位上。这一回，上司又像往常一样，将本应是他的工作又交给了吉姆，但吉姆心里却很不甘，他想：自己为这个懒惰而又有些糊涂的上司白白干活的日子也该到头了！

这一次，他非常用心地做好这一本密码电报书，展现了自己的最佳水平。他那一天没有像一般同事那样随意地编几页就敷衍了事，他查阅了大量的相关资料，然后用电脑清楚地打印出来，编成了一本精巧而又方便翻阅查找的小书本，然后装订好。做好之后，他便将自己的杰作交给了上司，而上司

也很快就将其交到了阿穆尔先生的手里。

阿穆尔先生看到后，对吉姆的上司说："这大概不是你做吧？"

上司颤抖地回答："哦，这是我叫吉姆做的……"

阿穆尔先生许久没有说话。

一个月之后，阿穆尔先生解雇了那位上司，并让吉姆取代了他的职位。

要想让他人认识你的真正实力，要想不湮没于朽木落叶之中，你就不能一生都是忍耐、掩藏，一生都不出手。为了自己的前途，为了自己的声名，当机会来临的时候，我们就应当勇敢果断而迅速地出手；当机会来临的时候，就要勇敢地挺身而出。

不过，要发现机会、寻找机会，首先就要有宽广的胸怀和视野，不能够将眼光局限在某个狭小的范围内。另外，发现机会也不能只盯着眼前的一切，还要注意背后的东西。螳螂虽是捕食高手，但"螳螂捕蝉，黄雀在后"的古训大家也有所耳闻。因此，在寻找机会的同时也不要忘记谨慎处事，绝不能因小失大。

◎求人不是低人一等，更没有贵贱之分◎

◎ 心机箴言 ◎

求人办事是追求成功的一种策略，这并非低人一等，更没有贵贱之分。求人之时就要学会低头，激发他人的乐善好施之心，引起他人的同情，进而为办事扫清障碍。

心机解读

一个篱笆三个桩，一个好汉三个帮。这句话流传了几百年，可见其中蕴藏了深厚的道理。天才也好，超人也罢，他们的特长和能力只不过局限于某一方面。即使是在自己熟悉的领域里，个人的力量有时候仍然会显得力不从心。在现实生活中，人们几乎不可能永远只做自己熟悉的事。因此，几乎没有人做事时不需要与他人合作的，求得帮助也就在所难免。

在追求成功时，低调求人有时候是一种策略。这并不是低人一等，更没有贵贱之分，而是在必要的时候，放下架子，以羸弱之势博得强力支持，以最小的负力获得最大的成果。每个人都有同情心，即使是一个心肠再硬的人也不会冷酷到底。当我们求得别人帮助的时候，可以激发他人乐善好施之心，引起他人的同情，从而为办事扫清障碍。

心机案例一

"门下素有三千客"的魏无忌因其仁爱宽厚、礼贤下士，因而使得贤人智士争相前往归附，一时间威名远扬，连续十几年魏国不曾受到外国侵犯。

一次，魏安釐王难得雅兴，与魏无忌下棋闲谈。不曾想一纸警报传来：北方边境伏兵骚动，很有可能是赵国发兵进犯，意欲突破魏国边境。

魏安釐王闻信后坐立不安，再无心下棋，遂匆匆放下棋子准备召集大臣商议对策。魏无忌劝阻说："这只是赵王在打猎，并不是进犯边境。我们何必自扰？不如接着下棋吧。"

魏安釐王惊恐不安，再无心继续。不久，从北方又传来消息，证实了魏无忌的话。魏安釐王大感惊诧，询问魏无忌如何知晓。魏无忌坦言自己的门客中有能深入探听赵王秘密的能人，赵王的动向可以随时被了如指掌。

当时魏国有个叫侯嬴的隐士，已年逾古稀，却因家贫而不得不做着大梁（魏国都城）夷门的守门小吏。魏无忌听说后，立即携带一份厚礼前往拜访，但侯嬴却不肯接受。

于是，魏无忌专门挑了一天设筵席大会宾客的日子，等人来得差不多的时候，魏无忌带着车马和随从空出车子左边的上座，亲自到夷门去接侯嬴。侯嬴有意考验一下魏无忌，径直坐上空出的上座，并要求先去拜访他在街市做屠夫的朋友。魏无忌当即驾车来到街市，侯嬴下车会见时，魏无忌则手执马缰在一边等待。

此时,魏国的将军、丞相、宗室以及宾客们都已满堂坐等,只差魏无忌回来开宴。身边的随从都在暗骂侯赢,而魏无忌却仍然和颜悦色,一直等侯赢和朋友聊完才载着他回去赴宴。

从此,在魏国的市井大众中,都知道魏无忌礼贤下士,其名不胫而走。

如果没有众多门客的帮助,魏无忌也不可能探听到赵王的秘密,更不能对对方的动向了如指掌。一个人无论能力有多强,也不可能一手遮天,总是需要有人的协助才能够成就大事。

因此,不管身居何位,该求人的时候都应当像魏无忌这样谦卑一些,懂得"低头"。这是有心机者成事的一大要件,更是必不可少的素质。

心机案例二

美国的独立战争是一场非常艰苦的战争,为了驱赶英国的殖民统治者,全军将士英勇奋战,这是一次典型的以弱胜强的战例。战争胜利后,为了表彰军队的功绩,国会对军队做出了很多承诺。

但是国会在善后方面进展得很缓慢,做出的很多承诺也没有兑现。军队认为自己受到了冷落,准备在国会前举行游行。游行的请求送到了华盛顿的手里,华盛顿告诉他们不可以这么做,这是一种叛国行为。那些固执的军官有些愤怒,他们召开了一个会议,准备谋划一次叛乱行动。

如果军官们在会议上达成了一致,那么刚刚建立的美国政权很可能会因此夭折。华盛顿听说后,准备在会议上发言来劝阻他们。华盛顿讲了一个多小时,在座的听众中有很多都是革命中的英雄和军队里的将军。华盛顿的讲话可以说是晓之以理、动之以情,他讲到人民过去饱受殖民者之苦,讲到他们为什么要投身革命,讲到他们为何而战。但是,如此语重心长的讲话仍然无济于事,原因其实很简单,国会给他们的承诺太多,无一兑现,华盛顿的话也不能再让他们相信了。

此时,华盛顿也几乎快要无计可施了。他看到自己无法劝服军官们,便不再长篇大论地讲道理了。他把手伸进斗篷里,掏出了一副眼镜。在此之前的很长时间里,人们从来没有见过华盛顿戴眼镜。眼镜在那样的战争时代,被看做是一种很累赘的东西,只有那些身体有缺陷的人才会使用。

华盛顿慢慢地戴上了眼镜,面对这些曾经和他一起浴血奋战的军官们,他说了最后几句话:"先生们,我老了,现在,眼睛也快瞎了。"说完以后,华盛顿没有再做任何争取,转身离开了,给在座的所有军官留下了一个苍老而蹒跚的背影。

最后的这句话说得是那么柔软,那么脆弱,所有在场的人听到以后都流泪了,全场一时悄然无声。就这样沉寂了片刻,一个人突然说:"噢,天哪!也许乔治是对的。让我们给国会最后一次机会吧。"很多人随即表示同意,军官们的固执与愤怒好像一下子都被化解了。这次会议的结果可想而知,叛乱最终没有发生。

华盛顿的这次"求人"算是级别很高了,他所求的对象不是军队的将军就是开国的功臣。对于这些人来说,一味地下达命令已经不能奏效了,低调而巧妙地求人才是真正解决问题的办法。为了维护来之不易的胜利,为了让美国人民不受军事独裁的统治,华盛顿以一国总统的身份求人了,他如此低调的举动,获得了人们的同情心,达到了最终的目的。

既然我们不是无所不能的,那么求人办事就是在所难免的。求人和保持自尊并不矛盾,求人办事并不丢失颜面,只是不能过分绷着身板,适时地弯腰并借助一些巧妙的方法和婉转的方式,定会收到如期的效果。如果一味依靠个人的力量单打独斗,不但会因力不从心而损耗过多精力,而且往往不如合力而为所达到的效果。

卷六 在财力悬殊的不同周期：

穷不叫苦，富不贪恋，便离识破天道不远了

　　暂时的贫苦并不可怕，可怕的是处在贫苦中的人整日叫苦连天、怨声载道，好像全世界都是他的敌人。这样不讲场合、随时将一肚子苦水胡乱倾倒的人，绝对赢得不了别人的敬重。

　　只有那些不以苦为苦，任劳任怨，甚至苦中作乐的人，才算得上是真正的智者。也只有将这种精神贯彻始终，才能成就一番事业，并得到他人的敬重。作为富裕者，也不能够骄奢自满，而是要保持一份淡然的心境。只有不贪恋富贵，才能够拥有强大的内心，达到人生的更高境界。

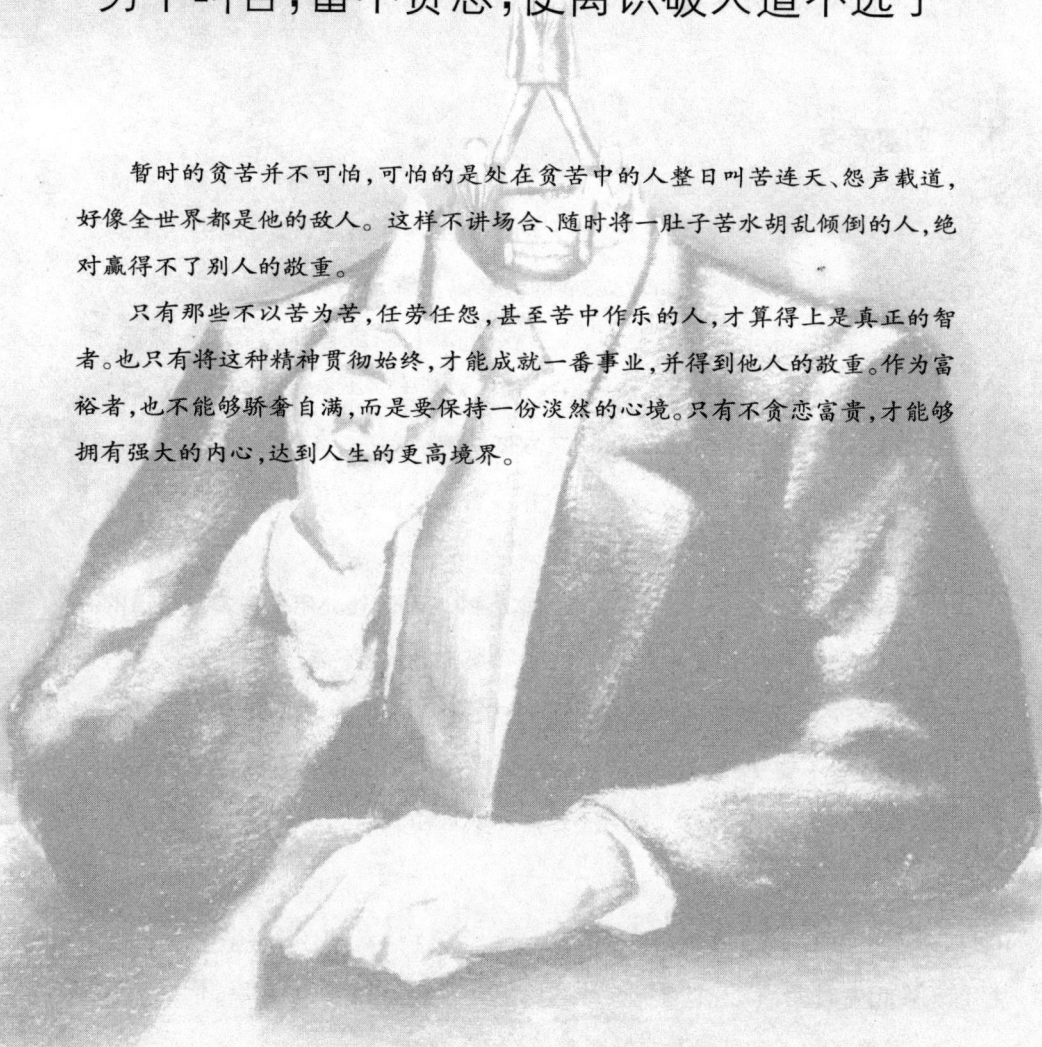

◎富足别摆阔，钱少别自卑◎

◎ 心机箴言 ◎

　　贫富之差客观存在，人必须要面对这一现实。然而，想要在金钱面前拥有一份洒脱的境界并不容易，还要做到"有钱不露富，不耀武扬威；钱少不自卑，人穷志不短"，这是做人的准则，更是赢得他人尊重的前提。

心机解读

　　"财大气粗"和"人穷志短"是人们不耻的两种行为，却也是生活中的常见现象。有些人身家富有，就处处咄咄逼人，炫耀自己的财富，认为钱财无所不能；还有些人，因为出身贫寒，没有权势和财富，就自认为低人一等，心生自卑，甚至丧失自己做人的尊严。这两种人在生活中很难得到他人的尊重，因为他们用金钱的多少对人进行了高低贵贱的划分。可事实上，有才有德、人穷志不短的人也大有人在，他们并没有因财富的问题而丧失了做人的道德和原则。

　　月有阴晴圆缺，人有穷富高低。富有的人不该处处用金钱彰显自己的高贵，而困窘的人也不该为此怨天尤人，满怀激愤，更不能自暴自弃。其实，窘境最能磨炼人的意志，它的积极作用应该是逼人奋进，进而走向坦途。贫穷是酸楚的，不安于贫穷的痛苦会更大、更深。总之，做人无论何时都应当记住：富裕不是炫耀的资本，贫穷不是自卑的理由。

心机案例一

　　北宋时期，有一个家境贫寒的读书人查道，虽然生活艰难，但是刻苦好学，取得了令人刮目相看的好成绩。

一次,老师询问学生将来的志向,查道的同学大都回答说要当官,而查道却说:"当官是可以,但一定要为官清廉守节,否则贪污受贿,便不能为民造福,还要受万世唾骂,这样的人也是缺乏远见的!"

端拱元年,查道参加考试,结果举进士名列第一,从此走上了仕途。做官不久,查道的一位好友因病致死,好友的女儿也被典押做了人质。想救助好友的女儿,贫寒的查道却毫无办法。

这时,得知内情的一位富豪就主动找上门来,对查道说:"我知道大人为救助好友之女而犯愁,做善事也要用钱,咱别的忙帮不了,不过我有的是钱,只要大人说个数,我立马就可以满足大人的要求,我现在带了一些钱,你就先收下吧。"

于是,富豪便献上重金,可查道却毫不犹豫地拒绝了。事后,查道对家人说:"这位富人和我并无交情,他送上重金,夸下海口,分明是有意拉拢我。日后他若做违法勾当,我还能秉公办理吗?我虽然穷,但要穷得有志气,不能为了眼前的利益就向富贵屈服。"

后来,查道向另一位友人借了一笔钱,才将好友的女儿赎了回来。

其实,查道的俸禄并不少,但因查道长年养着许多无依无靠的亲族老者,所以日子过得就有些紧张。有人见查道家中陈设简陋,有时甚至一天只吃一顿饭,就出于好奇对他说:"你家中人这么多,花费确实不少,但要想点办法啊!只靠节俭是不行的。"

查道知道对方的用意,就笑着说:"你意思是说我不会当官,对吧?"

那人也笑了,道:"当官也要穿衣吃饭,只要多些变通,何愁不富呢?"

查道突然震怒,说:"你这分明不是关心我,而是要害我!我不是不知道当官敛财的方法,而是不能为了金钱就丧失原则,那样是自我贬低!贪来的钱虽然花着方便,但我就是穷死,也不想当那种丧尽天良的贪官!因为人不能看不起自己!"那人听后,对查道肃然起敬,从此不敢再提金钱之事。

最后,查道病逝于虢州知州任上。死讯传来,当地百姓同声哀泣,都自发地前来悼念。

查道为官而固守清廉,为的是坚持做人的原则,确实难能可贵,受到后人的敬仰自然也是理所当然的。

生活中，贫穷固然不是应当追求的方向，但贫者不自卑才是应有的生活姿态。富者也不必自我感觉高人一等，盛气凌人，特别是在与贫者交往时，更不能看不起人，不要过多谈论金钱财物。如果过多地在金钱上徘徊，可能会使他人感到不悦，从而与你疏远，即使是无意识的，往往也会引出麻烦。

心机案例二

岳岭和许忠是大学同窗，毕业后又分在同一个城市工作，岳岭在学校当教师，许忠在某银行任职员。因为同窗的缘故，俩人经常来往走动，互相帮助。三年后，俩人都结婚成家，此后两家关系也不错，就连俩人的爱人也以姊妹相称。

可是，随着两家交往的深入，他们的关系却逐渐淡薄了。原因就是岳岭的工资不高，生活比较清贫；而许忠在银行工作，工资、福利待遇较高，特别是自从当上了信贷部主任以后，送礼办事的人较多，家里的装备也都换成了高档的。

岳岭夫妻因家境不好，本身就有一种自卑感，而到许忠家，许忠夫妻谈论的话题更多的是金钱，大谈特谈钱的重要性，有时还总是以施舍的口气让岳岭搬走他家淘汰的家电、家具之类。尽管许忠夫妇的态度也十分真诚，但岳岭夫妻一听这话，还是心中不悦，好像他们来这儿是"要东西"。就这样，两家原本亲热的关系逐渐淡薄了。

现实生活中这样的例子很多。富者绝不可在贫者面前过多地谈钱，不然就会伤贫者的自尊，这在无形中就会对友情产生冲击。实际上，贫者和富者在人格上是平等的。贫者和富者的贫富都是暂时的，贫者可能变成富者，而富者也可能变成贫者。

因此，富者不可居高临下，贫者也不必太过敏感。

◎贵生败儿，贱出公卿◎

◎ 心机箴言 ◎

出身的好坏并非与成功成正比，有时甚至恰恰相反。

心机解读

人生在什么样的家庭是无法选择的，但后天的命运有时却是可以选择的。大量的事实证明，出身条件优越的人，在个人成才上远远低于贫困家庭的孩子，因而就有了"贵生败儿，贱出公卿"的古训。

一些出身于富裕家庭之人，生活环境优越，不知艰难困苦为何物。优厚的物质条件，让他们滋生了贪图享受、好逸恶劳的思想，进而养成了讲排场、摆阔气的不良习惯。为了显示出高人一等，他们甚至会炫耀自己的家庭出身。他们没有生活的忧虑，因此在学业上也就缺乏意志和毅力，往往经不起半点困难和挫折的考验，导致了"富而不教"、"富而放任"的现象。而那些出身穷困的人，往往都体验过生活的艰辛，很多人从小就养成了坚忍不拔的精神，并且灌输了要想让家庭走出穷困，就要发奋努力的信念。

古人云：寒门出孝子，秀才出穷门。历史证明很多穷孩子在家长、社会的关爱下，都能完成学业，成名成家，成为有用的栋梁之才。

其实，穷富是不生根的，富贵如浮云，贫寒亦可待。因此，人们对此要有长远的眼光。一个人的成长发展和其生存环境息息相关，实践已经证明并将继续证明那些出身贫寒的人往往更有作为。艰苦的环境培养了他们吃苦耐劳的品格，磨炼了他们的意志，催生了他们积极向上的雄心。而这正是成功者不可或缺的要件。相反，那些在安逸舒适的生活环境里长大的孩子，常常失去危机感。衣来伸手、饭来张口的娇惯，只会加剧人的惰性和脆弱，这样的人经受不住风雨,势必会造成恶性循环,更不要说担当大任了。

心机案例一

春秋时期,楚国的司马蒍贾因正直而名声远播,因而和令尹斗越椒势不两立。斗越椒权倾朝野,对于一再用言语冲撞他的蒍贾十分恼恨,他曾以蒍贾的儿子作为要挟,但蒍贾却丝毫不畏惧,声称自己作为忠臣死去,儿子也会以己为荣。蒍贾为了预防不测,曾多次嘱咐妻子,一旦他发生意外,就立即带儿子逃到乡下,这有利于儿子成才。后来,斗越椒发动叛乱,蒍贾等人惨遭贼人杀害。

蒍贾的妻子根据丈夫生前的安排,带着年幼的儿子蒍敖逃回故乡种田度日,并把儿子蒍敖改名为孙叔敖。孙叔敖的母亲日夜劳作,也难保温饱,但她总是教育儿子:"现在你受些苦,将来就更加知道生活的艰辛了,能不勤奋振作吗?你要学会在困苦中不失信心,养成坚韧的品质,这样你的苦才没有白吃。"

为了能让儿子安心读书,孙叔敖的母亲节衣缩食,有时会饿昏在地。孙叔敖不忍心让母亲受这样的苦,曾流泪劝母亲说:"我现在虽小,可也能帮家里做事了,我不去读书了。"闻听此言,孙叔敖的母亲非常生气,第一次动手打了他,并训斥道:"人穷不能志短,你这样没出息,为娘会很伤心。一定要记住,不要只顾眼前小利,它会误了你的前程。"

就这样,孙叔敖在母亲的教导下,勤奋读书,立志图强。多年之后,孙叔敖学问大长,成了远近皆知的贤人。

楚国令尹虞丘子微服私访,和孙叔敖接触之后,就认定他是不可多得的贤才。虞丘子返回后就向楚庄王力荐孙叔敖,说:"大才大德之人,多出自乡野,臣见过孙叔敖之后,就更加深信不疑了。臣认为,长久占据禄位的,是贪官;不推荐贤达的,是虚假;不把职位让出来的,是不廉;倘若不能做到以上这三点,是不忠。臣决心辞职让贤,恳请大王重用孙叔敖。"

楚庄王也非常重视,就急忙宣孙叔敖上殿,并亲自询问孙叔敖治国之

道。孙叔敖胸有成竹、侃侃而谈，楚庄王大为折服，于是立即任命他为令尹。在孙叔敖的辅政下，楚国蒸蒸日上，于公元前597年打败晋国，成为威震中原的新霸主。

孙叔敖虽历经磨难，但终成大业。所以说，苦难是最好的学校，只有经历苦难，才能锻炼心智、坚定意志。温室里长不成参天大树，只有经过历练，才能够不畏惧风雨，更加勇敢和坚强！

心机案例二

2003年5月，《汕头日报》报道了汕头市月浦街道妇女郭淡卿15年含辛茹苦地培养子女成长的动人事迹，感动了很多人。

15年前，郭淡卿的丈夫积劳成疾，不幸逝世，留下年仅8岁的女儿和5岁的儿子以及一屁股医疗费。对一个普通的农村妇女来说，这的确是沉重的打击。然而，郭淡卿却以超人的勇气和坚忍不拔的意志坚强地生活着，与困境斗争。农忙时节，她包揽了丈夫生前的所有农活，起早贪黑地干。农闲时节，她就挑着刚从地里收割的青菜，走乡串里到处摆卖。不管天寒地冻，不论烈日酷暑，郭淡卿天天如此，风雨无阻，从不放弃。她之所以愿意如此辛苦，就是希望儿女读好书。她总是以一种积极阳光的人生态度去感染儿女，鼓励他们读好书。

看到母亲如此辛苦，儿女们也备受感染。为了减轻母亲的压力，姐弟俩总是在放学后偷偷地捡一些废品偷偷买掉，以填补学习资料的费用。

后来，母亲看到姐弟俩经常晚回，就问他俩是何原因，他俩就糊弄母亲说，是最近功课比较多，放学后在学校写作业。当时，母亲也就信以为真。

突然有一天，天很晚了，姐弟俩还没有回来，可就急坏了母亲。她向学校咨询，学校方面告知：一放学同学们都回去了。等姐弟俩气喘吁吁地赶回家里时，看到母亲气呼呼的，就连忙解释："作业，作业确实太多！"

"别再撒谎了！"母亲以少有的严厉说，"到底怎么回事？"

看到再也瞒不过母亲，姐姐就说："都是我不好，我看到您整天为我们辛苦打拼,心里很不是滋味!就利用放学后的时间捡废品卖。今天碰到一个搬家的,我们捡的多,耽误了回家!"

"本来,姐姐不让我捡,是我执意要陪着她!"弟弟连忙解释,"这不能全怪姐姐,我也有责任。这不,我们今天卖了7元。"

"妈妈不怪你们!"母亲哭着说,"都是妈妈不好,让你们受委屈了!"母子三人搂抱着哭起来。

最后母亲说:"你们以后再也不要捡废品了,那样会耽误学业,妈妈就是拼死也要保证你们的学习费用。以后,我若再听说你们捡废品,你们就别叫我妈妈啦!"孩子们含泪答应。

自此,10多年来,她舍不得为自己买一件衣服,买一双鞋,但在儿女的学习和生活上,却倾尽所有。苍天不负有心人,2000年,女儿碧蓉,以第一志愿被北京理工大学录取,在校期间,年年获得学校的奖学金。2002年,儿子雁新,也同样以优异成绩被华南农业大学录取。

这是一则穷苦家庭培养子女成才的故事,郭淡卿的故事,感动了很多人,也给很多贫困家庭的孩子带来了启迪。

磨难可以摧毁家庭的经济命脉,但却阻碍不住有志者前进的脚步,只要心中有梦,希望就不会破灭。而且现实还不止一次证明,那些有成就者,大多都出身贫寒,因为贫困的家庭,从小就给他们植入了一种不向命运屈服的抗争精神。

◎富而泽贫，无损其富◎

心机解读

"人为财死，鸟为食亡"的悲剧之所以不断重复上演，主要就是因为人们
没有站在生命的高度来正确看待利益，没用哲人的眼光来审视人生的价值。

其实，利无尽处，命有尽时。生命的有限和利益的无限，促使越来越多的
逐利者开始思考和反省二者的关系，因而有更多的人在拥有大量的财富之
后，总是热衷于济困救危和公益事业。这样做不仅不会损伤自己的财富利
益，反而会为自己赢得更好的口碑，带来更多的无法拒绝的利益空间。

因此，富人不必觉得怜惜穷人对自己有损，实际上泽贫不仅仅是给予穷
人帮助，同时也是对自己长远利益的必要保护。因此，聪明的富者，总是在历
史的长河中扮演一掷千金、慷慨解囊的豪放者。而这样的捐助，不但不会损
伤其财富，反而更能赢得社会的认可，获得更多的商机。

心机案例一

明朝后期，董其昌的书画作品影响甚远，名声颇大，而且他的仕途也相
当顺利，官至南京礼部尚书。但是，董其昌道德败坏，为富不仁，为千夫所指。
他常常利用职权贪赃受贿，并且还怂恿儿子们欺压百姓。他对儿子们教唆
说："我们之所以富裕，就是因为父亲我善于在穷人身上捞取钱财。所以，千
万不可同情穷人，否则我们就会变成穷人。"

松江有位叫洪道泰的秀才，家中有些钱财，董其昌的儿子董祖常想霸占

他的财产。一次，他竟命打手把洪道泰摁在地上往他嘴里灌酒。洪道泰既恨又怕，只好主动献上大部分家财，这才免遭董家父子进一步的迫害。

董家父子的恶行臭名远扬，有人曾规劝董其昌道："你熟读经书，富甲一方，本该感谢上天的护佑，为老百姓造福。可你现在的作为实在令人不敢恭维，这可不是长久的保家兴业之道啊。"

董其昌狂笑道："富贵在天，有上天护佑就足够了，我有必要去讨取穷人的欢心吗？你真会开玩笑，说实话，我是不会在乎穷鬼们辱骂的。他们除了发发牢骚还能把我怎样？这是仇富心理在作怪！何必大惊小怪？"

董其昌更加变本加厉，老百姓对他更加恨之入骨。华亭县有一位说书人钱二，就把董家父子的丑行编成了《黑白传》故事，到处传说。董其昌闻听后暴跳如雷，立即派人将钱二抓来，逼他说出幕后的指使。钱二义正词严，说："我说的事众所周知，并不是我的胡编乱造，要怪只怪你们父子为富不仁。"

董其昌更加恼怒，就命打手们严刑拷问钱二。钱二忍受不住酷刑，就胡乱指认秀才范昶是幕后指使。

董其昌又想抓捕范昶，但他的一位弟子劝阻道："大人息怒，此事不宜扩大，否则只会惹来众怒，会有更多的人出来指责大人，众怒难犯。大人才高位显，何必和一个说书人争个高低啊。"

董其昌哪里还听得别人的劝说，就痛骂了弟子一通，随后把范昶抓来，逼其跪在地上和钱二对质。范昶不堪其辱，竟是一病不起，随即而死。

范母悲痛欲绝、痛不欲生，就到董家讲理，董其昌又指使打手对范母大打出手，百般凌辱。此事传开，松江府的大街小巷都贴满了写有董家父子罪恶的状纸，当地百姓同仇敌忾，骂不绝耳。

董其昌倚仗权势，强制要求当地官吏追查写控诉状之人。一位官吏怯怯地说："大人，这不是一人所为，是众怒难犯，大人若是不肯罢手，恐怕事情难以控制。"

董其昌蛮横道："我向来不怕众怒，一帮穷鬼还能成了气候？除非他们不想活了，这里可是我的天下！"

官府的衙役只好四处搜捕，就更加激怒了当地百姓。松江府所辖的松

江、上海、青浦三县的秀才们就联合起来，到府县衙声讨董家父子，为范昶喊冤。

不久，范母含恨而死。痛恨董家父子的数万百姓也齐聚董府门前，让董其昌出来谢罪。董其昌吓得不敢露面，他的弟子就劝他说："现在大人若能诚心认错，相信人们不会为难大人。他们是满腔义愤而来，大人总要给他们一个交代啊！"

董其昌虽面如土色，但仍想逞凶，就命令打手们死守大门，对靠近的人投掷砖头瓦块。百姓们愤怒不已，就潮水般地冲破阻拦，撞开大门，他们把数百间的董府砸得千疮百孔，随后又放火焚烧。一夜之间，雕梁画栋的董府便化为了灰烬。董其昌也在百姓的声讨中暴病而死。

董其昌为富不仁，终遭可悲下场，如果稍做收敛，将会是另外结局。

到了今日，悲哀的是有部分富人仍重蹈历史覆辙，但真正聪明的富人却显现出应有的胸襟和度量，热衷于公益慈善事业，把大把的钱投放给更需要的人群，获得了众人的赏识与认可，结果也为自己的财富积累奠定了更好的基础。

心机案例二

江苏黄埔再生资源利用有限公司董事长陈光标是一个特殊的人，有着很多的社会头衔和荣誉。当四川发生地震的时候，他毫不吝啬地带着几百万元的资金和设备奔赴灾区。他是民间发动抗震救灾的第一人，他奋战在灾区一线的身影成为一个标志、一个符号，让人们看到了中国当代企业家的社会责任感和崭新风貌，看到了我们这个民族在遭遇困难时的凝聚力。他多年来积极投身社会慈善事业，10年来向慈善事业捐款、捐物累计4.75亿，受资助的人数达20多万人。他曾有"中国首善"的美誉。

组建于2003年的江苏黄埔再生资源利用有限公司，是一个致力于再生资源利用和新型材料制造的朝阳产业。不过，作为老板的陈光标真正引人注目的，并不是他这些颇具传奇色彩的创业经历，而是他持之以恒地谱写着新时代"爱"的华章。

四川汶川发生地震时，陈光标正在武汉开董事会，得知这个惊人的消息，董事会立刻变成了抗震救灾部署会。当天下午4:40,60台吊车、推土车、挖土机等大型机械组成的救援车队就分别从江苏、安徽向四川进发。13日中午，他们到达都江堰。60辆车120名员工，一个小时能挖出100立方米的土。陈光标的救援车队为打通生命之路出了力。除了现场救援外，陈光标还给灾区捐款785万元。从南京临出发前，他又随身带了200万元的现金、支票，到成都后提出25万元，沿路赈济灾民，并向四川省民政部门提出，愿意认领100个灾区孤儿，带回江苏，负责他们的所有费用。

仅在2007年这一年，他捐出的善款就超过了1亿元。可他却没有向银行借贷一分钱，也从不在受赠地区进行任何业务投资，更不期望别人的回报，他纯粹是为了支援更需要金钱的人。

陈光标在捐出巨额善款的同时，不但没有给他的企业造成亏损，反而赢得了社会的一致好评，同时也为他带来了挡都挡不住的拆迁业务。除了江苏本省的业务外，先后有上海、北京、天津、广州、四川、香港、山东、山西等10多个省市的废旧拆除工程主动找上门来，这为公司的发展奠定了坚实的基础。公司也先后荣获了"全国五一劳动奖章"、"全国抗震救灾工人先锋号"、"中国诚信示范单位"、"中国最具生命力百强企业"、"江苏省重合同守信用单位"等荣誉称号。

陈光标不是最大的富翁，却享有"中国首善"的美誉，这是陈光标的荣誉，也是他人格的写照。应当说陈光标的善举，不但造福了社会，也壮大了公司。

作为拥有财富的人，适当地拿出一部分钱捐给更需要的人，其实并不难，难的是持续保持爱心。但聪明的富翁们，从不吝惜自己手里的金钱，因为财富毕竟是身外之物，迟早会为公众的财富。

◎一肚子苦水的人，得不到别人的敬重◎

◎ 心机箴言 ◎

古今中外，成大事者莫不是任劳任怨、无私奉献者。那些只会挑肥拣瘦、叫苦连天的人，永远不会淡泊名利、勇于进取，而他们也永远不会赢得别人的尊重。

心机解读

一个人要想成就一番事业，就必须保持淡泊名利的浩然正气，只有那些勤奋扎实、任劳任怨、忘我工作的人，才能始终保持旺盛的斗志。

一个人无论是身居高位，还是黎民百姓，对工作和自己所处的位置都要有一个正确的认识，要用平常心去看待自己，以平和的心态对待个人得失，低调做人、高调做事，要守得住清苦，耐得住寂寞，始终做到"宠辱不惊，去留无意"，做到"人到无求品自高"，始终保持"物利两忘"的淡泊心态。

既然选择了某个职业和位置，就要培养任劳任怨的心态，要甘于奉献、甘于吃苦，做到能够静得下心、坐得下来；提高能力，能够经得批评、受得磨练；调查研究能够放下身段、耐得寂寞；解决问题时能够沉得住气、忍得委屈；努力把工作做精、做细、做到位。

只要有良好的心态，有时琐碎的生活小事也能谱成美好的人间乐曲；只要有良好的心态，寒冬的风雪也会在眼中成为旖旎的美景；只要有良好的心态，荆棘路上也能写出壮丽的诗篇。反之，那些自以为命苦的人，整日叫苦连天，好像有一肚子苦水要倒。这样根本不能赢得别人的敬重。

心机案例一

清朝康熙九年，浙江平湖人陆陇其高中进士。喜报传来，陆陇其的家乡人欣喜若狂、奔走相告,都为他表达祝福。陆陇其借钱为乡亲们摆了几桌酒席,他激动地说:"我出身贫贱,平日幸得父老乡亲的呵护,今日获此功名,实在是大伙儿的功劳啊!我铭刻在心,没齿难忘。"

在这之前,陆陇其寒窗苦读,乡亲们见他饥寒交迫,就劝他当以兴家为首选,书可以以后再读。陆陇其知道乡亲们是一片好意,但却坚持读书。他说读书可以明事理,日子苦不能够影响自己的求知。于是,陆陇其每日照样下地干活,晚上仍然秉烛夜读,从不间断。

有一次,他病倒了,可手里仍握着书卷。一位乡亲前来探望,责怪他说:"都这样了还在读书,为了功名你连命都不要了?何苦呢?"

陆陇其就挣扎着坐起来,气喘吁吁地说:"作为出身贫贱的人,我读书不仅是为了赚取功名,更是为了自己争口气!"

陆陇其从不为自己喊冤叫苦,在和乡亲们交流时,总是鼓励他们战胜困难,把心放宽。有一次,有位乡亲说:"你说的虽然有理,但我们根本做不到啊。我们穷苦人有数不清的愁事,哪儿能快乐起来呢?"

陆陇其就劝解说:"整日忧愁无法改变困境,只会使人陷得更深。人生下来就是为解决难题的,总不该被困难吓倒。我们现在虽苦,但只要努力肯干,以苦为乐,好光景就一定会来,即使我们无法享受,那也会惠及我们的子孙。"

陆陇其的乐观精神感染了在场的每一个人。自此以后,乡亲们每逢困难之事,总是喜欢和陆陇其商量。乡亲们都夸奖说:"陆陇其的话总给人正面的激励作用,做人就该像他那样。"

陆陇其的威望也大增,乡亲们出于对他人品的敬重,都心甘情愿为他帮忙。

康熙十四年,陆陇其被任命为江南嘉定县知县。上任之初,他让妻子带上纺车、织布机,且强调:"我现虽为官,但却不能忘本而奢侈。从前我得到乡亲很多照顾,现在我更要勤政爱民,以此来报答乡亲。"

上任不久,陆陇其就取消了强压在百姓身上的苛捐杂税,还大力提倡勤俭之风。很快,陆陇其就赢得了嘉定百姓的拥戴。

陆陇其虽曾处于不利的环境之中,但却没有怨天尤人,而是发愤图强、勤奋努力,在达到人生目标的同时,也赢得了世人的敬重。

生活中有许多人,往往在遭遇命运挑战时,不是积极应对,而是大发感慨,抱怨上苍不公,而放弃自身的努力,结果离自己的目标越来越远。其实,真正聪明的人,当厄运来临时,都是积极采取对策,从中找到切入点,以乐观向上的积极心态从容应对。

心机案例二

在这个世界上,恐怕很少有人会像赖东进那样有复杂而又艰苦的人生经历。他曾经是人人嘲笑的小乞丐,却凭着不抱怨、不服输的意志,向命运挑战,与苦难抗争,最终他获得了成功,不但写出自传《乞丐囝仔》,还出任中美防火公司的厂长兼生产部经理。

赖东进出生在典型的乞丐家庭,父亲全盲,母亲与大弟是重度智障,全家 14 口人靠乞讨维生。从会走路开始,他就跟着大姐开始乞讨,10 岁之前全家居无定所、四处流浪,每天过着三餐不继、餐风露宿的生活,经常以坟墓和猪圈为家。但他始终未向命运屈服,身为长子,他不但一肩挑起照顾家人的担子,更努力求学、发愤工作,终于娶妻生子,并能够安顿一家大小的生活。人生至此,赖东进总算苦尽甘来,虽尝尽了最苦涩的滋味,却结出最坚实美味的果子。

面对如此的家庭和生活的艰辛,按理说他会有更多的人生感慨,可是他却从无抱怨。他多次在报告中强调:"我对生活充满了感恩的心情。我感谢我的父母,他们虽然瞎,但给了我生命,至今我还跪着给他们喂饭;我还感谢苦难命运,是苦难给了我磨炼,给了我这样一份与众不同的人生;我也感谢我的丈母娘,是她用扁担打我,让我知道要想得到爱情,我必须奋斗,必须有出息……"

他同时还强调:"所有的人,在自己的人生道路上,应当一步一个脚印,踏踏实实地做人做事,好好孝顺自己的父母,不管他们多穷,也不管自己生活多困难,一定要坚持下去,要有恒心,努力去拼搏。相信阿进能做到的,你们也能做到,因为,天无绝人之路。另外我还想跟所有的孩子们讲:从小就一定要养成自己的事自己做的习惯,孝顺父母,不要娇生惯养,一定要把做人摆在第一位,做事摆在第二位。在学校中,成绩拿'第一'不是最重要的,主要是看自己所付出的有多少、够不够。对于人生计划方面,我想筹建一些'孝亲公园'、'孝亲图书馆',让年轻人都知道怎么来孝顺自己的亲人。"

赖东进正是怀着一颗这样感恩的心,才赢得了事业的成功和世人的尊重。可是,在生活中,又有多少人能够做到这一点呢?

聪明的人是不会抱怨出身的贫困和先天的坎坷,因为那不是自己所能左右的局势。聪明的人总是大度地接纳现有的一切,然后寻找机会突破,并在生活中扮演好自己的角色:坚强、不怕苦、不抱怨、有责任、有担当、孝顺又充满感恩的人,只有这样,才能给社会创造奇迹,树立榜样。

◎ 出身卑微,未必不能成大事 ◎

◎ 心机箴言 ◎

无论贫穷与富有,尊贵与平庸,生命的长度都是一样的。只要珍惜拥有,每个生命都能活出独一无二的精彩。

心机解读

俗话说:"人生一世,草木一秋。"无论尊卑贵贱、喜怒哀乐,与浩瀚的宇宙相比,人生都是短暂的,可以说是转瞬即逝。但是,所有的生命绽放的都是美丽的花朵,因为每个生命的价值都具有不可替代性。每个人都不该为自己出身的卑微而抱怨,即便是出身卑微的凡夫俗子,也同样可以做出惊天动地的大事,抛弃自卑、确立自信是成功者的首要条件。

心机案例一

张耳年轻的时候穷困潦倒,难以生计,就投靠信陵君做了食客。信陵君食客三千,无论来者有无本事,他都以礼相待。

一次,信陵君和张耳交流,发现他畏畏缩缩,十分自卑,信陵君问:"先生为何如此自卑?"

张耳低声说:"我出身卑贱,学识有限,承蒙公子收留,才得以温饱。这里人才济济,而我却不能为公子效力,倍感惭愧啊。"

信陵君略微思索了一下,说:"你有报恩自省之心,这就是美德,你应该骄傲才对,何来自卑?贫穷富有,不是衡量一个人是否有所作为的关键因素,你不要有此顾虑,而应当振作才对。"

张耳深受鼓舞,他对朋友说:"我原本以为像我这样的人,是没有人瞧得起的,没想到公子不但不嫌弃我,还夸奖了我。所以,我以后再也不能自暴自弃了。"

自此,张耳果然精神大振,潜心修学,钻研礼法。后来,名声渐高的张耳当上了魏国的外黄县令。

当时,有一陈余男子娶了外黄富户的女儿为妻,他总感低人一等,后和张耳结识,颇为投缘,视为知己,便对张耳大倒苦水,说:"我喜好儒学,浪迹天涯,只可惜至今一事无成,却靠富足的老婆娘家养活,我真是个窝囊的男人啊!"

张耳开导他说:"我们接触不久,你就将个人阴私以实相告,足见你是个坦荡磊落之人。为什么会在老婆面前抬不起头来?没有这个必要,她既然嫁给了你,就一定有欣赏你的地方,你应该有所作为,而不该自轻自贱,让她失望。"

陈余深受启发,自此振作,最后也和张耳一样,成了魏国的有名人物。

秦灭魏国后,因张耳和陈余的名声过大,曾遭悬赏重金捉拿。为了避难,张耳和陈余逃到陈地,隐名埋姓当了守门人。再度落魄,陈余一度心灰意冷,一次,他绝望地对张耳说:"我们现在沦为逃犯,随时都有性命之忧,我看是没什么希望了,我天生的穷命,注定要遭此浩劫。"

张耳十分生气,教训他道:"我们现在确实是一无所有,但如果再失去信心,就真的是死路一条了。你要再说这种没骨气的话,我们就绝交。"

自此,陈余丧气的话有所收敛。

后来,陈胜、吴广造反途经陈地。当地的父老劝陈胜称王,而张耳、陈余却极力反对,并求见陈胜说:"得天下者未必需要显赫的身份和名号,关键是争取民心,聚拢才俊。秦朝恃贵而骄,毁人国家,搜刮民财,实行暴政,才导致官逼民反。将军高举义旗,稍有成就就急于称王,人们会误以为将军为一己之私,恐怕就要和将军离心。"不料,此等逆耳忠言却遭到陈胜拒绝。

不久,陈胜的部下就分崩离析,另立山头,最终导致了失败。

张耳、陈余之所以能名垂青史、光耀后人,原因就在于他们最终都摆脱了出身卑微的羁绊,虽然曾经有过萎靡不振,但最终都找到了自己的角色定位。生活中,不可能每个人都出身豪门,都有可以依托的强势靠山。因此,出身的尊卑和人生的成长高度未必成正比,关键在于自己后天的努力。那些事业有成的心机之士,无一不是深谙此道,抛却自己的出身,该出手时就出手。

心机案例二

2010 年 3 月 10 日,福布斯全球富豪排行榜在纽约发布,中国大陆富豪们的表现尤为抢眼,娃哈哈集团董事长宗庆后以 70 亿美元的身价位列榜单第 103 位、中国富豪榜首位。

2010 年 9 月胡润百富榜,再次将拥有 800 亿元的中国"饮料大王"宗庆后列为 2010 年的中国首富。

将宗庆后列为中国的首富是当之无愧的,因为目前保持着每三天 1 个亿的增长速度让人仰慕。但是,很少有人知道,宗庆后是从穷困潦倒中起步的,他的第一单生意只有 1 元钱。然而,正是这小小的 1 元钱,却演绎了他的财富神话。

宗庆后的祖父曾是张作霖手下的财政部长,但到解放之后,家庭却变得异

常贫困,父亲没有工作,只靠做小学教师的母亲一份微薄的工资勉强度日。

1963年,宗庆后初中毕业,为了减轻家庭负担,先后从事挖盐、晒盐、种茶、割稻、烧窑等工作,那时的宗庆后与其他年轻人一样,脑袋里有过各种各样的梦想,总想出人头地,总想做点事情。

然而,命运之神似乎故意和他作对,宗庆后在农村一待就是足足15年,但他追求的梦想却没有破灭。1978年,33岁的宗庆后随着返城的知青大军回到了杭州,在校办厂做推销员,10年里辗转于几家校办企业,依然郁郁不得志。可真正到他开始创业的时候,他已经是一个42岁的沉默的中年男子。

在所有的企业家中,宗庆后最推崇李嘉诚,他的人生目标就是要成为"杭州的李嘉诚"。对多数人而言,42岁已是到了被生活磨得心疲力竭,转而把人生愿望寄托到下一代的岁数了。在被命运遗弃了大半生之后,这一次宗庆后紧紧抓住了命运给予的一丝可能。他风里来雨里去,骑着三轮车到处送货,那架势就好像要把过去所有耽误的时光都追回来一样,那是一段异常艰辛的岁月。

后来,宗庆后承包了校办工厂,他的企业又穷又小,什么都没有,只有几名老太太做他的下手,还总是受人家的气。即便如此,有了人生寄托的宗庆后在工作中再没有感到过失落。大半世的消磨,余下的只能以夸父追日般的付出,以弥补往日所有的遗憾。

最终,他获得了巨大的成功。

宗庆后的成功再次告诉人们:无论你的出身多么卑微,但你只要心中有梦,你的希望就在。正是他要做"杭州的李嘉诚"的梦想,才最终雕塑了他中国首富的形象。

其实,只要放下人为设置的卑微包袱,上升的思想就能够被激活,从而促使人们完成人生理想的雕塑。

卷七 在展现胸襟雅量的时刻：

声望以器量为贵，而不是名声显赫

俗话说，君子要成人之美，要有容人之量。可生活中有一些人为了拉抬自己的声望，就喜欢沽名钓誉、牵强附会，也许暂时会有人为他喝彩，但那毕竟是虚假的，难以经得起时间的考验，名声再大也无法给他们带来真正的好处。

人的声望是以度量为贵，而不是靠其显赫的地位。可以说，任何人的雅量都不是天生的，都是在不断的人格熏陶中逐渐完善的。

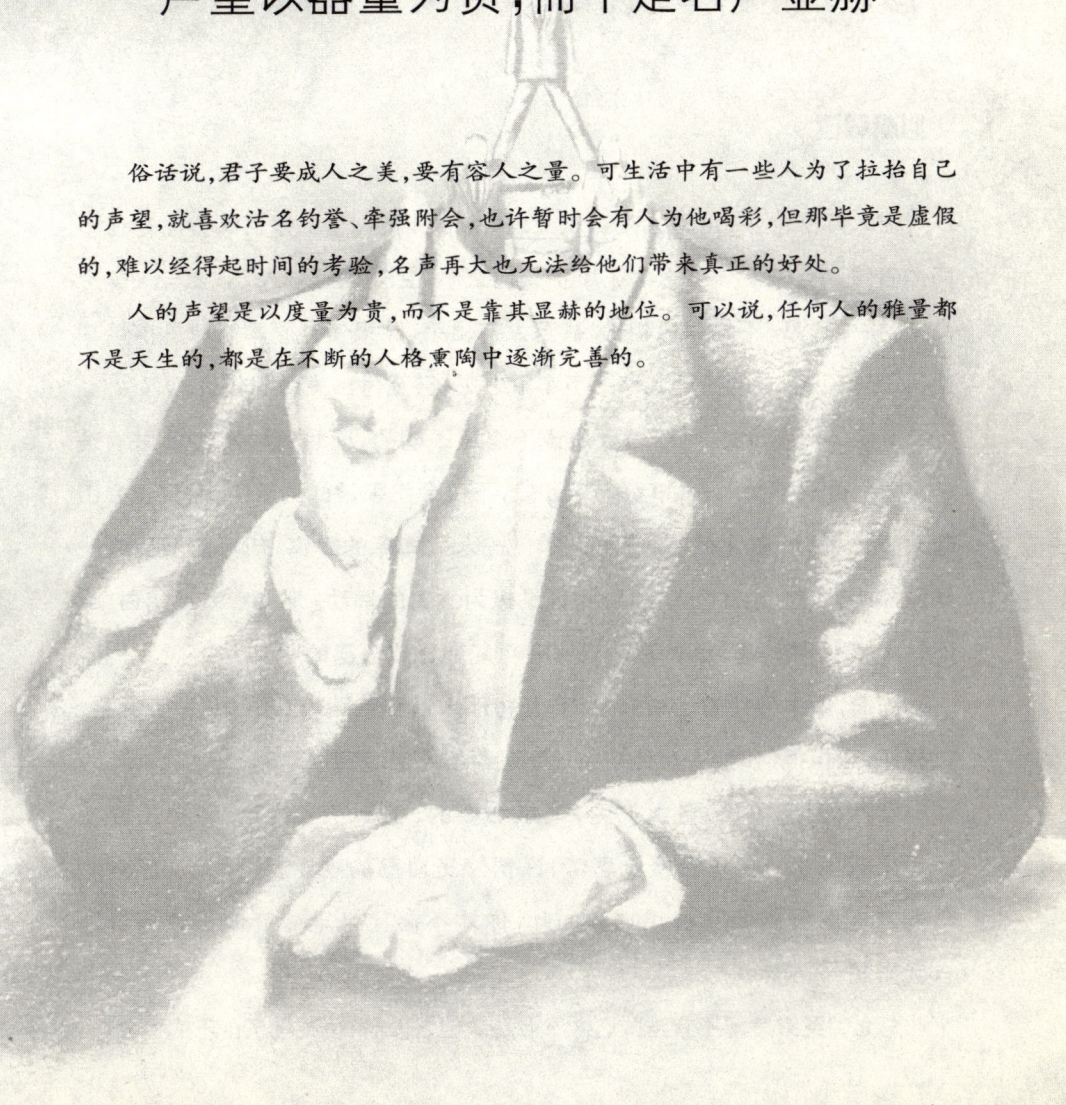

◎人生何处不相逢,得饶人处且饶人◎

◎ 心机箴言 ◎

　　人际交际中不可能不出现碰撞和摩擦,遇到矛盾和争执也是很正常的,甚至是误会和过错,都在所难免。因而,就要有包容的情怀,得饶人时且饶人,而宽恕更是一种美德和雅量。

心机解读

　　在人际交往中,难免会在认识上、利益上、情感上、工作上等方面存在不同的看法和分歧。一些人为了维护一己之私,会得理不饶人,非要与人争个高下,拼个输赢,不惜恶语相加,甚至大打出手,结果使得原本简单的事情却变得不可预测,有的还因此惹上了牢狱之灾,甚至付出生命的代价。

　　其实,在世界上,有些道理是说不清道不明的,而且有时候也无讲清楚的必要。得理不饶人,凡事都斤斤计较,不仅会伤害彼此的感情,而且也会引起对方的反感,激化矛盾,使得原本一些无关痛痒的小事,却可能演变成一场激烈的"冲突"。心机人士认为,这是极为愚蠢的举动。那些智者都明白"山不转水转"的道理,今天的敌人随时有可能转化成自己的朋友。

　　因而,做事要给自己留有余地,若将他人逼到绝路,自己也就没了退路。这样"冤冤相报何时了"? 其结果只能是纠纷不断、两败俱伤。

　　当然,两人争论,各执己见,这是必要的,但不可上纲上线,更不要使争论变成争执。要学会换位思考,谨慎修正自己的观点,让别人从思考的角度来理解自己的动机。唯其如此,你才不会盲目地谴责他人或盲目地自我辩护。

　　总之,"冤家宜解不宜结",这样不但是给他人面子,也成就了自己的机会。

心机案例一

汉代的公孙弘,年轻时家里十分贫穷,尽管后来身居丞相一职,但依然
保持简朴的生活作风。他吃饭的时候只有一个荤菜,睡觉时只盖普通棉被。
为此,大臣汲黯向汉武帝参了一本,批评公孙弘位列三公,有相当可观的俸
禄,却只盖普通棉被,实际上是装模作样、沽名钓誉,其目的是为了骗取俭朴
清廉的美名。

为此,汉武帝询问公孙弘,汲黯说的是否属实。公孙弘回答:"汲黯说的
没有错,满朝文武大臣之中,他与我的交情甚好,也十分了解我。今天,他当
着众人的面指责我,只是切中了我的要害。我位列三公而只盖普通棉被,与
平常百姓一样,这的确是故意装得清廉,以此沽名钓誉。如果不是汲黯忠心
耿耿,陛下您又怎么会听到他对我的这种批评呢?"

汉武帝听了公孙弘的解释,反倒觉得他为人谦让,便更加尊重他了。

按理说,每个人都有自己的生活方式,作为朝廷重臣的公孙弘自然也不
例外,他生活简朴应当是一种美德,可却被汲黯指责成沽名钓誉,这是一种
公然的羞辱。公孙弘也完全可以组织有力的反驳,但公孙弘却欣然一笑,承
认自己是沽名钓誉。这并非他的软弱,而是一种宽容,他不想因此事而伤了
彼此的和气。这是一种君子的雅量,更是得理也让人的写照。

得理不让人,不仅会伤害了对方,有时还会连带伤害对方的家人,甚至
毁了对方,这有失厚道。你于"理"明显占过对方,放他一条生路,他会心存感
激,来日也许还会报答你,就算不会报答于你,也不太可能再度与你为敌。这
就是人性。因此,只有得理也让人的人,才会拥有更多的朋友,也会有更好的
心情,这样的生活将与众不同。

心机案例二

赵睿和李美是一对情侣,交往已经有三年了。赵睿的个性很强势,但他
的脾气还算温和。李美的个性也差不多,但她却是个情绪化严重的人,一点

儿小事就能把她惹怒。两人为此也经常争吵,不过李美的嘴皮子比较厉害,所以每次争执的时候,不管谁对谁错,赵睿总是"输"给李美,肚子里憋着气却发不出来。久而久之,他心里就开始厌烦李美。

一次,两人约好去听音乐会,途中却因一件小事吵了起来。赵睿因为每次都无力招架,就只好沉默以对。可李美却不依不饶,不仅抱怨赵睿这不好那不好,还死死地追问他"沉默"到底是何"用意",甚至不顾赵睿的面子,在路上对他大发脾气。这时候,赵睿终于忍不住了,他说:"你有完没完了?我已经忍你很久了。你每次都这么咄咄逼人,我实在受不了了,我们分手吧!"

李美也是个个性很强的人,当时就同意分手了。两人的音乐会没有看成,反倒是分道扬镳了。实际上,这样的结果并不是李美想要的,但她一直都不知道是她的咄咄逼人让她失去了自己的爱情。

李美的咄咄逼人,让赵睿始终处在一种压力下生存。无论什么事情,李美总是逞口舌之强,非要占个上风,面对赵睿的沉默,李美不是扪心自问,而是穷追猛打,终于逼出了"分手"二字,这恐怕不是李美渴望的结果。面对一个得理不让人、无理辩三分的人,恐怕任何人都难以容忍,说不定赵睿早就忍无可忍,分手的念头早就存在,只是没有合适的时机表达而已。终于在李美苦逼半小时的状态下,他见李美的弓已张得很满,就说出了分手的话,使得李美无路可退,只得顺坡下路,答应分手。

其实,人与人之间,尤其是掺杂感情因素在内,谁是谁非,有时很难说得明白。如果硬要在这上面"辩争"得一清二楚,恐怕一方就会被言语伤害。因此,得饶人处且饶人,没有必要把对方逼到墙角,这样于人于己都有益。

◎宽恕他人就是善待自己◎

◎ 心机箴言 ◎

人若想成就大事，就要有宽阔的胸怀，只有养成了包容一些人和事的习惯，才能够取得事业上的成功与辉煌。

心机解读

宽容是一种美德。宽容他人，实际上就是善待自己。一个人不能容忍别人的缺点，就不可能拥有真正的朋友，而他的人生也难以成功。

有了宽容，就不怕吃亏。俗话说，吃亏是福。在交往中，有一颗宽容之心，必然能交到好的朋友，从而得到一个好的心情，予人快乐则予己快乐。所以说，在宽容他人的同时，也就善待了自己。人在社会中有太多的压力，人的精神往往处于紧张状态。因此，我们不妨适当地降低一些对自己的要求和多一些宽容，微笑着对待生活中的困难和挫折。

宽容是一种美德，宽容更是一种自我解脱。生活中有许多说不清、道不明的是是非非，争究竟是为了什么？权利？地位？还是金钱？可这样的快乐又能维持多久？也许你确实有"理"，也许你也争到了"理"，但现实中有很多事仅靠一个"理"字是无法解决问题的。争"理"不如争"礼"！

心机案例一

南北朝时，西魏的大臣宇文泰实际掌握着朝廷大权，而文帝元宝炬充其量只是个傀儡。

宇文泰既聪明能干，又懂文韬武略，西魏在他的主持下国泰民安。有人为了邀功，就吹捧宇文泰说："大人功德无量，苍生受益，应该顺应天命，承继大统。"宇文泰见有人鼓动自己登帝位，心中大喜，但他却故意说："天子有天子之福，我自知德才不具，怎敢有此邪念？"

大行台左丞苏绰是宇文泰的心腹，于是宇文泰就对其提及此事。苏绰说："这是有人要置大人于死地，大人万万不可。"

宇文泰笑道："我在魏国说一不二，谁还敢治我的罪？皇上也得按我的指令行事。"

苏绰见宇文泰野心膨胀，就劝道："大人既有皇帝之实，又何必冒天下之大不韪，做篡逆之事？"

宇文泰的心事被苏绰说中，他急忙掩饰道："这全是小人之言，我并不采信，你何必当真呢？"

苏绰为了彻底打消宇文泰称帝的野心，就说："我国外有强敌虎视眈眈，内有百废待兴。大人此刻更应该以仁恕待人，方保权位不失。皇上虽弱，但民心深厚；大人虽位高权重，但却堵不住别人的嘴巴。"

宇文泰反复思量，终觉苏绰说的在理，便放弃了邪念。

苏绰协助宇文泰治理西魏，进行了许多变革，遭到不少人反对。他们就联合起来反对苏绰，给他加了不少罪名。

但宇文泰相信苏绰的为人，对所有人的控告统统不加理会。他对苏绰说："我是信任你的，你如果想惩治谁，我一定为你出气。"

苏绰说道："变革涉及多种人的利益，有人反对是正常的，但这个时候惩处反对我的人，只会使人心更加恐慌，因此，我请求宽恕他们。"

宇文泰则说："你太仁慈了，这样只能让他们越闹越欢，增加对你的诬陷，你甘心这样吗？"

苏绰回答道："我用仁恕之心待人，并不代表向他们示弱，而是想感化他们。我就是让他们知道，我绝不是因个人的私利而为难他们，这样做是为了朝廷的长治久安。"

苏绰没有任何报复举动，让反对他的人大出意外。时间一长，这些人都相信苏绰此举不是假做，遂生愧疚之心。

一天，一位反对苏绰最强烈的大臣拜见苏绰，对他说："你不和我们一般见识，可见你大人大量，难道你真的不记恨我们？"

苏绰道："我非圣贤，生气是难免的。不过我能理解你们，这样做也是为了我自己。"

大臣不解地问："你太客气了，你给我们恩典，怎么是为了自己呢？"

苏绰诚恳地说："我若报复你们，你们必记恨在心，如此冤冤相报，只能是两败俱伤。一旦我失势，你们还会饶了我吗？可眼下我们不结仇怨，我也没有担惊受怕的那一天。"

大臣大为感动，就对其他大臣说："苏绰宽恕我们，却毫不居功，这是大仁大义，我们还能和他作对吗？"

从此，反对苏绰的人纷纷反正，都成了苏绰的支持者。

苏绰的大度和宽容，为他赢得了众多支持者。生活中，大智者从来不会揪住别人的小辫子胡乱说事的，因为只有宽容的人，才能够赢得更多人的拥戴。

心机案例二

彭德怀，这位共和国赫赫有名的元帅，素来是以功勋盖世、性格耿直而扬名天下。

不过，彭德怀的脾气虽然有时犟得惊人，但他又是一个度量大似海的大英雄。

彭德怀在任红军三军团总指挥时，与 30 多人到前沿察看地形，传令兵手执红旗边跑边喊让路，众人闻听首长视察，纷纷让道。

可是有一个战士却硬坐着不动。彭德怀见人挡路便喊道："你这个小战士，是怎么回事？刚才传令兵的话你没有听到？还不赶快让开！"

可这个战士，什么也没说，站起来就朝彭德怀打了两拳。

彭德怀虽然有一肚子火，但他仍然保持了克制，因为形势紧迫，什么也没说，苦笑了一下，就让过那个小战士匆匆赶路。

把最高首长打了，这还了得？事后，传令兵就把那个小战士捆来。那个小战士才知道自己打的是彭总，才意识到自己闯了大祸，可事已至此，只好听天由命。

没想到等彭德怀见了那个小战士，却为他求情："算了，都过去的事了，谁没有发脾气的时候！可以后就不要这样了！对同志要友善嘛！"

彭德怀说着，就解开了绳子，拍了一下小战士的肩膀说："以后不要这么大火气了！要真窝火，就用在战场上，我相信你会是个勇敢的战士！"

这让那个小战士大感意外，没想到赫赫有名的彭大将军不但没有治他的"罪"，还亲自给他解开捆他的绳子。他不敢相信这是真的，等彭德怀催他赶快归队时，才惊喜地给彭德怀敬了个军礼！并说："首长，对不起！"并弯腰鞠了一躬。

看到这样，彭德怀乐呵呵地笑着，才转身离去。

彭德怀的举动让小战士大为感动，后来逢人就说："总指挥真是度量宽宏啊！"

"得饶人处且饶人"，这句话说起来容易，可一旦真正到自己身上的时候，往往不易做到。可是，真正的智者，不管在什么情况之下，都能做到无限的包容与宽恕。因为他们的胸怀是"大肚能容，容天下难容之事"！

◎仁恕之道不仅能感染人,更能改变人◎

◎ 心机箴言 ◎

仁爱和宽恕是一种境界。当自己都认为难以宽恕的事情被宽恕了,不但会因此而感动,甚至还会因此而改变。

心机解读

俗话说:人非圣贤,孰能无过。人难免会犯各种各样的错误,因此对于别人的过错,都要持一种宽容的态度。如果能宽容犯错者,他就会为此而内疚,并且会为你的宽恕而改变。

在生活中,要干工作就难免会出差错。但是,犯了错误并不可怕,出了错长记性,勇于承认,坚决改正。最可怕的就是犯了错,得不到别人的宽恕,而导致"破罐子破摔"的念头。每个人都是在批评与自我批评中逐渐成长起来的。每一个犯了错的人就像一只在黑暗中因迷路而触犯了你的飞虫,人们不必只想着惩罚和消灭,只要设法给它一个光明的方向,给它一个投奔光明的机会,就可以导致不同的结果。任何人都是有望变化的,只要给他机会,也许便是他重生的开始。

心机案例一

唐太宗时,才华横溢的李百药被征召入朝,做了中书舍人。

有一次,李百药因不循私情得罪了一位大臣,这位大臣便诬告李百药贪赃枉法。唐太宗问李百药说:"朕知道你很清廉,但既然有人控告,朕就得调查落实。你有什么话要说?"

李百药摇头道:"我无话可说,恳求陛下严查。"

后来查明,那位大臣纯属诬告。唐太宗十分生气,想要惩办他。这时,李百药却为那位大臣求情说："诬陷的确是可恨之举，但诬陷臣的人一定对我缺乏了解。我平时很少与人沟通，这是我的错。如果我早日加强与别人的交往，此事就不会发生。因此，臣恳请陛下不要责罚诬陷我的人。"

唐太宗非常感慨："你的恕人之心如此之大，朕焉能不成全你呢？"

那位诬陷李百药的大臣知道事情真相后深受感动，就主动找上门来向他赔礼道歉，李百药不但宽容地接待了他，并且还成为了好朋友。

后来，又有人诬告李百药时，那位曾经诬陷过李百药的大臣就挺身而出，给李百药打抱不平，而且强调绝对出于公心，使得那位想诬告的人最终放弃了想法。

李百药的宽恕不但减少了对手，还多了一个朋友。足见仁恕之道不仅能感染人，更能改变人。

在生活中，对于犯了错误的人，人们往往戴着有色眼镜去看，这不但遮挡视线，还会影响判断。而真正的智者，总是以大度宽容之心去接纳别人的错误，这样不但会挽救一个人，还会为自己树立仁爱的口碑。

在生活中，一个人若犯了错误，人们往往搬出圣人来参照，其实，这是大错特错！真正的智者，眼睛是从来不会只盯着别人的污点的。而是以包容的胸怀让错者改过，并激励其重新上路。

心机案例二

一天，一位法师正准备开门出去时，突然间闯进了一位身材魁梧的男子。男子狠狠地撞到了法师的身上，把法师的眼镜撞碎了，还戳青了他的眼皮。然而，那个撞人的男子并没有感到羞愧，他反倒怒气冲冲地责怪法师："谁让你戴眼镜的？"

法师见此状并没有生气，只是笑了笑，也没有说话。

男子觉得很奇怪，便问法师："喂，和尚，我这么说你，你怎么不生气？"

法师借此机会开示他说："我为什么要生气呢？生气既不能够让我的眼镜复原，也不能够让我脸上的淤青消失，更不能解除苦痛。再者，生气也只会

扩大事端。如果我对你破口大骂,甚至是打斗动粗的话,那么这件事情就很难化解,势必会造成更多的业障和恶缘。"接着,法师又说:"如果我早一会儿开门,或是晚一会儿开门,都能够避免相撞。或许,这一撞也化解了一段恶缘,这样看来我还要感谢你帮助我消除业障呢!"男子听后非常感动,他问了法师很多关于佛的问题,最后又问了法师的称号,然后若有所悟地离开了。

很久以后,法师接到了一封感谢信,寄信者正是之前撞了他的那位男子。

原来,那个男子年轻时不懂得勤奋上进,毕业后在事业上也颇为不顺,心里十分苦闷。婚后,他也不懂得善待妻子。一天,他上班时忘记了带公文包,中途又返回家取,结果却发现自己的妻子正在家中与一名男子谈笑。他冲动地跑进了厨房,拿起菜刀准备杀死妻子和那个男人,然后再自杀,以求了断。谁知,他惊慌回头的时候,脸上的眼镜竟然掉了下来。那一刻,他想起了法师说的话,顿时就冷静了下来,反思了自己的过错。

如今,他的生活非常幸福,事业也顺利多了。为了表示对法师的感谢,他特意写信以示诚心。

一次意外的碰撞,却让莽撞的大汉启发了觉悟,因为法师的宽恕让他学会了用一颗宽容的心去对待别人。其实,宽容是一条环环相扣的纽带,可以让陌生的人彼此相连,演绎人间的真情。

当你用真诚的心去宽恕别人的时候,别人一定能够感受到你那份宽厚的人间至爱,不但能够使情绪受到感染,而且还会产生"近仙者逸"的奇特效果。

◎不做绝情事,留有余地给别人◎

心机解读

在人际交往中,得理不饶人的现象是很普遍的。有些人一旦觉得自己有理,就会揪住别人的缺点,穷追猛打,非要逼得对方竖起白旗、缴械投降不可。这样的人大多心态不好,只要心里有怒气、有怨愤,就要想办法发泄,不管对方是否有过错。

但是,这个世界说大也大,说小也小。俗话说:低头不见抬头见,山不转水转。说不定哪一天你和对方又会再次相遇,甚至有求于人。因此,给别人留余地就是给自己留余地,给别人方便就是给自己方便。在砌墙铺路或者建高架的时候,人们都会在需要的地方恰到好处地留一点空间,从而避免拉裂或挤压变形的状况出现,应当说,这就是以不太完美的形式达到完美的境界。

为人处世留有余地,得饶人处且绕人。不让别人为难,就是不让自己为难;让别人活得轻松,就是让自己活得潇洒,这就是做人留有余地的妙处。一定要谨记:权力不可使绝,金钱不可用绝,言语不可说绝,事情不可做绝。

心机案例一

春秋末期,魏惠王试图称霸天下,于是四处招揽贤士。庞涓得知这一消息后便主动求见魏惠王,对其讲了一些富国强兵之道,为此深得魏惠王喜爱,在魏国做了大将。庞涓是鬼谷子的弟子,有些真本领。他每天操练兵马,并带兵打了几场胜仗,甚至连齐国也曾被他打败过。此后,魏惠王更加信任

庞涓，而庞涓也开始自以为是。

不过，庞涓是个妒忌心很强的人，他知道自己的同窗孙膑在兵法上比自己更胜一筹，而且他是吴国大将孙武的后代，他知道祖传的《孙子兵法》。魏惠王也听说过孙膑的名声，一次他与庞涓商议，把孙膑请来为魏国效力。谁知，庞涓心怀鬼胎，他在魏惠王面前诬陷孙膑与齐国私通。魏惠王听信了庞涓的话，把孙膑办了罪，并在其脸上刺了字，剜掉了他的两块膝盖骨，一心想要置孙膑于死地。

后来，齐国有位使臣到魏国访问，偷偷将孙膑救出，带回了齐国。齐国大将田忌早就听说孙膑是个能人，于是就把他推荐给了齐威王。齐威王当时正在改革图强，与孙膑谈论兵法后，对他颇为赏识。后来，齐威王拜孙膑为军师，非常礼遇他。公元前341年，魏国派兵攻打韩国，韩国向齐国求救。齐宣王派田忌和孙膑带兵援救韩国，孙膑权衡了一下形势后，决定不去救韩，而是直接攻打魏国。这一次，他利用计谋引诱庞涓上当，最后庞涓带领军队到达马陵的时候遇到了齐国的埋伏。庞涓走投无路，最终只好拔剑自杀。

如果庞涓当初不是将孙膑往死里逼，他可能也不会有后来的悲惨结局。他的自杀，实际上正是为自己当初的所作所为付出的代价。

从这件事上也不难看出，一个人的最终结局和他为人处世的方法有密切的关系。如果知道为别人留条活路，那么在自己危难的时候对方可能也不会把事情做绝；相反，如果平时喜欢把人往绝路上逼，那么到最后，自己也没有多少活路可走。

心机案例二

众所周知，百事可乐和可口可乐都是世界著名的饮料企业，还是竞争对手。

1993年6月，在美国传出了罐装的百事可乐内接连发现注射器针头的事，而且传说被描绘得十分逼真，全世界为之哗然，美国人甚至把此事与传染艾滋病联系起来。瞬间，百事可乐的形象大跌，原来市场上堆积如山的百事可乐，一夜之间惨遭厄运，被人从货架上撤走。

这时，有人认为百事可乐的"死对头"——可口可乐一定会趁此机会大做"文章"，以取"渔翁之利"。可是，可口可乐公司并未如此，它一直保持沉默，也没有采取任何行动去打击自己的头号对手。甚至，在百事可乐销售刚刚复苏的时候，可口可乐做出了让世界惊讶的决定：全球停止一天销售可口可乐，以此支持老对手走出困境。

后来，百事可乐走出了低迷，恢复了元气。

事后专家分析说，可口可乐公司不但没有在百事可乐遭遇灭顶之灾时落井下石，反而以自己停止一天销售来支持百事可乐的复苏，就是没有把事情做绝，而是给对手一条生路。也正是因为有百事可乐这个伟大的对手的存在，才能让可口可乐始终保持竞争的状态，而不至于高枕无忧。而竞争和博弈的存在，才是企业不断进步的源泉。

在生活中，人们总是认为"商场如战场，同行是冤家"。于是乎，面对竞争对手的失误或危机事件发生时，总是有一些人或者一些企业要么大肆渲染、造谣诽谤、落井下石，要么不闻不问、幸灾乐祸、听之任之。岂不知，这样做的结果，非但不能树立自己的形象，反而会影响到整个行业的声誉，自己也难免遭受池鱼之殃，到头来落个两败俱伤的下场，那才是真正的得不偿失。

◎ 以德报怨，化敌为友 ◎

◎ 心机箴言 ◎

对待曾经伤害过自己的人，如果能够做到宽容以待，不仅能够显示出自己博大的胸怀，还有助于化敌为友，帮自己营造一个更为宽容的人际环境。

心机解读

生活中以德报恩的事情屡见不鲜，但以德报怨的却不多见，因为这是容

忍的极致。只有那些能够宽容地对待自己的敌人的人，才能够享受人生的最高境界。春秋五霸之一的齐桓公，不计管仲一箭之仇，反倒任用他为齐相，管理国政，最终成就了霸业；唐朝时期，魏征曾经劝李建成早日杀掉李世民，但在李世民发动玄武门之变当了皇帝后，李世民却不计前嫌重用了魏征，魏征也为李世民出了许多安邦治国的良策。

为人处世时，最成功的交友应当是化敌为友。因为，化敌为友不仅仅是交了一个新朋友，更重要的是少了一个对手。如果非要与对方势不两立，那么长期地斗争下去，就会变成死敌，给自己的生活和事业带来诸多阻碍，得不偿失。会用心机的人都知道这样一个道理：敌人不等于坏人，敌人与朋友之间也是可以相互转化的。

心机案例一

从前，有一个富翁，有三个儿子，在他渐感生命已进入倒计时的时候，就考虑财产继承问题，为了保持永续发展和保持财力，富翁就决定把自己的财产全部留给三个儿子中的一个。

但谁是最合适的继承人呢？富翁苦思冥想，终得一法：他让三个儿子都花一年时间去周游世界，回来之后再评价到底是谁做了最高尚的事，然后就确定为财产的继承者。

一年之后，三个儿子回到家中，富翁要他们每个人都讲一件自己最感人的事。

老大非常得意，炫耀性地说："我在旅行途中，遇到了一个陌生人，可他却十分信任我，就把一袋金币交给我保管。可是那人却意外病死，我原本可以把那些金币据为己有，但我却把那袋金币原封不动地交还给了他的家人。"

二儿子也信心满满地说："当我旅行时，经过一个贫穷落后的村落，看到一个可怜的小乞丐不幸掉到湖里，我二话没说就立即跳下马，从河里把他救了起来，并且还给他留下了一笔钱。"

小儿子接着说:"在我旅行的时候遇到了一个人,这个人颇有心计,总是想得到我的钱袋,一路上千方百计地谋害我,我差点死在他手里,可以说是九死一生。可是有一天我经过悬崖边,看到那个人却在悬崖边的一棵树下睡觉,当时我只要一抬脚就可以轻松地把他踢到悬崖下,但我想了想,觉得不能这么做;正打算走,又担心他一翻身就会掉下悬崖,就把他叫醒了,然后继续赶路。"

富翁听后,连连点头,说道:"我现在决定,财产都是老三的了。"

应当说,富翁的三个儿子都有值得肯定的地方,但诚实、见义勇为都是一个人应有的品质,而不是最高尚的。有机会报仇却放弃,反而帮助自己的仇人脱离危险,这样的宽容之心才是最高尚的。

以德报怨之后,对方定会良心发现,日后寻找机会来报答。当然,这还需要你忘记他的过错,给他以希望,一旦他的能量被发挥出来,就能够成就一番大事业,对己、对人、对社会都有益处。

以德报怨、化敌为友是有心机者处理怨恨最明智的方法。平日,我们在与人交往的时候,也一定要保持冷静的头脑,客观全面地思考问题、处理问题,切忌极端、片面。

心机案例二

郭明是一位砖场的老板,原本生意一直很好,可是由于另一位对手刘军的不当竞争,而使他陷入困境。

刘军为了促销自己的砖块,就来到了原本属于郭明的经销区域,并有目的地定期走访建筑师与承包商,还刻意诋毁郭明说:"郭明的砖厂不可靠,他的砖块烧制得不好,存在很大的质量问题,现在工商等部门正在追查他的责任,据可靠消息,他的砖厂马上就要停业整顿,甚至关门。"

可郭明认为,刘军对他的诋毁是会造成他一定的损失,但从长久的发展看,并不致命,因为他对自己的产品质量是有信心的。可刘军的故意搅局,却让他相当恼火,他为此耽误了好几宗生意。

一日，郭明正在办公室，他的一位老客户找上门来，正在筹备盖一幢办公大楼，需要一批砖。可是这位老客户指定的那种型号的砖，因为被刘军折腾现在郭明已经停止了生产，倒是刘军有大量的积货。同时郭明也确信那位满嘴胡言的竞争者刘军完全不知道有这样的机会。

郭明觉着自己应该促成对手刘军的这项生意，并祝他好运。

于是，郭明便毫不犹豫地拿起电话，拨到刘军的家里。

当时，刘军难堪得说不出话来。郭明就很有礼貌地直接告诉他那笔很大的生意。在郭明的帮助下终于促成了这笔大单。

这件事对刘军的震撼很大，他不但停止散布郭明的谣言，而且还把他自己无法处理的一些生意转给郭明来做。

现在，他们两人已经成为了生意场上的朋友，并且准备谈合并成立建材集团的事。

郭明以德报怨终于感化了对手，并最终成为生意上的合作伙伴。实际上，化敌为友是避免别人伤害所能采用的上策，这样，你就很容易将对手变成朋友。但前提是，在成为朋友前，除了要保持高度的克制外，还要有足够的耐心和宽容的气度。

一个成熟的人、有智慧的人会分清楚轻重，知道什么东西对他有意义、有价值，"报仇"虽然可消"心头之恨"，但"心头之恨"消了，有可能失去自己，也有可能失去了生命中一些重要的东西。因此，我们要学会以德报怨、化敌为友，为自己创造更好的生存环境。

◎ 与人为善，君子有成人之美 ◎

◎ 心机箴言 ◎

人与人之间的交往，最宝贵的就是与人为善，尽可能地给他人提供方便，给予他人帮助。宽以待人是一个道德水准较高的表现，对于别人的好事，一定要极力地予以支持和赞赏；如果别人发生了不幸，也不要幸灾乐祸、落井下石。

心机解读

孔子在《论语·颜渊》中曾说："君子成人之美，不成人之恶。小人反是。"这就是说，君子通常都会成全别人的好事，而不促成别人的坏事。小人则与此相反。

的确如此，能够做到为他人鼓掌和成人之美是一种修养，更是一种高尚的品德。它需要一个人有宽广的胸襟和与人为善的心态。然而，对于患得患失、一切都要算计自己能得到多少好处的人来说，这一点是他们无法做到的。

在一些会用心机的聪明人身上，成人之美才是与人为善的最佳表现，他们通常都懂得成人之美，并且允许别人比自己强大。在充满竞争的社会中，他们能够做到让别人踩在自己的肩上前行，甚至让他们变得比自己更加强大，这种"心机"是一种博大的胸怀。别人得到如雷的掌声，他们同样能够得到欢欣与幸福，能够自然地舒展自己的笑脸。成人之美，需要底蕴，需要素质，这是一个人灵魂高贵的体现。

心机案例一

唐朝时期，有个名叫谢原的人，他才思敏捷，精通词赋，并且善作歌词，

他所作的歌词在民间广为流传。

一年春天，谢原到张穆王家中做客，张穆王对他十分尊重，亲自接待了他。饮酒畅谈之余，张穆王让自己的小妾谈氏在帘子后面弹唱歌曲，谢原仔细一听，谈氏所唱的歌曲正是自己所作的《竹枝词》。看到谢原听得十分出神，陶醉其中，张穆王干脆叫谈氏出来拜见。

谈氏是个美女，长得非常漂亮。拜见谢原之后，她又把谢原所作的歌词都唱了一遍。谢原十分高兴，就好比遇到了知音一般，并对谈氏产生了爱慕之情。这时候，谢原站起来对谈氏说："承蒙夫人的厚爱，在下感激不尽。只是，夫人所唱的是在下的粗浅之作。我应当重新作几首好词，让夫人来唱，以备府上之需。"

第二天，谢原果真奉上了新词八首，谈氏接过后，将它们一一谱曲弹唱，两人配合得相当默契。就这样，谢原和谈氏因为词曲你来我往，日久生情。终于有一天，谢原向谈氏表明了自己的爱慕之情。尽管谈氏内心欢喜，也对谢原心生了爱意，但她很清楚，自己是张穆王的小妾，无法答应谢原。为了能够和谈氏在一起，谢原亲自去拜见了张穆王，请求张穆王成全。

按理说，遇到这样的事情，任何一个王爷都会火冒三丈，这毕竟等于给自己蒙羞。然而，张穆王的反应却出人意料，他不但没有生气，还哈哈大笑起来，说："其实，我也正有此意。虽然我也喜欢她，但你们两个才是天造地设的一对啊！一个作词，一个谱曲，一个吹拉，一个弹唱，配合得天衣无缝，我应当成全你们。"

为了报答张穆王的成人之美，谢原后来将此事写成了词，谈氏将其谱成了曲子，四处弹唱。张穆王的美名很快就传开了，很多有识之士都前来投靠他。

张穆王不仅没有怪罪谢原和谈氏产生感情，反倒是选择了成全一对有情人的做法。这样的容人之量不是一般人具备的。他的成全日后为他换来了美名，还吸引了众多的有识之士，这样的声誉是用权势很难换来的。

在纷繁复杂的社会中生存，能做到成人之美，实在很难。因为要成全别人，就必须牺牲自己的部分甚至全部利益。然而，真正深谙心机之道的人

却能忍痛割爱，奉献本应该属于自己的东西，用这样的举动成全他人，造
福社会。

心机案例二

众所周知，阿姆斯特朗是第一个登陆月球的太空人。实际上，与他一同
登陆月球的还有一个人，他的名字叫奥德伦。

当时，阿姆斯特朗说过的那一句"我个人的一小步，是全人类的一大步"
早已经成为家喻户晓的经典语录。在庆祝登陆月球成功的记者会上，有个记
者突然问了奥德伦一个很特别的问题："阿姆斯特朗先下去，因此他成了登
陆月球的第一个人。为此，你会不会觉得有些遗憾呢？"

这个问题一提出，众人都将目光投向了奥德伦，一时间场面很是尴尬。
然而，奥德伦却很有风度地回答："各位不要忘了，回到地球的时候我是最先
出太空舱的，所以我是从其他星球上来到地球的第一人。"这个回答让所有
的人都笑了，大家在笑声中给予了奥德伦最热烈的掌声。

在现实生活中，不可避免会出现竞争，但我们不能为了竞争而竞争，有
些竞争是必要的，但有些竞争是不值得的，该放手的时候就不要留恋。今天
你成人之美，明天他人也很有可能会成全你。真正的会用心机之士，向来都
有一种对别人的尊重和对自我的谦卑，他们从来不会跟别人计较，有些时候
甚至还视人如己。

成功不必在我，别人的成功同样是好事，那么我们也可以选择做一个
"成人之美"的人，因为这样自己也有荣焉。既然如此，那又何乐而不为呢？当
你学会为别人的精彩鼓掌时，当你有了一种成人之美的心态时，那么你也将
会由此获得更多人的喝彩。

卷八　在友谊遭遇考验的时候：

严以待己，宽以待人

在生活中，朋友是不可缺少的，一个人事业的成败和幸福指数的高低，都与朋友的多少与层次有着密不可分的关系。俗话说，酒肉朋友易交，患难知己难逢。

如果一个人只有几个酒肉朋友，或者说狐朋狗友，那么在他真正需要帮助的时候，必定是"树倒猢狲散"的凄凉结局。而那些拥有知己的朋友，则会是另外一种情景。

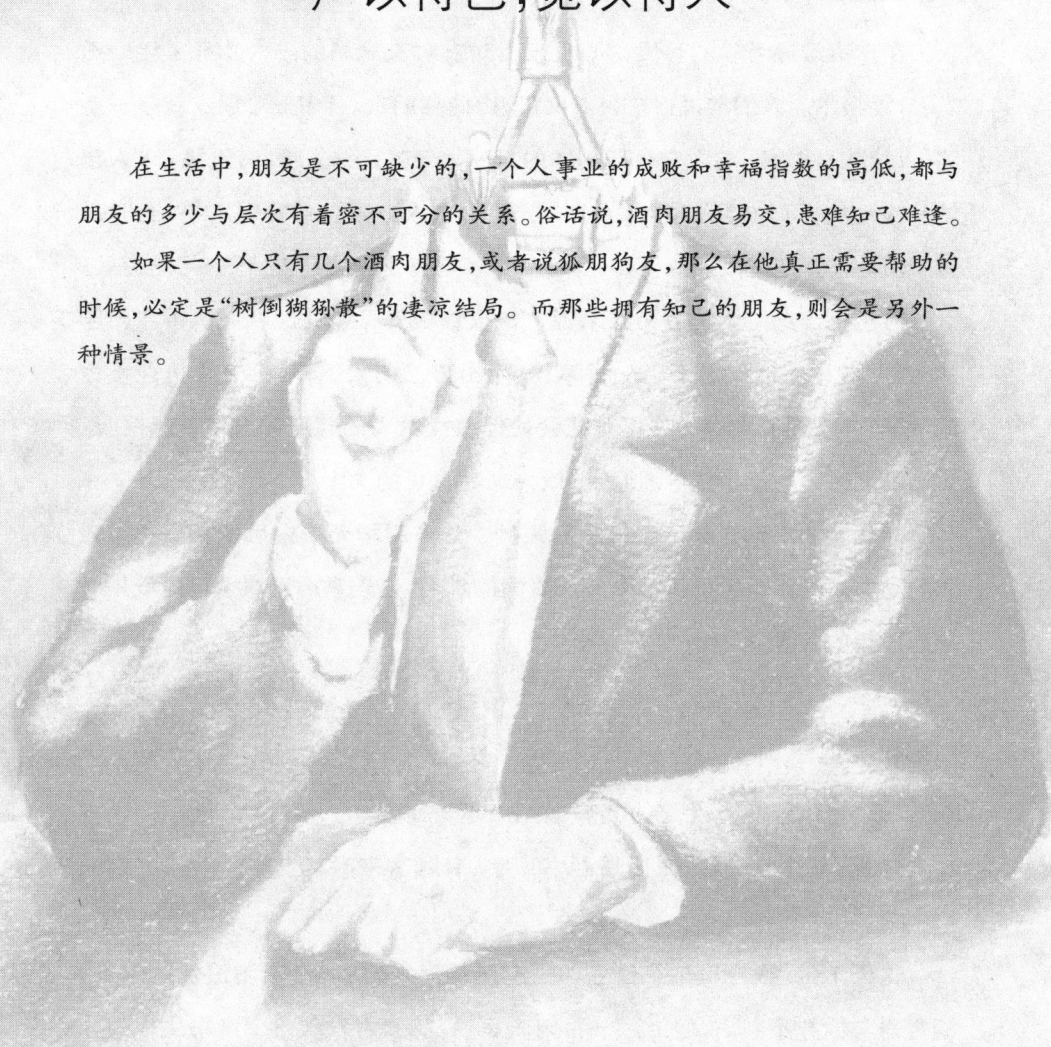

◎朋友有难,鼎力相助◎

◎ 心机箴言 ◎

　　为人处世要结交朋友,在朋友有了困难的时候要大力去帮朋友解决困难。

心机解读

　　在友谊遭遇考验的时候,心机人士对友对友施恩的一大特征是雪中送炭、口渴喂水。人们常说:"在外靠父母,出门靠朋友。"多一个朋友就多一条路,人情就是财富。与人交往最基本的目的之一就是结人情、有人缘。求人帮忙是被动的,可如果别人欠了你的人情,求别人办事自然会很容易,有时甚至不用自己开口。做人做得如此风光,大多与善于结交朋友、乐善好施有关。

　　对于一个身陷困境的穷人来说,一枚铜板就可能让他度过饥饿和困苦的时刻,或许还能让他干出一番事业,闯出自己的天下;对于一个执迷不悟的浪子,一次促膝交心的谈话可能会使他建立做人的尊严和自信,或许在悬崖勒马之后奔驰于希望的原野上,成为一名真正的勇士。

　　对正直的举动送去一个可信的眼神,这一眼神无形中可能就是正义强大的动力。对新颖的见解报以一阵赞同的掌声,这一掌声无意中可能就是对革新思想的巨大支持。

心机案例一

　　胡雪岩年轻的时候,在杭州一家钱庄里当学徒。一天下午,他一个人守在店堂里,与往常一样,依旧是翻书识字;有顾客来时,他就放下书,上前去打招呼。

　　这天下午,钱庄里来了位名叫王有龄的客人,是一个穷困潦倒的书生。胡雪岩与他并不熟识,但经过一番闲聊之后,胡雪岩发现这个穷书生很有才

华,也很有抱负,他断定这个穷书生如果有机会,将来一定能发达。可是听书生的意思,他现在最缺少的就是进京的盘缠和做官的"本钱",如果有钱的话,他就可以到京城去拜见达官贵人,以此谋个一官半职。穷书生去了许多钱庄和有钱人的家里借盘缠,但是没有人帮他。

胡雪岩了解到王有龄的这些情况后,二话没说,立即私下把钱庄的500两银子借给了他,让他到京城去。穷书生惊呆了。一个小小的学徒竟然能够了解自己的心思,并且对自己这样地信任,他一时竟不知道如何是好。胡雪岩把银子给他包好,让王有龄赶快上路。穷书生感激涕零,临行前对胡雪岩说:"将来如果我真的能够谋个一官半职,到时候一定回来报答你!"

黄昏的时候,钱庄老板回来了,胡雪岩就把刚才的事情告诉了老板。他的话还没说完,老板就暴跳如雷:"这哪里是做生意?这500两银子我看是有去无回了,你也给我卷铺盖走人吧!"

老板认为,不能轻易地相信别人,这是守住自己产业的根本。胡雪岩则不这么想,他想的是,真诚地相信别人才能扩大自己的生意。没有办法,老板就是老板,他叫你走,你不走也不行啊!于是,胡雪岩也就只能无奈地离开了钱庄……

胡雪岩离开钱庄后,没有工作,也没了饭碗,只能在杭州街头流浪。一段时间后,王有龄当官回到杭州,在西子湖畔见到了胡雪岩,他街头流浪的生活才告一段落。王有龄感激当初胡雪岩对他的信任和帮助,资助胡雪岩在杭州开了自己的钱庄。

胡雪岩开办钱庄后,坚持重信义,生意越做越好,越做越大,还赢得了"红顶商人"的称号。

一个健全的人,在生活中自然少不了朋友。你和朋友从相知到相识,走过了很长的一段路,建立了一份沉甸甸的友谊。而考验你们之间的友谊是否牢固,那就要看你是否愿意在朋友有难时主动伸出一双温暖的手。

中国有句古话:患难见真情。这句话,点明了友谊的本质:共同患过难的友谊才能更长久。试想,如果朋友遇到困难时,你却想尽办法远离朋友,你可能会得到别人的喜爱吗?所以说,和朋友有难同当,在朋友低谷时拉他一把,这才是你获得真正友谊的办法。

心机案例二

　　王峰大学毕业后,积极投身商海,创建了一家属于自己的公司。可是就在前不久,因为操作失误,他苦心经营了3年多的小公司破产了。一夜之间,他不仅成了一个一文不名的穷光蛋,而且还欠了一屁股债,被人追得到处跑。

　　沮丧的王峰走在街上,不知道该去哪里好。突然,他想起了一个曾经的好友郑亚旗。王峰和郑亚旗是发小,从小一起长大,关系当然是没的说。小时候有一次去海边玩,郑亚旗不小心掉进水里,是王峰喊人把他救上来的。可以说在童年时光,王峰和郑亚旗就像影子一样形影不离。

　　想到这里,王峰买了火车票,简单收拾了一下行李,立即奔赴郑亚旗居住的那个城市。可是下了火车,他又有些犹豫了,多年没见,朋友还是原来的朋友吗?记得郑亚旗结婚的时候,他去参加婚礼,朋友娶了一个娇滴滴的女人,她会不会嫌弃自己呢?

　　想到这里,王峰觉得还是不打扰朋友为好。于是,他只好把口袋里仅有的钱翻出来数了一数,在火车站旁找了一间最便宜的小旅馆住下。王峰心想:哎,这日子该怎么过啊!

　　就这样又过了几天,王峰身上的钱就快花光,他也不得不选择再次离开。正当他拎着行李,茫然无措地走在火车站广场时,他看到了郑亚旗从远处飞奔而来。

　　郑亚旗看到朋友,紧张得说不出话来,而郑亚旗同样也是一脸怒火,带着一身的尘土和倦怠,生气地数落他:"你真不够哥们儿,来省城也不找我!害得我到处找你!要不是你妈偷偷地打电话给我,我还不知道呢!我在这里找了你好几天,今天才把你抓住!"

　　听着郑亚旗的话,王峰的眼眶不禁有些湿润,他小声地嘟囔着:"还不是怕给你添麻烦吗?你看我现在,又脏,又穷,又臭……"

　　郑亚旗听完,用力在他胸口上擂了一拳:"你还是那个倔脾气!朋友就是用来麻烦的,你不麻烦我,我才生气呢!"这一刻,王峰千言万语噎在喉咙里,

一句话都说不出来。他以为,全世界都抛弃了自己,却没想到还有一个人深深地记挂着自己,并没有因为落魄而嫌弃自己。

面对这样的一个朋友,自己还有什么好说的呢? 于是,王峰收拾起行李,跟着郑亚旗回到了家里。郑亚旗忙活着给他做饭,他的妻子也收拾出了一间明亮宽敞的屋子,还叮嘱他千万不要客气,就当在自己家一样。

看着郑亚旗夫妇,王峰终于忍耐不住,抱头大哭了起来。从这以后,他调整好心态,到银行贷了款,抓住机遇,终于东山再起,不但还清了贷款,还有了安定的生活。几年后,郑亚旗的儿子身患顽疾,王峰二话不说,还没有等郑亚旗说话,就立刻拿出 30 万元为他找最好的医院。因为,郑亚旗的那句话至今都让自己动容:"朋友就是用来麻烦的!"

王峰和郑亚旗之间的友谊,相信是每个人都羡慕的。他们的行为告诉了我们:真正的朋友应该"有福同享,有难同当",而不是如墙头草般随风倒,没有一颗坚定的心去对待朋友。当朋友在患难中时,我们一定不要犹豫,应该调动起一切能力,帮助朋友走出困境。

怀着一颗诚挚的心去对待朋友,珍惜朋友,朋友才会珍惜你,维护这份珍贵的友谊。

◎ 亲近益友,疏离损友 ◎

◎ 心机箴言 ◎

"在家靠父母,出门靠朋友",朋友对一个人的成长至关重要。交友难免会有益友和损友之分。近朱者赤,近墨者黑,交友不慎会深受其害。

心机解读

任何人都不可能孤零零地存在,为了共同的事业和爱好,交友就成了人生中不可或缺的重要组成部分。

当然，与正直的人交友，可以使自己积极向上；与颓废的人交友，可能会使自己不思进取。可见，交友不慎，就很有可能导致人生偏离航向，甚至成为引发灾难性后果的直接起因。所以，交友一定要讲究策略，多交益友，远离"损友"。

若交到一个好的朋友，会使人终身受益，甚至成为人生中生死相依的朋友。

而损友给自己的工作、生活、经济、感情等方面带来损失是毋庸置疑的。与损友的交往，轻则浪费时间和金钱，重则可能会带来事业和情感的损害，使人刻骨铭心。

古人云："人生如下棋，一着不慎，满盘皆输。"如果交到了不该交的朋友，不该参与的活动参与了，就会导致自己越陷越深，最终只能追悔莫及。因此，一旦交到了"损友"，就必须立即与之一刀两断，否则将自食其果。

不滥交友，也是防止交"损友"的有效途径。有的人纯粹是酒肉朋友，有请就到，有酒就喝，有玩就玩。也有一些人到处挖空心思为自己找"靠山"，如果你被其利用了，一旦中招，想脱身就没那么简单，甚至会被永远绑架在他的战车上，成为他随时可用的"棋子"，这才是可怕的损友。

心机案例一

在公元前4世纪，意大利的一个叫皮司阿休的年轻人不小心触犯了残暴的国君犹奥尼索司，被判处绞刑。皮司阿休是个孝子，他身在异乡，临死前想回到家中与父母做最后的诀别，但是始终没能得到暴君的允许。

皮司阿休的朋友达蒙见他是为了行孝才回家的，就当即向国君请求自己愿意替皮司阿休服刑，并对国君说："皮司阿休若不能够如期赶回来，我可以替他服刑。"

如此这般，暴君才勉强应允了他的请求。但是，行刑之期已经临近了，皮司阿休却还杳无音信。当时的人们都嘲笑达蒙太傻了，竟然敢用自己的生命来担保友情。

临刑之日如期来临，当达蒙被带上绞刑架之时，在场的人们都悄无声息地等待这一幕悲剧的来临。

突然，远方却出现了皮司阿休的声音，他飞奔在暴雨中向众人高声喊叫："我回来了！"随即就泪流满面地拥抱着好朋友达蒙，与他做最后的诀别。

这时候，在场的所有人都泪流满面，残忍的暴君犹奥尼索司也被这一幕感动了，随即就赦勉了皮司阿休的罪行。

在皮司阿休受难时，达蒙能够勇于舍弃生命为他承担风险，这才是真正的朋友。生活中这种可以用灾难甚至用自己的生命来检验的友情毕竟是很少见的，但是，我们可以从日常生活的点点滴滴中体会到与自己交往的是否是自己的真正的朋友。

我们在创建个人"朋友圈"的过程中，往往会遇到真诚的朋友，也会遇到阴险的朋友。能否判别出真伪好坏朋友，是"朋友圈"能否对你发挥出有利作用的关键因素。判断他是否是你的真朋友，关键是不要用眼睛去看一些外在的表现，而是要用心去感受他与你交往的真正目的。

德莫克里特曾说：许多表面看起来像朋友的人其实并不是你的真朋友，而表面上看起来不像你朋友的人其实就是你的真朋友。古代波斯著名的诗人萨迪说：你不要把那人当成朋友，假如他在你幸运时对你表示好感；只有那样的人才算是朋友，假如他能够在你危难时去解救你。大剧作家莎士比亚也指出：朋友之间必须患难相济，有些人对你恭维不离口，可全都不是患难朋友。路遥知马力，日久见人心，困难是检验真伪友谊的分水岭和试金石。真正的友谊不是挂在口头上的，只有在患难的时候，才能看见朋友的真心，这叫做患难识朋友。

心机案例二

在很久以前，一个镇子上的张三和李四是邻居，张三家是开酒坊的，李四家是开肉铺。张三想："若能与李四交个朋友，到他家中割肉岂不就不用花钱了吗？"而没想到李四也在盘算："我若与张三成为好兄弟，我们在一起喝酒，就可以不用掏钱了。"两人各怀鬼胎，所以一拍即合，就立即成为了好朋友,好兄弟。

为了达到各自的目的,两个人几乎天天在一起喝酒、吃肉,还真的是十分亲密,被人称为"酒肉朋友"。后来,两个人还合伙外出做生意赚了大钱。到了年关的时候,两个人就将银子包在一个大包袱中往家赶。

有一天晚上,他们路过一个庙,在里面过夜。张三说:"到家了,我们俩应该好好地庆贺一下。"李四也连连地赞成。于是两个人就分了工,一个去打酒,一个去买肉。张三就想:"如果这包银子都归我该多好呀,真舍不得分出一半给李四。"于是,他便买了一包毒药放进酒壶中。李四也这样想:"我如果能得到那么多的银子,后半辈子就不用再卖肉了。"于是,他也买了一包毒药,放进肉中,其结果可想而知:两人同归于尽。

张三与李四只把友谊当成了一种酒肉交易,这样是不可能结交到真正的朋友的,这样的朋友也是经不起任何考验的,最终只能落得十分可悲的下场。

酒肉朋友是典型的不可交的朋友,酒肉朋友一般是指那些只注重吃喝玩乐,不干正经事的朋友。只顾吃喝玩乐的朋友,一般都是自私自利、爱贪占小便宜的人,所以,与这样的人交朋友,只会害了自己。所以,你仔细盘查你的周围如果有这样的朋友,就赶快将他从你的"朋友圈"中驱逐出去。

◎朋友的面子要给足◎

◎ 心机箴言 ◎

　　树怕剥皮，人怕伤心。每个人都有虚荣心，都希望活得体面。面子对每个人都极其重要，有时，与朋友交往有没有面子，能否真正给足面子，决定了友谊是否长久。

心机解读

　　交朋友，要懂面子，首先就是要懂得如何照顾朋友的面子。倘若你自恃自己的面子大，不把别人放在眼里，碰上死要面子的朋友，就可能不吃你那一套，甚至可能撕下脸皮和你对着干。这样做的结果，只会让你失去一个朋友，绝没有半点好处。

　　面子争起来是很可怕的，常常会以"以牙还牙，以眼还眼"的方式争斗。有些人就是这样：无论恩仇，都要回报。因为，老子早就说过"来而不往，非礼也"，不但要回报，而且回报的级别，往往大于给予者。人敬我一尺，我敬人一丈。同样，你伤了我的面子，我一定要还以颜色。可是在争斗过程中又能得到些什么呢？最后，只能是两败俱伤。

　　因此，与人交往时，一定要懂得给朋友留面子；同时，自己也不能为了面子而打肿脸充胖子。很多人在与朋友交流时，都把撑面子当做最重要的事情。可是，打肿脸充胖子就能真正达到炫耀自己的目的吗？

　　其实，总舍不得面子的人一定会明白，这些行为根本不能带来快乐。尤其是面对朋友时，为了面子说些不着边际的话，未必能给自己带来好处，甚至会有损朋友间的友谊。

心机案例一

西晋的富豪石崇与王恺斗富,就是典型的面子之争。

王恺用麦芽糖掺和米饭擦锅,石崇就用蜡烛煮饭;王恺用紫丝布做布幛
40里,石崇就做锦布幛50里;王恺用赤石脂涂墙,石崇就用花椒和泥来涂。
最后,弄得晋武帝也来帮忙,他赐给王恺一棵二尺高的珊瑚树,枝桠扶疏,世
间少见。没想到石崇根本没将它放在眼里,拿起他的铁如意就敲打过去,珊
瑚树应声而碎,他回头吩咐左右回家取出珊瑚树,让王恺任意挑选,有三尺
高的,四尺高的,弄得王恺惘然若失,垂头丧气。

石崇不会忍让朋友,一下让王恺的面子丢尽。王恺富有,这是一个事实,
他却非比不可,比的结果,自然是他面子十足。无论王恺接不接受珊瑚树,有
一点是肯定的,面子伤了,交情就更谈不上了。石崇大可不必做得如此绝,假
如他肯处处让人一分面子,那就是另一种情形。

想要在朋友的心里留下一个美好的印象,我们就必须学会照顾朋友的
面子。而给朋友面子,这并不是简单的一句话。面子要让给朋友,不要去争,
争面子于己于友都没好处,只会伤了和气。懂得这个道理,交友就方便许多,
只要你能放下自己的面子,给朋友一个面子,相信会获益匪浅。

心机案例二

孙皓在一家公司已经做了三年的普通职员,而他的一个朋友赵磊则成立
了一家公司。为了庆祝一番,赵磊在酒店邀请了过去的一班朋友欢聚一堂。

酒店里,朋友们玩得很高兴,都祝福赵磊生意节节攀高。这个时候,孙皓
突然说:"赵磊放心,你的单子我给你包了。"

其实孙皓明白,自己根本没有那么大能耐,可是为了面子,他还是毫不
犹豫地说了出来。结果,这句话所有人都记住了,朋友们都说孙皓够义气。一
瞬间,孙皓感觉自己很伟大,于是夸下了更多的海口,引得朋友们无不羡慕。

孙皓的话,让赵磊牢牢记在了心理。几天后,他去找孙皓做单子,而孙皓

只不过是说说而已,并没有想着朋友会真的找他帮忙。这下孙皓慌了,因为他自己根本就没有什么把握。

可是孙皓意识到,如果这个时候拒绝,那么自己无疑丢了大面子。于是,他不得不帮赵磊忙活起来。一个星期过去了,孙皓一个合适的单子也没有给赵磊做成,但是赵磊也并没有不高兴,只是说:"看你说得那么胸有成竹,相信你能行的。现在看来,我还是找别人吧,你不要为难了。"

看到朋友不信任自己,孙皓连忙说:"看你说的,我怎么也在这一行混了几年了,是朋友就要帮忙。你等着,我一定会让你满意的。"

经过自己不断努力,孙皓终于接到了一个单子,他非常高兴,先向赵磊报告了此消息。赵磊也很兴奋,连声夸他做得好,并说晚上朋友们出来再一起聚聚。

这下子,孙皓不由感到沾沾自喜,谁知他还没有高兴几个钟头,一盆凉水就从天而降。

原来,孙皓在和对方谈判时,说的是在下午5点装货,6点时到另一个地方然后就可以卸货了,可是赵磊却说车主有事只能等到6点才能去。孙皓只能等,然后与另一方进行调解。

6点时车来了,在车上孙皓问车主这一次能赚多少钱,车主说能赚这批货的1/4。可是途中车又坏了,到了7点还没有到达送货点,对方打来电话说要退货。孙皓好说歹说,这才让对方勉强接受。

孙皓原以为,这件事就这么解决了。谁知到了第二天,他刚走进公司就接到了单子那一方的电话,说货物有假,对方要求赔偿。

经过检查,那批货物确实有假,而这件事从始至终都是孙皓负责,所以他只好扛下全部的责任。不仅如此,赵磊也受到了连累,他开始感觉孙皓并不像他自己说的那样,于是对他产生了一丝反感。

孙皓的一系列行为,可以用五个字来形容:"卖力不讨好"。也许在孙皓的心里,他会觉得这一切都是因为自己倒霉,可是我们仔细想想,孙皓是不是自己曾经说过大话,让朋友记住了,而他却没有能力去"履行"呢?归根到底,这一切都是因为孙皓的"面子"造成的。

在朋友面前说出去的话就是承诺,如果不去办,或是没办好,那么,朋友就会怀疑你对他的友情是不是真的。虽说当时你在朋友面前得到了面子让朋友相信你,可是事情没有办成,没有按着自己说的去做,最后会什么都得不到——丢了朋友,失了面子。

卷九 在攸关取舍的敏感期：
争要争得霸气，让要让得大气

　　社会是竞争的平台，每个人都要在这个舞台上登台亮相，扮演好自己的角色，演绎好自己的人生。无论是精彩绝伦，还是稀松平常，这都不是最重要的，重要的是每个人要力求不能以"自己是小草"，就不敢与大树共享阳光。属于自己的一定要努力争取，因为真正的幸福不在于目标是否达到，而在于达到目标的努力之中。

　　当然，如果原本不属于自己的，就不要胡搅蛮缠、生拉硬拽，而是以宽容的态度，成就别人的精彩。这样，在别人成功的同时，你依然能够感受到谦让的情怀。

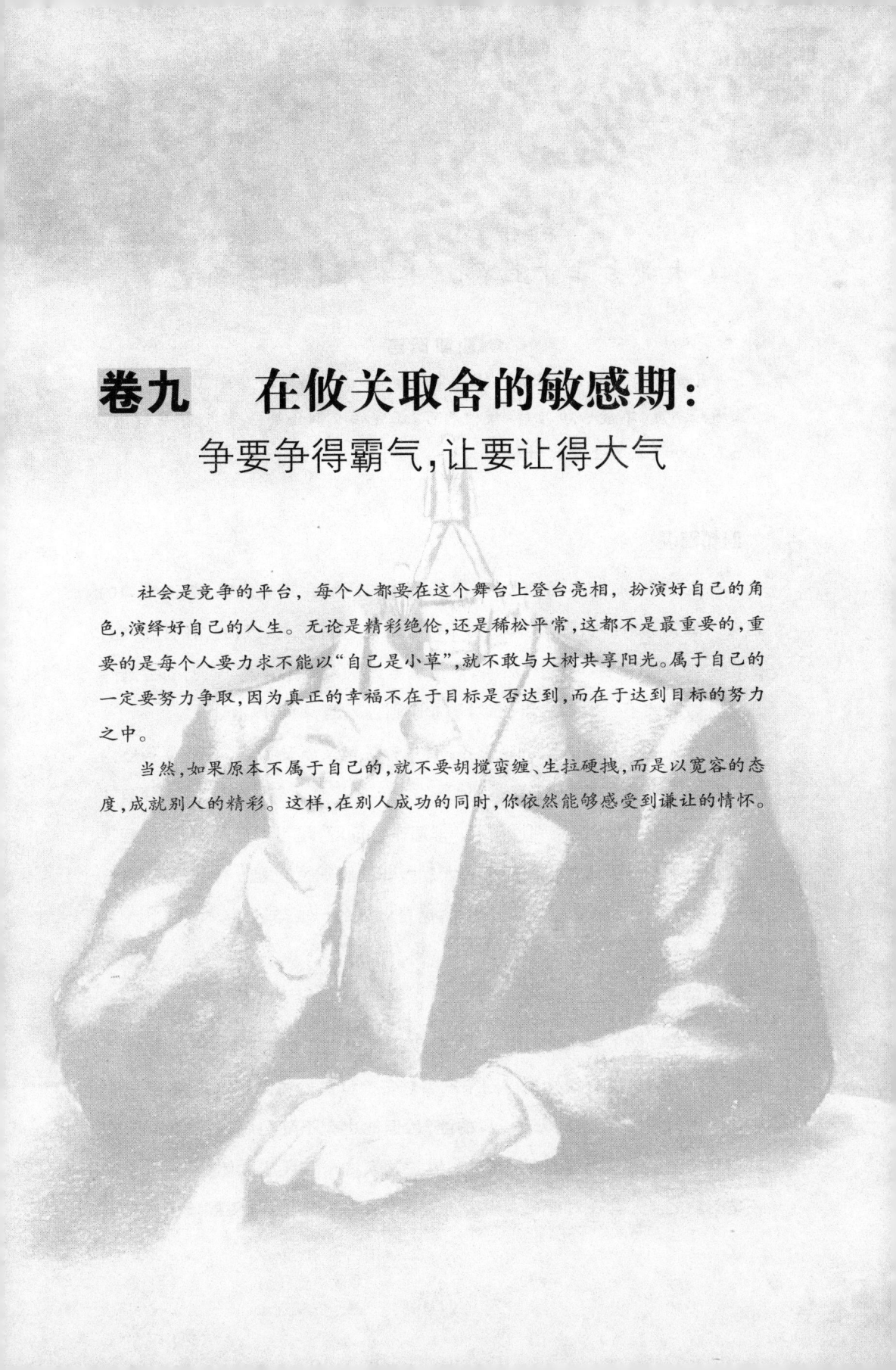

◎大是大非寸土不让,其他事情都好商量◎

◎ 心机箴言 ◎

　　凡是带有原则性、根本性的是非问题,一个人必须清楚地表明自己的
立场和态度,不能含糊其辞、模棱两可。正直的人都会坚持是非的"底线",
而不在细枝末节上斤斤计较。

心机解读

　　在生活中,有些事需要"争",因为不争的话就会错失良机,断送成功的
机会。真正深谙心机之道的人,对于那些对自身有较大关系的原则性问题,
他们从来不会轻易地让步;然而,对待那些无关紧要的小事,他们则会选择
退让。智者都不会轻易让步,而对于非原则性问题,则可以退让。

　　每个人由于自身人生的道路不同、生存环境及所受教育的不同,各自内
心都存在着各自的原则性标准。但是作为一名正直、诚实的人,除了要遵守
法律外,道德也同样是原则性问题。非原则性问题,是可以通融的,可以牺牲
个人利益来成全他人的。而在事关大是大非的原则性问题上,则一定要有自
己的主见,万不可随便地盲从与附和,这是做人的标准与底线。

心机案例一

　　张作霖,这位昔日的军中强人,在我国近代史上是个褒贬不一、颇有争
议的人物。他从投身绿林到得到东三省总督徐世昌的青睐和器重,经历了复
杂的人生打拼。虽然养成了一身的匪气,但他也有不受屈辱的民族气节,在
打击蒙古分裂主义分子的嚣张气焰、维护国家统一和民族的团结上,张作霖
还是有功的。尤其在对待日本帝国主义者的霸权野心上,他更展现出了一个

军人大义凛然的气节。

一次，张作霖出席日本人的酒会。酒过三巡，有一位来自日本的名流力请大帅赏字，他知道张作霖出身绿林，识字有限，想当众出他的丑。但张作霖抓过笔就写了个"虎"字，然后题款，在一片叫好声中，掷笔回席。

可那个东洋名流瞅着"张作霖手黑"这几个字却笑出声来。张作霖的随从连忙凑近大帅耳边提醒："大帅，您写的'手墨'的'墨'字，下面少了个'土'，成了'黑'了。"

哪知张作霖眼睛一瞪骂道："你懂个屁！你以为我真不知道'墨'字的写法？对付日本人，手不黑能行吗？这叫'寸土不让'！"在场的中国人都恍然大悟、会心而笑，日本人则惊得目瞪口呆，没想到这个大老粗还有这一手。

张作霖是个非常圆滑的人，在日俄战争时期，他周旋于清廷、日本和俄国三者之间，应对自如。对于朝廷的"中立政策"他持阳奉阴违的态度，对于恶斗中的日俄双方则采取双管齐下、投机取巧和从中渔利的立场。

1928年5月，日本驻华公使芳泽谦吉求见张作霖，张作霖故意将芳泽谦吉晾在客厅，自己在另一间屋里大声嚷着说："日本人不讲交情，来乘机要挟，我豁出这个臭皮囊不要了，也不能出让国家的权利，让人家骂我是卖国贼，那办不到！"

日本驻奉天总领事吉田茂为中日交涉，气急败坏地对张作霖说："你要真不接受的话，日方会采用其他办法。"

张作霖反唇相讥："有什么办法，尽管拿出来，老子奉陪到底！我姓张的等着你。"

说完起身送客，不留情面，弄得吉田茂十分难堪，只得辞职离开沈阳。

日本人也太小看了张作霖。他们本以为这个没多少文化的土匪出身的军阀没有政治头脑，正好可以利用一下，但是，等他们眼见这个难缠的东北统治者成为大元帅后，才明白他们确实遇到了个中高手，一个决不低头的血性男人。无计可施的日本人终于露出凶残的本性，为张作霖挖了死亡陷阱，这位乱世枭雄最终被日本人暗杀，时年53岁。

张作霖的功过是非自有后人评说，但是在当时那种中华民族正逢乱世的情况下,他对国家主权和领土完整的大是大非上,对日本人的大义凛然和寸土不让方面确实很让后人敬仰。

由此看来,有心机者也是有原则的,他们总是在第一时间内做出积极的回应。如果在大是大非面前,仍然举棋不定、权衡利弊,必将遭到人们的唾弃。

心机案例二

易中天是当前最耀眼的文化名人之一,自从他上了《百家讲坛》后,真的就如他的名字一样,立即掀起了如日中天的热潮。易中天,也从一个默默无闻的学者摇身变成一个"明星学者",从一个普通的教授变成了"超级教授"。这种现象被人们称为"易中天现象"。

学者走上电视,学术结缘传媒,易中天成为新世纪学术走出大学围墙的典型代表。他独辟蹊径,"妙说"历史,巧妙地运用"俗不可耐"的语言、声情并茂的表演,有趣地还原了历史的本来面目,俘虏了无数"易粉"的心。

但俗话说,"人怕出名猪怕壮",在易中天获得巨大成功的同时,也招致了许多围攻的声音,什么哗众取宠、标新立异等冷嘲热讽也接踵而至。对于这些不同的评判者,甚至可以说是很苛刻刁钻的评判者,易中天也表现出了非常宽容的态度,他不给自己作任何辩解,通常只是"绕过去"。

当有记者问他:"好多人对你有异议,你介意吗?"

易中天的回答在人们的意料之外却又在情理之中,他说:"这些都是学术争鸣,也无关大是大非,每个人都可以发出不同的见解,何必要争得面红耳赤、大打出手呢?至于有些人出于一时的考虑,言语有些过激,这也是可以理解的。我相信,会有越来越多的朋友支持我的观点。我打个比方:若是厦门刮台风你说我介意吗?我介意也会发生,我不介意也会发生,这根本就不是我介不介意的问题!更不是原则问题,我相信他们最终是会理解的!"

的确,好多事情不是人所能控制的,也是必然的,既然发生了,就应该戒骄戒躁,从容面对,而不应该自怨自艾,甚至破口大骂、与别人争得头破血流。

在非关原则的问题上采取后退的姿态，正是体现了一种宽广的胸怀和包容的心态。由于生活背景和人生阅历不一样，每个人看东西的角度会有不一样，看东西的深浅也有差别。因此不能强求别人都接受自己的观点，要有勇气和胸怀来接受与自己不同，甚至相反的意见。

◎只有舍得面子，才能找准自己的位置◎

◎ 心机箴言 ◎

国人向来有看重面子的习惯，爱面子说白了就是一种虚荣心，但通常的理解是自尊心过强。只有放下虚伪的面子，才能在人生的坐标系中找到属于自己的准确方位。

心机解读

面子，是人际交往中不可或缺的人情媒介，也许世界上没有一个民族像中国人这样注重面子。从"给面子"、"留面子"、"死要面子活受罪"，到"打狗还看主人面"，"不看僧面看佛面"等有关面子的说法上，就可以看出面子对国人是多么地重要。

有人说，面子是中国作为人情社会的典型标志。通常，人们常常会将一个爱面子的人理解为自尊心强的人，而当这种自尊心一旦超过某种限度，就成了虚荣心。其实，这些仅仅是浅层的表现而已。

个人的面子是其社会地位或声望的函数，而这种地位和声望也可能是来自个人的性别、家世、祖籍和个人的努力，也可能是非个人因素而获取的，诸如财富、权威或社会关系，等等。在重视人情的社会里，人们看重面子是关注别人对自己的社会地位和声望的评价。

在实际生活中，每个人都要面对不同层次的社会关系生存，人情法则在不同的情况下的表现也不尽相同。因此，只有放下面子，才能不受虚荣心的煎熬,才能在开拓某种工作时不瞻前顾后、掂量面子的厚薄。一旦一个人放下了各种面子的包袱,才能回归本源,活出真正的自我;才能在自己喜欢的领域里,而不是别人的感受里,找准自己的位置。这样才可能出现爆发力,从而为自己创造出更好的业绩。

心机案例一

战国时期,赵国武灵王立志图强,发誓要进行变革。

一日,武灵王召见群臣说:"赵国北有燕国,东有胡人,西有秦国、韩国,处在诸强国包围之中的我国,却没有勇猛的作战部队,这不是很危险的事情吗?寡人以为要想提高军队战斗力,首先士兵要放弃肥大的衣着,因为这不利于作战,而应当改穿灵巧的胡人服装。"

群臣听后,大多数表示反对,他们纷纷表态说:"我国乃中原大国,自古以来就有自己的传统,如果改穿胡服,这不是让天下人都嘲笑赵国愚笨吗?胡人向来被人瞧不起,可我们为什么非要学他们,这样做,不是赵国自找难堪吗?这样我们所有的国民都会感觉很丢人,很没面子,岂能效仿他们?"

武灵王没有想到,反对声浪如此高涨,一时难以定夺。

大夫楼缓却支持武灵王的变革,他对武灵王说:"世俗的力量固然很大,但要锐意改革就必须突破它。不能为了面子而故步自封,为了赵国的将来,何必在乎面子?再说,只有保证国家的尊严不被侵犯,才是真的有面子!大王目光远大,智慧超群,没有人能赶得上您,有人反对很正常,希望大王不要顾及他们的意见。"

武灵王有些失望,说:"要建立盖世功名,必定会被世俗者谴责,可寡人还是希望群臣能和寡人看法相同。这件事阻力太大了,寡人担心引发不测。"

反对武灵王的大臣趁机联合起来,他们一面劝谏,一面又煽动百姓闹事,给武灵王施压,并散布有关武灵王的谣言,说武灵王是胡人的后代。

武灵王为此烦恼不已,他对大臣们说:"寡人为了提高我军战斗力,准备改穿胡服,这事关国家安危,难道还不如所谓的脸面重要?真亡国了,那才是

失了大面子！"

有的大臣说："此事虽小，但关系改变祖制，大王就不能轻易决断。"

武灵王见说服不了群臣，此事只好暂时搁下。

相国肥义也是反对者之一，他见武灵王让步，心中窃喜。楼缓一日拜见肥义，见面便道："你的大祸临头了，难道你还没感觉吗？"

肥义丈二和尚摸不着头脑，好奇地问："你这样诅咒我？"

楼缓走到他的近前，道："大王改穿胡服的主张，极其英明，你身为群臣之首不仅不赞同，反而以有损面子带头反对，不恰恰说明你很愚蠢吗？一旦亡国，哪个能逃脱得了惩罚？"

肥义吓得直出冷汗，第二天他便改变了立场，极力拥护武灵王的主张。他说："我国军队服装确实不适合作战，需要改进，不能因为面子而丧失了国家。大王既然认定胡服优越，下令执行就是，何必在乎他人的意见呢？"

武灵王对肥义的转变十分高兴，就问他说："你曾极力反对，为何突然想通了？寡人想知道个中原因哪。"

肥义说："臣下愚钝，不明大王的用心，没从国家安危考虑问题，只考虑面子问题。仔细一想，凡是大智之人，都有高明之处。从前舜曾跳过苗族的舞蹈，大禹进入裸国就脱光衣服，他们并不在乎自己的面子，目的在于追求功德和事业成功。智者高瞻远瞩，大王英明，我等愚笨啊。"

武灵王大笑道："你终于明白我的意思了，就不是愚人，何况你说得也如此透彻呢？"

武灵王终于坚定了决心。一日，他穿着胡服上朝，面对着群臣的惊诧，他严肃地说："改穿胡服练习骑射，是为了保卫赵国，寡人即使让天下人笑话，也要贯彻实行。你们马上回去换上胡服，否则，寡人决不饶恕。"

赵国改穿胡服后，国力大增，在对外征战中屡屡获胜，江山社稷更加稳定了。

武灵王带头自毁面子，却保住社稷，坐稳了位子。

在生活中，往往有人为了虚伪的面子而放弃很多打拼的机会，结果不但没有保住面子，反而因失去位子而丢失了更大的面子。因此，聪明的人，在面子与位子发生冲突时,都会主动选择位子。因为,只有真坐稳了位子,才能真正保住面子。

心机案例二

张海是某集团公司的中层领导。

年底前,集团刘董事长组织召开总结大会,并欢迎大家提意见,提建议,并表示愿意回答所有不明白或大家都关心的问题。领导表态后,众人纷纷响应,但都是围绕即将过去的一年公司领导是如何带领有方的,总之都是歌功颂德的,听得刘董事长乐得合不拢嘴。

为了展现领导大度,刘董事长又微笑着说:"刚才大家谈的都是正面的业绩,谢谢大家的肯定,这也是对我今后工作的鞭策和激励。但我更乐意知道我哪些地方需要改进!这样更有利于今后的工作。不怕问题尖锐,越尖锐对我越有帮助!"

众人却哑口无言,甚至有的还恭维说:"像您这样的好领导到哪里去找啊!要说有意见的话,您以后要注意自己的身体,不能让工作把您的身体折腾坏,您现在不仅是您自己,您还是我们的领头雁,累垮了您的身体,可是集团的损失!"

明眼人都知道这是更高明的拍马术,分明是变相的表扬,这哪里是提意见。

刘董事长却十分高兴,乐呵呵地说:"好!我今后注意身体!欢迎其他同志提意见,有则改之,无则加勉嘛!"

张海犹豫了半天,终于站起来说:"既然领导真心欢迎我们提意见,那我就谈谈自己的几点看法吧。首先,我认为,我们公司的奖罚制度不透明;其次,在用人上并没有真正发挥人尽其才的作用;再次……"

还没有等张海继续说下去,刘董事长就发话了:"简单点,争取给其他同志一个发表自己的看法的机会!"

张海这才意识到自己冒犯了领导,致使这次原本欢声笑语的会议在尴

尬中提前收场。尽管张海认为自己完全是出于公心，但却有人劝他找董事长道歉。找刘董事长赔礼道歉，无疑是伤害自尊，况且自己没有带任何观点，仅仅是就事论事。

于是，张海的朋友就劝他说："你还是找董事长赔个礼，大伙也都知道，你反映的情况属实，没有戴帽子，但你毕竟在年终总结上说了一些让人不愉快的话！赔礼道歉虽伤及你的面子，但你会得到领导的谅解，这样有助于你这位中层领导！"

但张海还是有些不甘心，认为自己没有过错，赔什么礼啊？那样的话多掉面子，就说："可是，是刘董事长他自己让大伙提意见的啊！我说了实话，反而要道歉，这合理吗？"

朋友继续劝他说："你是真傻，还是假傻？领导那样说只是客气一下，你却当真！"

于是，张海就拉下面子、低着头去找刘董事长道歉，可董事长却显得十分大度，反而向他做起了检讨："对不起！那天我情绪失控！是我的错，你的建议我会认真考虑的！"

事后，两人的关系更加亲密，令人倍感意外的是，张海的工资还浮动一级。

◎懂得进退之人，才有本事赢得未来◎

◎ 心机箴言 ◎

该进则进，该退则退，是智者之举。而那些一条道走到底的人，不但固执，而且愚蠢，只有那些能够掌握进退节奏，而又明白方向的人，才能成就一番大业。

心机解读

要想在为人处世中左右逢源、上下贯通，就必须掌握进退的节奏和时机，有时"退"就是为了"进"，但不管怎么退，只要最终的目标是为了进，就可以让你有更好的选择。这是处世关系学中不可多得的一条锦囊妙计，更是一个有心机之人应该掌握的生存技能。首先你要表现得以他人利益为重，事实上是在为自己的利益开辟道路。尤其是在做一些风险比较大的事情时，更要冷静沉着地后退一步，其实，这便是为赢得一世而做出的铺垫。

人世间的冷暖变化总是很无常，人生的道路也是蜿蜒曲折的，所以，当你遇到极为不利于自己的形势时，便可以在表面上做出退步，甚至可以暂时隐藏自己的才能，掩盖内心的抱负，以免引起对方的警觉；可一旦时机成熟，就要奋然跃起，来主动达成自己的目标。这就是我们为人处世不可不学的心机术呀。

在必要的时候，以退为进，由低到高，这是自我表现的一种艺术，也就是所谓的"暂时的让步是为了更好地选择"。从某种意义上来讲，有时退一步，就等于进了两步。因此，要赢得胜利，小处不妨让一让，但是，至于进退的节奏和时机要自己把握，千万不要误判形势，否则将进退失据，弄巧成拙。

心机案例一

春秋时期,楚庄王为了扩大自己的势力范围,就对庸国发动了征讨。

庸国上下齐心,奋力抵抗,楚军一时难以长驱直入,甚至在一次战斗中,楚将杨窗还做了庸国的俘虏。可是,由于庸国的疏忽,被俘三天的楚将杨窗竟从庸国逃了回来。

杨窗就对楚庄王汇报了庸国的情况,说:"庸国上下齐心协力,同仇敌忾,如果我们不调集主力部队,恐怕难以取胜。"

这时,楚将师叔就出了个计策,建议用佯装败退之计,以骄庸军,然后再去进攻他们。楚庄王认为此计甚好,就命师叔带兵进攻,开战不久,楚军就佯装难以招架,败下阵来,向后撤退。就这样一连几次,楚军节节败退。庸军七战七捷,变得骄傲起来,根本不把楚军放在眼里。军心开始麻痹,军队也渐渐松懈了斗志,对楚军的戒备也渐渐消失。

这时,楚庄王便趁机率领增援部队赶来。师叔对楚庄王说:"我军已七次佯装败退,庸人已十分骄傲,现在正是发动总攻的大好时机。"

于是楚庄王下令兵分两路进攻庸国。此时的庸国将士正陶醉在胜利之中,他们怎么也没有想到楚军会突然发起进攻。庸国士兵仓促应战,无力抵挡,而楚军越战越勇,一举消灭了庸国。

楚国为了战胜庸国,师叔七次佯装败退,就制造了战机,用七次的后退赢得了一次大的胜利。因此,在必要时后退一步便可以积蓄能量,也可以创造更好的机会,因为后退本身并不能说明他们胆怯、弱小。古人云:能屈能伸为大丈夫,可见大丈夫行事,理应是有进有退。该退的时候就要干脆果断,该进的时候就要义无反顾。

心机案例二

本世纪初,海特集团国际贸易部与欧洲客商签好了一笔订单,双方谈好的产品单价为 23 元美金,而且也签订了购销合同。

可是在产品投产时，海特集团国际贸易部才发现生产部门在计算成本时将皮料的价格核算得偏低，若按实际成本计算，生产每双鞋子最少还要增加一元美金。可欧洲客商知道这个消息后，却不做丝毫的让步，表示要严格恪守合同。

双方僵持了一段时间之后，海特集团国际贸易部负责人就将这个情况汇报给了公司总裁，并询问总裁是否继续与外商洽谈加价。可总裁却表示：一元美金是小事，商业信誉是大事，退一步海阔天空。既然签了合同，即使亏本，这笔生意也不能终止，信誉更重要。

消息很快就传到了欧洲客商那里。听说海特集团主动让步，欧洲客商在感到意外的同时也表示很感动，于是就主动提出在价格上增加一元美金。可这一举动却被海特集团总裁婉言谢绝。

欧洲客商对海特的诚信经营大为感动，就当即追加了订单，将原来30多万美金的订单一下子猛增到150多万美金，并表示：愿与海特集团建立长期合作，并将其扩大到其他行业。这使海特集团迎来了黄金发展周期。

海特集团的高姿态退却，为集团的发展创造了黄金周期，由此可见，一个人要想在世上有所作为，"让步"是少不了的，退让是为了前进得更有力。

现实世界远非想象的那么简单，但面对人生旅途中的各种艰难险阻，有时候就不能逆流而上，需要退下来想想办法。俗话说，磨刀不误砍柴功。一时的后退，并不能阻碍前进的方向，反而是养精蓄锐。

◎小事忍让见雅量，息事宁人考虑长◎

◎ 心机箴言 ◎

古语有云"百忍成金"，足见忍让对于自身来说是多么重要。只要是无关原则问题就不应吹毛求疵，而应当从长计议。

心机解读

无论是邻里间，还是朋友间，都难免会有些磕磕碰碰，这就需要我们相互忍让，这是为人处世的一种必备心态。忍让是一种眼光和度量，是雄才大略的表现。能克己忍让的人，是深刻而有力量的人。如果逞一时之强，势必会造成剑拔弩张，轻则影响感情，重则两败俱伤。

因此，忍耐的限度就是一个人成就的限度。而一些缺少雅量的人，总会把"我的忍耐是有限度的"挂在口头，其实，恰恰是他自己的"限度"限制了他的个人成就。其实，每一个有智慧的人都明白：在做人问题上，忍让才是处世的良方。尤其是那些不危害社会公德的有原则的忍让，更能折射出一个人的胸襟雅量。若只为一些小事，就大动干戈，自然是得不偿失，倘若在明显力量悬殊的情况下，被一时所谓的豪情所激发而做出对抗的姿态绝对不是明智之举。而息事宁人，以退为攻才是解决问题的有效方式。

其实，任何人都有客观存在的短处，既然每个人都有短处，就要给予宽容，尤其是那些无关原则的轻微过失。

心机案例一

春秋时期，楚庄王为了犒劳名将养由基一次平定叛乱的战功，同时也能为了激励其他将士，就大摆筵席款待群臣，宠姬嫔妃也统统出席助兴。

文武大臣都兴高采烈、开怀畅饮，在美酒佳肴、觥筹交错中，直喝得天昏地暗,到了黄昏仍未尽兴。楚王就命人点烛夜宴,还特意安排两位最宠爱的美人许姬和麦姬轮流向文臣武将们轮番敬酒。

这时,忽然一阵疾风吹过,筵席上的蜡烛都熄灭了。这时一位官员斗胆拉住了许姬的手,在拉扯中,许姬撕断衣袖才得以挣脱,并且还扯下了那人帽子上的缨带。

许姬就回到楚庄王面前告状,让楚王点亮蜡烛后再查看众人的帽缨,以便找出刚才的无礼之人。

楚庄王听完许姬的哭诉,却传令不要点燃蜡烛,并且大声说:"寡人今日设宴,就是要大家开怀畅饮、一醉方休,诸位务必要尽欢而散。现请诸位都去掉帽缨,以便更加尽兴饮酒。"

听楚庄王这样安排,大家都把帽缨取下,这才点上蜡烛,结果君臣尽兴而散。

席散回宫,许姬就怪楚庄王不给她出气,楚庄王却说:"此次君臣宴饮的目的就是让大家狂欢尽兴,以此来进一步融洽君臣的关系。酒后失态是人之常情,如果在这个问题上大做文章,加以责罚,岂不大杀风景?也失去了筵席的意义。"

直到此时,许姬这才真正明白了楚庄王的良苦用心。

这就是历史上被人们广为传颂的著名的"绝缨宴"。

7年后,楚庄王攻打郑国。一名战将主动率领部下先行开路。这员战将所到之处拼力死战,大败敌军,直至杀到郑国国都之前。

战后楚庄王论功行赏,才知这位英勇无敌的战将名叫唐狡。可他却表示不要赏赐,并坦承7年前宴会上无礼之人就是自己,今日如此壮举全是为了报答7年前的不究之恩。

楚庄王大为感叹,就把许姬赐给了他。

楚庄王的一次宽恕,却成就了一员战将,并且让他为自己的江山立下了汗马功劳。

在生活中,如果是无关痛痒的过错,就不应当揪住别人的小辫子大做文章,而是以宽容的情怀包容对方,这样不但能赢得对方的尊重,还能在众人

面前树立自己的威信。

心机案例二

有一次，松下老人和下属们正在开一次重要的会议。

可是，松下老人的病却突然复发，下属们就着急地忙叫人打电话，而松下老人却一挥手，说道："我这都是老毛病了，没什么大不了的。而对于一个运转有效的公司来说，绝对不能因为我一个人而影响到大家。可这个公司是我毕生的心血，就算死，我也要留一口气看到它成功之后才会放心地离开这世界。"

但由于病情严重，最后，松下老人还是令人遗憾地走了。他的儿子就接管了松下公司。他还特意为父亲建造了一个雕像，供员工在事业不顺或者心情烦躁的时候对着雕像出气。

对于松下儿子的这种做法，很多人都不认同，可松下的儿子却坦然地说："也许我会遭到许多的骂名，但是我是在尊重家父的遗言，他在生命的最后一刻曾告诉我：为父亲造一个雕像，让员工们出气。"

员工们都知道，松下曾给予员工们许多知识和做人的道理，他们因而也会尽心尽力地工作。最后，松下公司取得了辉煌的成功。其实，松下公司的成功也有儿子和松下老人忍让下的功劳。

松下公司的成功，再次表明：忍让不是软弱，也不是窝囊，更不是无能、麻木；不是放弃对真理的追求，也不是放弃对原则的维护，而是包容和谅解的高尚品质。忍让是一种美德，是一种风范，是一种高尚的境界，是一种无私的胸怀。

如果生活中每个人都能以宽阔的胸襟和包容的情怀对待朋友和亲人，多一些理解和呵护，多一些容忍和接纳，那么这个世界将更加美好，世界将洒满爱的阳光。

◎把拳头收回来，正是为了更有力地出击◎

在遭遇强大的对手时，不妨暂时采取避其锋芒的方式。后退并不是落荒而逃，而是积蓄能量，正如要想给对手以致命打击，直拳出击难免要缺少力度，只有把拳头收回来，才能更有力地打出去。

心机解读

退与进，其实是矛盾对方，二者既相互对立，又相互统一。不能简单地将后退的举动一概视为怯懦和软弱。如果在无法前进或者前进效果不太好的情况下，适当地后退几步往往是一种必要的、理智的行为。

无论是在战场上还是在商业活动中，作为一位高明的指挥员或者优秀的企业管理者，在运用策略的时候，就不能机械地认定只有前进才能实现目标。客观现实总是无情的，前进的道路往往并不平坦，阻力是经常有的。阻力小时容易冲破，阻力大时就很难冲破，即使能够冲破，也会耗费较大的能量，无法在冲破阻力后继续保持前进的动力。在这种情况下，最好的办法就是适当地后退，调整部署，积蓄足够的力量后再前进，这才能达到事半功倍的效果。

人们都知道：在推车上坡时，若感到力量不足，最好的方法就是退回来稍加休息，然后再加大力度猛进，凭借惯性和巧劲一冲而上。这样既省时省力，又达到了预期的目的。因此，无论在战场上还是商业活动中，以退为进是一种极其高明的策略。

懂得心机的人都明白该进则进、该退则退的原理。的确，在必要的时候，以退为进，由低到高，这是自我表现的一种艺术，也就是所谓的"暂时的让步是为了更好地选择"。

心机案例一

春秋时，晋献公听信谗言将太子申生处死，又派人捉拿申生的弟弟重耳。闻讯后，重耳及时逃出了晋国。这一逃，竟在外流浪了十几年。

后来，重耳经过千辛万苦来到楚国，被楚王认为日后必成大器，以上宾之礼相迎。

在一次楚王设宴招待的酒席上，两人饮酒叙话，一片融洽之气。楚王忽然放下酒杯，正色地询问重耳："你若有一天回晋国当上国君，该怎么报答我呢？"

重耳被这突然的发问惊得一愣，但随即略一思索便说："美女侍从、珍宝丝绸，大王您有的是，珍禽羽毛、象牙兽皮更是楚地的盛产，我该拿什么珍奇的物品献给大王呢？"

楚王一摆手，说："公子过谦了。话虽如此，可毕竟我对公子有恩，总该有所表示吧？"

重耳笑笑回答道："要是托您的福，果真能回国当政的话，我愿与贵国世代交好。万一百年以后晋楚两国发生战争，我一定命令军队先退避三舍（一舍等于三十里），如果还不能得到您的原谅，我再与您交战。"

几年后，重耳果真回到晋国当了国君，就是历史上有名的晋文公。在他的治理下，晋国日益强大起来。

公元前 633 年，楚国和晋国的军队在作战时相遇。晋文公为了实现当初许下的诺言，下令军队后退九十里，驻扎在城濮。楚军见晋军后退，以为对方害怕了，马上追击。晋军便利用楚军骄傲轻敌的弱点，集中兵力，大破楚军，取得了城濮之战的胜利。

因此，生活中不能永远保持冲锋的状态，这样不但心力疲惫，还容易成为攻击的靶子。有时候退下来，适当地休整，是为了更有力地攻击，这样的进退之道亦是"心机"的精髓。

心机案例二

汉代公孙弘年轻时家贫,后来贵为丞相,但生活依然十分俭朴,吃饭只有一个荤菜,睡觉只盖普通棉被。就因为这样,大臣汲黯向汉武帝参了一本,批评公孙弘位列三公,有相当可观的俸禄,却只盖普通棉被,实质上是使诈以沽名钓誉,目的是为了骗取俭朴清廉的美名。

汉武帝便问公孙弘:"汲黯所说的都是事实吗?"公孙弘回答道:"汲黯说得一点没错。满朝大臣中,他与我交情最好,也最了解我。今天他当着众人的面指责我,正是切中了我的要害。我位列三公而只盖棉被,生活水准和普通百姓一样,确实是故意装得清廉以沽名钓誉。如果不是汲黯忠心耿耿,陛下怎么会听到对我的这种批评呢?"汉武帝听了公孙弘的这一番话,反倒觉得他为人谦让,就更加尊重他了。

总之,退并不等于胆怯,这只不过是一种策略,它是为进做了一个热身运动。因此,在为人处世的过程中,暂时的忍让吃亏能够获得长远的利益,关键就是要适当地迎合对方的需要,既把对方的利益放在第一位,又为自己的利益开道,这样你在处世中方能赢得最高筹码,赢得一世。

◎把功劳"让给"你的上司◎

◎ 心机箴言 ◎

无论何时,都要记得不要贪功。这样不仅能够获得上司对你的好感,也能够获得更多的信任,一旦他把你当成了得力的下属,那就等于为你以后的发展打下了基础。

心机解读

任何人在潜意识里都存在一种不安全感。当你在众人面前展示自己的

才华时,自然就会激起怨怼和嫉妒。一般人不会对你造成什么伤害,但对于那些位居上位的人,你就必须多加留心了。要知道,时代虽然变迁,但身居高位的人却永远都像"君王",他们希望自己的地位安稳,并在个人魅力、才智等方面都优于自己的手下。

　　作为下属,最重要的一点就是给自己准确定位。一方面不要有意识地压低自己,让上司看不到你的能力;另一方面也不要刻意地抬高自己,抢了上司的风头。任何情况下,都必须懂得把功劳让给上司,千万不要让他觉得你对他是有威胁的。如果能够做到这些,那你自然就可以在陷阱重重的权力森林中保护自己,进而提升自我,获得事业的成功。如果你总是表现得比上司聪慧,甚至将所有的功劳归为己有,那么你就很可能受到打压,没有平台施展自己的真实能力。

　　为此,聪明的下属总是将成绩归功于领导。实际上,到底是谁的功劳,上司心里也很清楚,如果你懂得把功劳让给他,他的心中一定心存感激,认为你尊重他,承认他的权威和地位;同时,也显示出了你对他的支持,从而避免因锋芒过露而使上司感到手中的权力受到威胁。要知道,不管什么时候,上司的身边都需要一些忠心耿耿的追随者和支持者。一旦他把你当成了自己人看待,那就等于为你以后的发展打下了基础。

心机案例一

　　李泌在唐代中后期政坛上,是一位颇有名气的人物。他深谙"有功归上"之道。他于玄宗、肃宗、代宗、德宗四代皇帝时期任职,在朝野中很有影响。

　　唐德宗时,李泌担任宰相,西北的少数民族回纥族出于对他的信任,要求与唐朝讲和,结为婚姻。这可给李泌出了个难题,从安定国家的大局考虑,李泌是主张同回纥恢复友好关系的;可德宗皇帝因早年在回纥人那里受过羞辱,对回纥怀有深仇大恨,坚决拒绝。

　　事情该如何办呢? 李泌一筹莫展。正巧此时,驻守西北边防的将领向朝廷发来告急文书,要求给边防军补充军马,可当时的大唐王朝已经空虚得根本没有这个实力。唐德宗急得团团转，但李泌却发觉这是一个可以利用的时机，便对德宗说："陛下如果采用我的主张，几年之后，马的价钱会比现在低10倍！"

德宗忙问什么主张，可李泌却卖了个关子，拐弯抹角地说："只有陛下出以至公无私之心，为了江山社稷，屈己从人，我才敢说。"

德宗说："你怎么对我还不放心！有什么主张就快快说吧！"

李泌这才说："臣请陛下与回纥讲和。"

"这是不可能的，你别的什么主张我都能接受，但是回纥这事，我死都不会与他们讲和！"德宗果断地拒绝。

李泌早就知道，好记仇的德宗皇帝是不会轻易被说服的，如果操之过急，言之过激，不只办不成事情，还会招致皇帝的反感，给自己带来祸殃。他便采取了逐渐渗透的办法，在前后一年多的时间里，经过多达15次的陈述利害的谈话，才将德宗皇帝说通。李泌又出面向回纥族的首领做工作，使他们答应了唐朝的5条要求。

这样一来，唐德宗既摆脱了困境，又挽回了面子，十分高兴。唐朝与回纥的关系终于得到和解，这完全是由李泌历经艰苦一手促成的。唐德宗不解地问李泌："回纥人为什么这样听你的话？"

李泌是一个极富政治经验的人，他对自己一字不提，只是恭敬地说："这全都仰仗陛下的威严，我哪有这么大的力量！"

听了这样的话，德宗能不高兴，能不对李泌更加宠信吗？试想，此事若发生于一个浮薄之人身上，定会大夸自己如何声威卓著，显示出自己比皇帝还要高明，这样一来不遭到皇帝的猜疑和不满才怪。

心机案例二

高兵是某大型建筑集团的董事长，一日到省城开科技方面的会议，就叫上了刚来单位不久的大学生小刘，因为小刘在学校学的就是土木工程。小刘在会议期间除了给董事长提供了所有的材料外，还对董事长的生活照顾得

无微不至。返回之后,小刘就成了董事长的秘书。

小刘做了秘书不久,就发现董事长特爱下棋。其实,小刘出身象棋世家,不但跟爷爷学会了棋技,还学会了棋德。后来,董事长没事的时候,总爱让小刘陪他下几盘。在和董事长下棋时,小刘玩起了八卦,既不能赢董事长,又不能让董事长轻易取胜。于是,董事长和小刘下棋就成了一种乐趣。

第二年,小刘又要参加市里举行的象棋比赛,董事长就让小刘顺便给自己报个名。董事长过去虽然酷爱下棋,但他怕输掉丢面子就没有敢报名。经过近一年和小刘这个上届的冠军较量,底气增添不少,就觉得有必要展示一下自己的棋艺。董事长果然过关斩将,进入决赛,而他的对手就是上届的冠军小刘。经过长达三小时的对决,董事长终于获胜,赢得了一片赞美之辞。董事长也找到了"一览众山小"的感觉。小刘的谦让虽然蒙蔽了全市棋迷的眼睛,但却没有瞒过市文化宫组织比赛的王主任,但王主任又抓不住任何把柄,只得宣布高兵董事长获胜。至此,小刘就趁机劝王主任成立市象棋协会,高董事长也顺势成了名誉会长。高董事长一高兴,不但给文化宫提供了赞助,还把小刘升职为集团办公室主任。

小刘无疑是一个十分会来事的聪明人,以自己的谦让获得了领导的赏识,并以不与领导抢功的良好心态得到了实际的好处。这才是智者的选择。

可以说,任何上司都不喜欢下属与自己抢功,因为这涉及领导力和威严问题。因此,在生活中,那些愿意把成功的美酒和鲜花献给上司的人,是会用心机之人,也才能上通下达,左右逢源。

卷十 在真伪难辨的当口:

奇中有正,正中有奇,奇正相生

世界是个万花筒,有时候会让我们很难识别优劣、区分好坏,因为那些看似美丽的鲜花,却有可能是罂粟。那些看似丑陋的碎石,却有可能是价值连城的美玉。因此,在这个世界上要想轻松自如地驾驭自己的人生方舟,就要有劈波斩浪的技能。

只有在纷纭复杂的态势中练就一双火眼金睛,才能够不至于被美丽的谎言蒙蔽,被别有用心的人欺骗,也才能够在真真假假、虚虚实实中开辟出一条通往坦途的道路。

◎不按常理出牌,"出奇"达到"制胜"◎

◎ 心机箴言 ◎

　　循规蹈矩固然是解决问题的方法,但却往往思路僵化,更不会让对
手措手不及。若运用逆向思维,不按常规出牌,看似"花拳绣腿",实则
出奇制胜。

心机解读

　　人世间固然有许多约定俗成的规矩,因而也往往会形成规律,一旦自己
的规律被对手掌控,便成了致命的弱点,对手就很容易采用"兵来将挡,水来
土掩"战术,从而使自己提前破局,这实在不是高明的策略。

　　按部就班的思维和按传统方式解决问题虽然简单,但最容易暴露自己
的思路,也摆脱不掉习惯的束缚,更容易给对手从容应对创造条件。其实,任
何事物都具有多方面属性。由于受过去经验的影响,人们容易看到熟悉的一
面,而对另一面却视而不见。若逆向思维能克服这一障碍,往往会出人意料,
让对手防不胜防。

　　与常规思维不同,逆向思维是反过来思考问题,是用绝大多数人没有想
到的思维方式去思考问题,并在这一思想指导下跳出传统模式的窠臼,不按
常规路子出牌,让对手无法掌控自己的规律,这实际上就是以"出奇"去达到
"制胜"的目的。

心机案例一

　　战国时期,赫赫有名的燕国大将军乐毅决定率军进攻即墨。即墨城百姓
都陷入惊恐不安之中。但守军中有个叫田单的人,文韬武略、足智多谋,大家

就推举他为守城将军。田单分析形势认为："燕军大兵压境，我军只能处于守势。"因此，只能运用智谋取胜。于是，他便制定了独特的作战方案。

首先，田单派人到燕国散布谣言，说："乐毅有称王称霸的野心，准备自立为王。"惠王听了倍感震惊，就撤了乐毅的职，改用骑劫为统帅。

随后，田单又派人在燕军内散布："齐人最重视鼻子，因而怕被人割去鼻子，如果把齐兵俘虏的鼻子摆到阵前，必定挫伤齐国守军的锐气，也一定能攻下即墨城。"骑劫受此启发，就真的照着这样做了。结果，守城的齐兵在愤怒之下更加团结，并坚定了守城的决心。

再后来，田单又派人散布说："齐人最看重祖坟，一旦把祖坟挖掉，就等于侮辱了祖先，更会给齐国的守兵造成巨大压力。"燕军随后就纷纷动手把齐人的坟地掘开，并且还疯狂地放火烧了齐人祖先的尸骨。齐国将士得知这一消息后，各个义愤填膺，仇恨满腔。

同时，为了彻底瓦解燕军的斗志，田单又吩咐城里的商人们把金银珠宝送给燕军的将领。等所有的准备都按计划进行以后，田单便决定反攻了。田单命令士兵把城里的 1000 头牛都披上五彩龙纹衣，双角绑上尖刀，尾巴上绑上草，浇上油，然后再把这些牛排列在城门洞口。半夜时分，一声令下，士兵们就点着了牛尾巴上的草，1000 头牛发了疯似的冲进了燕军的大营。燕军士兵们在睡梦中惊醒，看到这么多的怪兽冲进了帐篷，吓得惊慌失措、屁滚尿流。

这时，田单就命令擂起战鼓，乘胜追击，打得燕军丢盔弃甲，狼狈逃窜。

齐军出奇制胜，随后又一鼓作气，收复了被燕国占领的 70 多座城池。后来，田单因战功卓著，被拥立为齐国国君。

田单在战斗中，运用了一系列奇妙的战略战术，使燕国的军队无法预料，最终取得了战争的胜利，所有这一切都充分显示了田单的足智多谋。

因此，在生活中，无论做人还是做事，都不能墨守成规，更不能一条路走到底。东方不亮西方亮，做事前必须考虑清楚，制定出与众不同的方法，那么取得成功也就很自然了。

心机案例二

北京公主坟附近，有一著名的高档服装店，因其经营的商品不但新潮时尚，而且大多都是世界著名设计师设计的，虽然价格昂贵，但生意却十分火暴。

一日，时装经营部的经理酒后到店里查看工作，一不小心，手上燃着的香烟头将一条高档呢裙烧了一个洞。这可是价值不菲的高档服装，如果减价处理，其身价必将一落千丈，会给时装经营部造成不小的损失。但如果用织补法补救，也许能够蒙混过关，但却有欺骗顾客之嫌，会严重影响经营部的信誉。

这时经理突发奇想，干脆在小洞的周围让营业员又挖了出许多小洞，并请了一位技术老练的服装师对这件裙子进行精心装饰，并将其命名为"凤尾裙"，并当做样品摆放在那里，准备看看效果如何。

没想到，奇迹却出现了，一下子，有许多女性都看上了"凤尾裙"，甚至有好几位女性预交了定金，指定要购买"凤尾裙"。

受此启发，销售部经理就直接与生产厂家谈判，要订做"凤尾裙"，并申报专利。"凤尾裙"投放市场后，销路顿开，该时装商店也更加出名了。

现在，销售部的经理已经成了销售"凤尾裙"的总经理，并在北京及外地开了许多连锁店。

一件原本要报废的高档服装，经过独特的思维创意，却成了女性争相购买的新宠。其实，销售部经理只是采用了与众不同的营销策略，不但挽回了损失，还给自己开辟了一条财路。

因此，在生活中，要充分发挥自己的想象力，不要拘泥于传统的思维模式，一旦传统的方法和策略遭遇瓶颈时，就不妨借鉴一下逆向思维的方式，也许就是你新的开始。

◎摸清脾气，着手准备◎

◎ 心机箴言 ◎

大多数人，都是"顺毛驴"，爱听好听的，喜欢和自己生活节奏一致的人。如果能适当地投其所好，就会让其心花怒放，这样你就可以轻松自如地达到目的了。

心机解读

求人办事，是任何人都不能回避的课题，然而有很多人常常对此束手无策，甚至心生胆怯。原因虽有很多，但关键就是对此缺乏正确的认识，缺少灵活的方法。

其实，人的心理世界和情感世界基本上都是一样的，只要摸准对方的脾气，有时一句话反向说，就可以促成对方正向的举措，其中的奥妙就在于心理世界和情感世界的倏然变化。只要你事先了解了对方的情感好恶、是非标准和对方在社会关系网络中的位置，你就可以根据社会平衡关系，或投其所好，适当地投其所恶，机动灵活地激发对方产生某种情感倾向和心理倾向，然后促使其按照这种倾向做出有利于你的决策。

不同的人，会有不同的秉性，但只要摸清对方的脾气，你就基本上有了应对之策，或正话反说，反其道而行之，或通过语言或行动，触及对方的自尊心或己方的自信心，进而引起他们的愤怒、怨恨或激情，这样你就可以轻松自如地实现你本意要达到的目的。

心机案例一

三国时期，马超率兵攻打葭萌关的时候，诸葛亮对刘备说："我们只要有张飞和赵云二位将军，定能够对付马超。"

刘备说："子龙领兵在外，一时间回不来；翼德现如今在这里，倒是可以急速派遣他去迎战。"

诸葛亮说："主公先不要说出这件事，让我来激激他。"

此时，张飞已经听说马超前来攻关，因此他大叫而入，主动提出要带兵出战。对于他的请战，诸葛亮故意装作没有听见，他对刘备说："马超不是凡人，智勇双全，无人可敌。除非，把现在荆州的云长叫回来，只有他才能对敌。"

站在一旁的张飞听后，说道："军师何出此言，难不成小瞧我张飞？我曾经单独抗拒曹操的百万大军，如今还怕马超这个匹夫吗？"

诸葛亮说："当年你在当阳据水断桥，是因为曹操不知道虚实，若他知虚实的话，你又怎么可能安然无事呢？马超英勇无比，这一点天下人皆知，他渭桥六战，把曹操杀得割须弃袍，差一点丧了命，绝不是等闲之辈。唉，就算是云长来了，也未必能够战胜他。"

张飞急了，说道："我今天就去，如果胜不了马超，我甘当军令！"

诸葛亮用的这招激将法当时就起了作用，看到张飞暴跳如雷，他便顺水推舟地说："既然你肯立军令状，那么当然可以为先锋。"

最后，张飞和马超在葭萌关下酣战了一个昼夜，两人奋力斗了220多个回合，尽管最终并未分出胜负，但他却打掉了马超的锐气。后来，马超被诸葛亮施计说服，归顺了刘备。

诸葛亮对张飞是相当了解的，他就针对张飞脾气暴躁的性格，采用激将法，先将其"激将"一番，故意说其担当不了此等重任，激起张飞的挑战脾气，后来又说怕他贪杯酒后误事，以此来激发他立下军令状，这样就增强了他的责任感和紧迫感，激发他的斗志和勇气，扫除轻敌的思想，为征战打下了良好的心理基础。

从心理学的角度说，任何人都有自尊心，但有时自尊心难免会受到压抑，你若故意用言辞来刺激他，这就可能激活他的自尊心和自信心，使潜在的积极性得到表现。只有甩掉了长期穿在身上的那层看不见的精神盔甲，才能激发出巨大的潜力。

心机案例二

丽娜和艾拉同在一家公司里任职,但两人的关系一直不太好。

一天,丽娜忍无可忍地找到上司肯尼斯说:"你去告诉艾拉,我真的受不了她了! 麻烦让她改改自己的坏脾气,否则的话没有人愿意理她。"

肯尼斯听后,随口一说:"好的,我一定会处理这件事。一会儿我就找她谈谈。"

后来,丽娜发现,每次她再遇到艾拉的时候,艾拉果然不像以前那样了,她总是和和气气的,而且还非常有礼,和以前相比,简直就像是变了一个人。

丽娜向肯尼斯表示谢意,然后又好奇地问:"你到底和艾拉说了什么? 她如今真的变了。"

肯尼斯笑着说:"我告诉艾拉,很多人都称赞她好,尤其是丽娜,她说你既温柔又大方,而且脾气还很好,在公司里特招大家喜欢。也就是这些了!"

肯尼斯无疑是处理负面情绪的高手,他没有替丽娜向艾拉转达她强烈的抱怨情绪,而是反其道而行之,这样不但降低了艾拉的对抗情绪,反而约束了她自身的行为。为了证明自己就是赞美中的那个人,她就自然来了个180度的大转弯。

在生活中也是这样,有很多人是保持斗争状态的,一旦采取敌视的态度对他,他就会立刻启动对抗情绪,采取全面反扑。但用相反的策略去对待,他就会以同样的方式对你进行回馈。因此,聪明的心机者认为,在人际交往中,要尽量避免正面冲突,可以采取摸准对方"命门"的方式,与其交往,这样就能够理顺所有的关系。

卷十一　在需装聋作哑的时候：

智者总是神龙见首不见尾

　　古今中外，凡是想谋取大事者，无一不是潜伏的高手。他们不露声色、见机行事，在人际交往中，总是善于把自己的所思所想隐藏起来，从不轻易让别人察觉自己的真实动向，他们的言行举止也不会透露出任何对方想要的信息，以免被人牵着鼻子走。

　　隐藏得越深，也就越不容易被人发现，也就越容易接近成功。做大事者，一定要学会藏锋。这就犹如一件珍贵的宝物，别人看见难免会有非分之想。至于锋芒毕露则更容易招来不必要的麻烦，也会给自己前进的道路设置种种障碍。

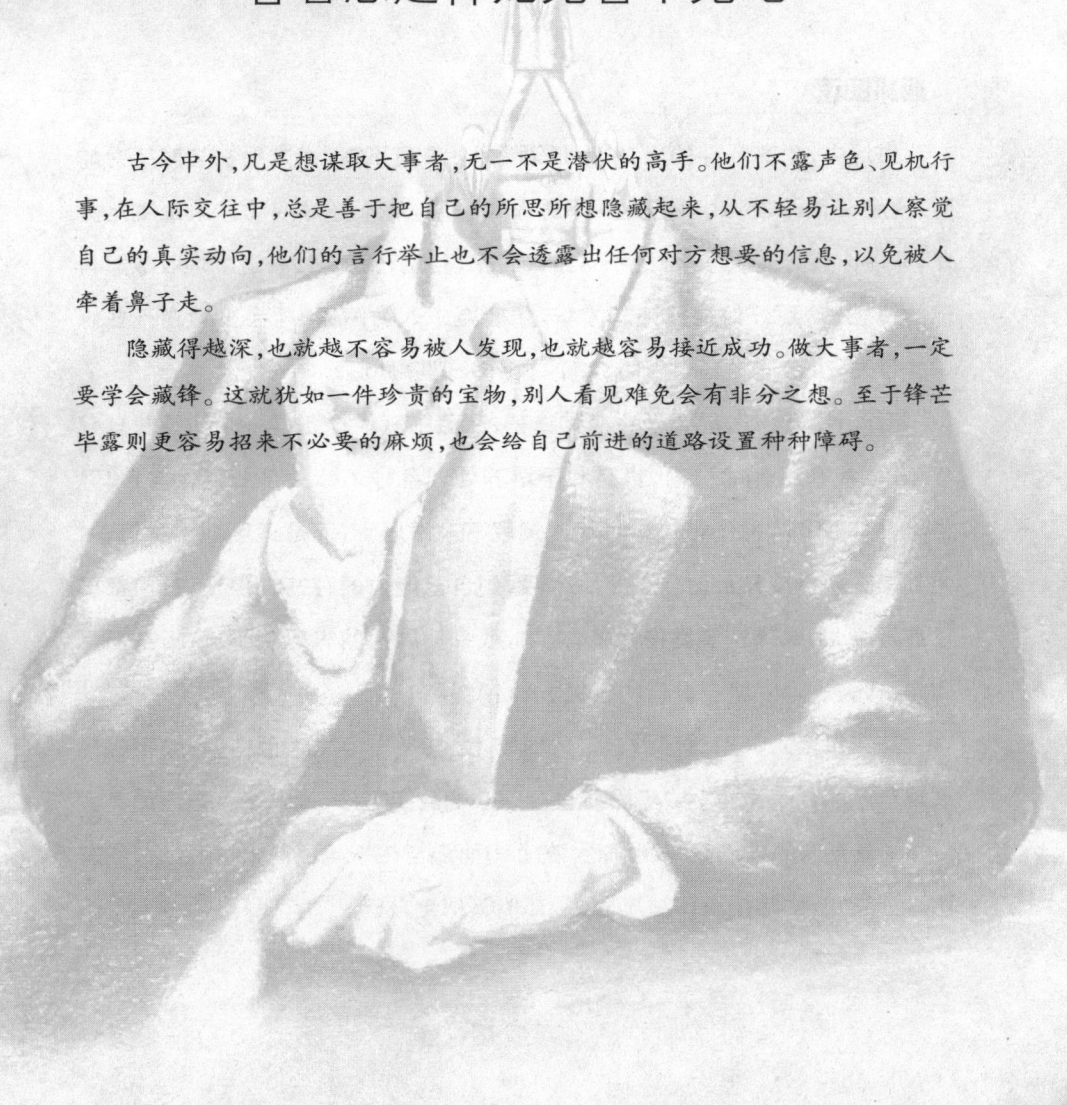

◎深藏不露本身就是一种实力◎

◎ 心机箴言 ◎

　　河水愈深,喧闹愈小。真正的智者是从来不会随便炫耀自己的实力的,总是在亮剑的时候一招制敌。因此,聪明的有心机人士总是"犹抱琵琶半遮面",永远让别人"不识庐山真面目",这样便给自己争得了持续发展的机会。

心机解读

　　生活中,才高八斗的人,总是低调做人,深藏不露,尤其是在与对手对峙时,更会隐而不发,让对方捉摸不透虚实深浅,从不轻举妄动。人生就是如此,即便你有真才实学,也绝不可趾高气扬,目空一切。只有适度地收敛起自己的锋芒,恰到好处地掩饰起才华,才能减少人为障碍,才会少遭遇一些嫉妒的目光,少遭遇一些人为的陷害,才会多一些顺利。

　　因此,不管何时都要学会掩其锋芒,深藏不露。这正是一个人强化自己学识、才能和修养的过程,也有利于培养处理各种人际关系的能力与技巧。当然,深藏不露,并不是说一直让人沉寂下来做居士,而是适度地展露锋芒,尤其是在条件成熟的时候,要让别人看到自己能力的存在。但是,凡事都要把握好度,如果锋芒展露得太多、太早,就会使周围的人感到不自在,从而受到排挤,失去本应属于自己的机遇。

　　其实每个人都有过隐藏自己的时候,尤其是在陌生人面前,一般不轻易展现自己的本来面目。或者隐藏自己内心的真实想法,或者隐藏自己的真实性格。甚至有的人还具有两面性:在上司面前与在下属面前,大相径庭、判若两人。其实,生活中有时适度隐藏,却能够保全自己。

心机案例一

刘备投靠曹操后,仍有一番雄心壮志,但为了防备曹操谋害,就在许昌的住处后院亲自浇灌种菜,以为韬晦之计。关羽、张飞对此不解,问道:"兄长不留心天下大事,却学小人之事,这是什么道理?"刘备神色沉敛,并不多语,只说:"这不是二位兄弟现在所能知道的。"

建安四年(公元 199 年)的一天,曹操派人请刘备去赴宴。因不知用意,刘备心里忐忑不安。虽手下将不过关张,兵不过数千,但刘备仍乃当时豪杰,"信义著于四海";且"盖有高祖之风,英雄之器",和刘邦一样,都不是屈居人下的将兵之才。曹操何等人物,遍识天下英雄,当然对刘备有着颇为透彻的了解。他自然明白,一旦羽翼丰满,刘备将是一位非常可怕的对手。这场酒局,分明就是一场实力试探和政治表态的会面。

酒至半酣,忽然阴云密布,骤雨将至。二人遥看天上变幻的风云,好像神话中传说的盘龙一样幻妙。曹操突然问道:"龙这种东西,好比世上的英雄。玄德久历四方,一定非常了解当世的英雄。你来说说看,当今世上,有谁能够称得上英雄?"

刘备请教似的问:"袁术拥有淮南,兵广粮足,算得上英雄吗?"

曹操嗤之以鼻。

刘备又问:"荆州的刘表、益州的刘璋、江东的孙策,以及张绣、张鲁、韩遂等人,他们算得上英雄吗?"

曹操不停地摇头。

刘备仍然装作一脸不解:"袁术的堂兄袁绍,虎踞河北,麾下人才济济,应该算得上一个英雄吧?"

曹操说:"袁绍看上去厉害,其实胆子很小。虽然他有很多聪明的谋士,可他自己却欠缺一个领导人应有的决断能力。像他这种人啊,干起大事来总是不愿意付出,见到一点小利益却又不顾危险,不算是什么真英雄。"

刘备以上的这些回答着实不算高明,当时但凡街井小民都会如数一二。但也正因为此,曹操也就认为刘备见识一般,和常人无异。

接着，曹操给出了当世英雄的标准，他说，"夫英雄者，胸怀大志，腹有良谋，有包藏宇宙之机，吞吐天地之志者也。"

刘备继续装痴，问道："谁能当之？"

曹操用手指向刘备，然后又指了指自己，说："今天下英雄，唯使君与操耳！"

刘备闻听此言，大吃一惊，手中所持的筷子不觉掉到地上。正巧这时外面雷声大作，刘备便从容俯下身去拾起筷子，说："一震之威，乃至于此。"

曹操轻蔑地笑笑说："大丈夫也怕雷震吗？"

刘备说："圣人云：'迅雷风烈必变'，怎能不怕呢？"就这样，刘备借口雷声之震，把自己内心的惊慌巧妙地掩饰过去了。曹操也就从此放松了对刘备的警惕，真正认为他是一个胸无大志的人。无疑，这为刘备日后扩充军力、抗击曹操争取到了最宝贵的时间。

刘备虽是天下枭雄，但在曹操手下的时候，就一直蛰伏不语，但还是被曹操看出了有种不一样力量的存在，故而在煮酒论英雄时加以测试。当曹操把他和刘备相提并论的时候，刘备着实吃惊不小，乃至于把筷子跌落地上。刘备怕曹操引起疑心，就趁机说是被雷电震落，用胆小躲过了曹操的测试。假如刘备不懂得深藏不露，而是在曹操面前夸夸其谈，曹操必定想法将其杀掉！正是因为刘备的低调，才让曹操放心，才有了他日后的汉室江山。

深谙心机之道，一定要明白，在条件不成熟的时候，要学会静等，万不可随便展示能量，否则将有夭折的风险。

心机案例二

1915 年，美国南部的俄克拉荷马州的塔尔萨有几处地方勘测出有石油，一时间塔尔萨成了冒险家们的涉足之地。亨利·史格达家族、壳牌石油公司和乔治·格蒂家族是当地较有势力的石油开采商。

塔尔萨的泰勒农场也是勘测出有丰富的石油的地区之一，最有实力的三家石油商都在打它的主意。农夫泰勒放出了风声，说他要将土地交给拍卖

行,谁出的价格高就卖给谁。保罗·格蒂是格蒂家族唯一的继承人,由于他不学无术,留下了坏名声,因此老格蒂只让他待在家族事业中做个副手。格蒂觉得自己很有能力,做副手实在委屈,因此他想做点"大事"。

格蒂来到了一个别墅区,在一幢豪华的别墅前停了下来。他敲开了门,见到了他想见的人——塔尔萨地区最有名望的地质学家,艾强·克利斯。

克斯利问:"您代表哪一家?"

格蒂拿出一沓子钞票说:"我代表我自己。"

克斯利说:"我的观点已经发表在《塔尔萨世界报》了。"

格蒂问:"《塔尔萨世界报》给了你多少稿酬?"

克利斯犹豫了一会儿,说:"12 美元。"

"12 美元买了你 30% 的真话,那么我出 10 倍的价钱买剩下的 70% 的真话。"

几天以后,《塔尔萨世界报》头版刊登了一份《塔尔萨来了位大富翁》的报道,说一名叫巴特的大富翁看中了塔尔萨的泰勒农场,并决定在那里投资开采石油。他还亲自到农场探望了老泰勒,许诺用 2 万美元买下他的农场。

又过了几天,一位头发黝黑、两撇胡子高翘的年轻人又来到了泰勒农场,他称自己是银行家克里特的私人秘书谢尔曼。谢尔曼请求泰勒以 2.5 万美元的价格将农场卖给他。如此高的价钱让泰勒有些心动,但他的老婆却拦住了他,并让谢尔曼到几天以后的拍卖场试试运气。

一个星期后,拍卖会召开了。三家石油商都退出了竞争,因为介入只能得罪克里特,只有巴特和克里特的代理人谢尔曼一争高低。会场上围满了观众,他们都在等着看一出好戏。

拍卖师的锤声响了。

"我出 500 美元。"

"600。"

"800。"

竞价升到 1100 美元的时候,巴特突然不作声了。拍卖师叫了三声后,仍然没有人应价。最终,克里特以 1100 美元的价格获得了泰勒农场。在场的人都看傻了，没想到泰勒农场竟然以 1100 美元的价格卖出。克里特得到泰勒农场后，突然又改变了主意，用 5000 美元转让给了格蒂家族。

许多年以后，人们才发现这是一场骗局。那个中年绅士巴特是一名矿工，受格蒂雇佣;而那位谢尔曼实际上就是化了妆的保罗·格蒂。

这样的骗局在当时不算犯法，格蒂也毫无愧色地成了一名石油大亨。从这件事上，我们就能够看出，格蒂绝对是个名副其实的有心机者。

的确，做人做事有时候需要隐藏自己，不能够将自己所有的事都全盘托出，特别是不要轻易地将自己的理想和抱负说出来。否则的话，就很可能给自己招来麻烦，甚至是损失。如果你渴望在激烈的竞争中得到更好的生存与发展，实现自己的抱负，就要学会适当地隐藏起自我的壮志雄心和真实意图，能够做到这一点也是一种实力。

◎鹰立如睡，虎行似病◎

◎ 心机箴言 ◎

锋芒毕露往往遭人嫉妒，而适当地暴露缺点，就会赢得别人的同情，其实这也是遮掩之道。

心机解读

人生在世，要学会"鹰立如睡，虎行似病"的心机之术，这样不但可以使对手对你失去防备的戒心，还可以为你蓄积力量提供机会。一旦机会成熟，就会打得他们措手不及。更多时候，这也是一种人生的大智慧，它可以让你轻松免去遭受众人攻击的麻烦，可以让你获得更多人的支持和帮助。

"行似病虎，立如眠鹰"是形容那些真正聪明、从来不张扬、智谋高远的人。当鹰在搏兔或虎在攫食的时候，最先是不动声色，不露锋芒，懒懒的好像在睡觉，其实它是在做攻击的准备，不发则已，一发则必达到他攫取食物的目的。

因此,精通心机之道的人,都要有"鹰立如睡,虎行若病"的功夫,才会胜任各种挑战。当然,我们也可以将此理解为一种示弱。但示弱,并不代表就是真的"弱"。在生活中示弱,可以小忍而不乱大谋;在工作中示弱,可以收敛触角并蓄势待发;强者示弱,可以展示博大的胸襟;弱者示弱,可以积累时间渐渐变得强大。一旦展示威力的时候,往往一招制敌。

心机案例一

秦朝末年,匈奴内部政权发生变动,人心不稳。邻近一个强大的民族东胡,趁此机会向匈奴勒索。东胡存心挑衅,提出让匈奴献出国宝千里马。对于这一要求,匈奴的将领们十分不满,都说东胡欺人太甚,决不能轻易将国宝送给他们。然而,匈奴的单于冒顿却对东胡提出的要求没有非议,他说:"给他们吧!不能因为一匹马与邻国失和。"匈奴的将领们都不服气,冒顿却表现得若无其事。

东胡看到匈奴软弱可欺,便更加得寸进尺,竟然向冒顿要一名妻妾。众将领此时都按捺不住怒火,各个义愤填膺。然而,冒顿的决定很让他们意外,他说:"给他们吧!不能因为舍不得一个女人而与邻国失和。"就这样,东胡不费吹灰之力,连连得手。他们认定匈奴是软弱的,不堪一击,根本不把匈奴放在眼里。实际上,这正是冒顿求之不得的。

不久之后,东胡又看中了与匈奴交界处的一片茫茫荒原,这片荒原是属于匈奴的领土。东胡委派使者到匈奴,试图夺取这片土地。此时,匈奴将领认为冒顿还会一再忍让,因为这片荒原没有人烟,冒顿很有可能将其割让。谁知,冒顿这一次并没有同意,他说道:"千里荒原,杳无人烟,但毕竟是我匈奴的国土,怎么可能轻易就让给他人?"于是,冒顿下令集合部队,进攻东胡。

匈奴的将士受够了东胡的气,这一次战斗,每个人都奋勇争先,锐不可当。东胡做梦也没想到,那个痴愚的冒顿竟然敢发兵攻打自己。由于事先毫无准备,只得仓促应战,但他们哪里打得过一腔怒气的匈奴。最后,东胡被匈奴消灭了,东胡王也被杀死在乱军之中。

东胡的趁火打劫固然让匈奴无招架之力，却让东胡误以为匈奴软弱可欺，进而得寸进尺、轮番羞辱。殊不知，在这无声的沉默中却播下了仇恨的种子，也给匈奴蓄积了反抗的力量。

等匈奴发威的时候，东胡已经成为虎口里的牛羊，根本无抵御之力，因而以惨败收场。

生活中有些人喜欢逞强，不甘落后，总是冲锋在风口浪尖上。殊不知，这已经把自己推到了靶子的危险境地。而真正聪明的有心机者，从来不会在不该炫耀的场合卖弄自己的实力。

心机案例二

2005 年，国家出台了新的家电行业管理办法，一夜之间，风云突变，很多家电小企业突然间就面临着被淘汰出局的局面。与此同时，整个家电产业也很快形成了新的格局：作为国内家电行业的龙头老大，海尔虽然受到一定的影响，但依旧保持着相对的强劲势头；始终略逊海尔一筹的长虹则仍旧紧追不舍，使足了劲模仿老大的产品线；而 TCL 则跃居三甲，并在行业中一些重要的产品上牢牢占据着主导地位。

这一年，在 11 月 15 日 TCL 迎来了自己的周年店庆。这时，离全年的销售最旺季——春节还有两个月，各大家电企业已经早早地进入了紧张的备战状态，准备在第二年重点推出的新产品也已经基本准备就绪，只等春节的时候上市了。毫无疑问，任何一个家电厂商都不会轻易放过春节这块大蛋糕的，但是蛋糕就只有那么大，很显然，哪家企业能吃得更多，哪家企业就可以为接下来整整一年的经营和发展打下一个坚实的基础。

事实上，TCL 公司早在店庆到来之前一个月就召集所有中层以上的干部开了个碰头会。大家普遍认为，在春节到来之时进行促销活动是不二的选择，而且这个活动力度要大，吸引力要强，一定要制造一个市场上的轰动效应才行，而且时间要提前，尽量避免在春节期间跟其他企业的促销活动撞车。最后，会议决定，在 11 月 15 日早晨超市营业时推出这个活动。但是，只

做店内促销，既不上海报，也不动用销售网络进行宣传，一切都要做得悄无声息。也就是说，这些工作都要在静悄悄中推进，就像平静水面下涌动的"暗流"，能量无限，但表面不动声色。

做市场的都知道，一个成功的促销活动，前期宣传至关重要，它能聚拢人气，为活动造势，一个没人知道的促销活动是没有任何意义的。然而，TCL为避免被竞争对手跟进，却偏要反其道而行之。比如为了瞒住自己的竞争手，TCL先前在大中电器的产品捆绑、促销活动，在开动之前只有中层以上的干部知道，为的就是避免走漏风声，导致计划前功尽弃。

一切都在按着计划有条不紊地进行，时间来到了11月5日，离周年庆还有10天，TCL的业务人员、促销人员在撤下超市所有赠品、取消所有特价活动的同时，故意向外界泄露了自己的"商业机密"：随着产品原料的涨价，生产和销售成本越来越大，再加上运费的大幅提升，企业已没有利润空间来做活动了。放出风以后，TCL的老总还要在媒体面前很无奈地摇摇头：唉，真的是很难啊！当然，竞争对手们一开始也不信，但观察了一周后，发现TCL还真的是一点动静也没有，于是他们就放松了警惕，甚至原本很多针对TCL周年店庆所制订的针对性的促销计划也被临时叫停了。

2005年11月14日晚7点整，TCL所有的业务人员、促销人员以及宣传品发放人员都已经做好了"临战准备"，只等公司总部一声令下，他们就会给自己所有的竞争对手一个"惊喜"。结果可想而知，一夜之间，各大超市、家电卖场和专营门店里，TCL的产品全都换上了"活动装"，宣传品遍布市场的每个角落，活动信息更是家喻户晓。在随后的10天时间内，市场上除了一些利润空间很小的低档产品外，中高档市场基本全部被TCL所占领，TCL的竞争对手们目瞪口呆。

"惊喜"过后，竞争对手们的领导虽然一方面毫不犹豫地跟进，且力度远远超过前者，但毕竟TCL已经先一步占领了市场，这些亡羊补牢的活动所取得的成果十分有限。

表面不动声色，先是制造假象，隐藏自己的意图，然后在关键时刻选择出击，最终大获全胜。如果诚实过度，过早地亮出底牌，十有八九都要遭受失败。

因此,无论是在生活中,还是在经营事业时,灵活运用技巧方法是很有必要的。制造假象,利用各种方法瞒住对手,使其无法判断出自己的真实意图或者制造假象使其认识错误;然后,看准时机,在对手没有发现自己的真实意图之前出击,争得主动权,占领先机。

◎把喜怒哀乐藏在口袋里◎

◎ 心机箴言 ◎

在人际交往中,把自己的喜怒哀乐藏进口袋里,不要轻易拿给别人看。这样一来,别人就无法知道你的底细和实力,也难以趁机钻空子。

心机解读

在人际交往中,每个人都要学会把握自己的精神状态,要把喜怒哀乐藏在口袋里,不要轻易拿出来给别人看。也就是说,不要盲目地、不加辨别地将自己的观点、见解和喜怒哀乐和盘托出,有时候就要"深藏不露",这是以静制动、以不变应万变的高明之举。

如果轻易地将自己的底牌亮出,就会给对方的应对造成了可乘之机,那么自己显然就会处于被动、挨打的地步。因而智者总是把自己的思想感情隐藏起来,不让别人窥出自己的底细和实力,这样对手就很难采取应对之策了。

要想在人际交往中保持良好的竞技状态,就要学会内敛,尤其是在局势还不明朗的情况下,任何轻率的表态都有可能造成被动的局面,因而审时度势、把握节奏是高明的有心机者的选择。

心机案例一

唐朝唐玄宗重用藩将安禄山时,却不知道此人貌似粗犷,却内心狡诈。

安禄山想尽办法取得唐玄宗和杨贵妃的欢心,权位越来越高,架子也日益见长。渐渐地,他变得肆无忌惮,除了对玄宗和贵妃恭顺以外,根本不把朝臣们放在眼里。这种情况全被李林甫看在眼里。

一天,李林甫召见安禄山。安禄山到达李宅之后,长揖拜见后便端坐在客位上,显露出一种盛气凌人的架势。李林甫也不动声色,只是目不转睛地看着他,一言不发。安禄山看到李林甫目光深邃、咄咄逼人,感到有些不自然,盛气顿时也减了一半。这时候,李林甫吩咐下人,召见王琪大夫进见,有要事相谈。

王琪进屋之后,迈着小碎步走上前,规规矩矩地向李林甫行大礼参拜,言行举止都非常地谨慎小心,唯恐出现纰漏。当时,王琪在朝廷中的地位实际也很高,仅次于李林甫,与安禄山平起平坐。安禄山看到王琪对李林甫如此敬重畏惧,不由自主地感到有些窘迫,尽管他没有去补拜大礼,但也变得恭谨起来,收敛了一些。

王琪走后,李林甫开始与安禄山交谈。他十分精准地分析了安禄山所作所为的意图和心理活动,字字句句都说到了安禄山的心里。对此,安禄山非常吃惊,他没想到李林甫竟然含而不露地将自己心灵深处的隐私点了出来,这让他顿时汗流浃背,湿了衬衣。这时候,李林甫脱下了自己身上的袍子,给安禄山披上,并用好话安慰了他一番。自此之后,尽管安禄山对其他的朝廷大臣仍然不恭敬,但他唯独惧怕李林甫。每次来京城的时候,他都要谨慎地拜见李林甫。而且,每次交谈时,李林甫都能够洞察他的心扉,让他面容改色,汗流浃背。

在范阳的时候,每次有使者从京城归来,安禄山问的第一句话都是李林甫说他什么了,如果有褒奖的话他就很欢喜,如果有警告的话他就会摸着额头说:"看来我以后得小心了,否则就会惹大祸。"安禄山惧怕李林甫竟然到了这样的程度。

李林甫早已看出安禄山的谋反之心,但他觉得自己死前可保无忧,只要生前能够享受荣华富贵,反正安禄山无法取代自己的相位。至于唐朝的江山如何,他哪里还顾得上呢?所以,在李林甫死前,安禄山始终不敢作乱。

李林甫无疑是个老谋深算的人，为了驯服自以为和皇帝关系不错的安禄山，就在府上召见他，可安禄山却显得相当傲慢，见安禄山此等态度，李林甫不是显山露水地对他采取冷待的方式，而是以地位稍次李林甫的王琱的谦恭来衬托安禄山的傲慢，让安禄山相当吃惊，感到了李林甫的威严。特别是李林甫对安禄山的心理动向的分析，含而不露的点化，更是让安禄山吃惊不小，从此傲慢的安禄山就成了李林甫棋盘上的一枚棋子。

有心机者认为，有时候暴风骤雨式的训斥，未必能够超越含而不露的敲打。因此，在生活中不要轻易地暴露自己喜怒哀乐的情绪，以免被对手牵着鼻子走。

心机案例二

民国初年，袁世凯一心想要夺得皇帝的宝座。他指使党羽大肆地制造舆论，一时间谣言四起，劝进者络绎不绝。袁世凯心中暗暗高兴，但他却一有机会就向别人表白，自己是绝对拥护共和、忠于民国的。冯国璋和段祺瑞是他的心腹大将，即便在这两人面前，袁世凯也没有表露自己的心思。

一次，冯国璋专程到北京向袁世凯探听虚实。听到冯国璋的询问，袁世凯装得一本正经，他说："华甫啊，我们都是自己人，难道你也不懂我的心事吗？我不妨对你明说，总统的权力和责任与皇帝没有任何分别，除非为了自己的儿孙打算，否则的话实在没有做皇帝的必要。你看看我的儿子，老大身体残疾，老二想做名士。我让他们做排长都不放心，他们能够承担重任吗？况且，历史的帝王家族总是没有好的结局，就算是为我的儿子打算，我也不愿意将灾难留给他们。当然，皇帝还可以传贤不传子，总统也同样可以传贤，在这个问题上，总统和皇帝不是一样的吗？

冯国璋听后，说："总统说的的确在理。但是，将来总统功德巍巍，到了天与人归的时候，恐怕是推不掉的。"

这时，袁世凯表现出一副很生气的样子，他坚定地说："我绝对不会干这样的傻事！我有个孩子在伦敦读书，我让他在那里置了点产业。如果有人非

要逼我，那我就到伦敦去，自此不再询问国事。"听到袁世凯如此诚恳的表白，冯国璋自然也就打消了心中的疑虑。

然而，冯国璋前脚刚离开袁府，袁世凯就气冲冲地进了书房，大骂冯国璋忘恩负义。纸终究是包不住火的，冯国璋回到南京后不久，就接到袁世凯称帝的消息。他愤怒地跳了起来，发火说："袁世凯可真会做戏！他哪里把我当自己人。"自此之后，冯国璋与袁世凯分道扬镳。

在袁世凯称帝消息甚嚣尘上的时候，他的心腹冯国璋专程来京探听虚实，可袁世凯依然装得一本正经，谎称根本无此想法，实际上袁世凯当时正加快称帝的脚步。袁世凯之所以不以真相相告，就是怕有更多的人加入反对的行列，一旦木已成舟后，即便是反对也无关痛痒了，可见袁世凯是深懂心机之道的。

喜怒哀乐是人的基本情绪，这世界上应该没有心如止水的人。没有喜怒哀乐，这种人其实蛮可怕的，因为你不知道他对某件事的反应、对某个人的观感，当人面对他时有种不知如何应对的慌乱。但在复杂的人际交往中，做到喜怒不形于色，这一点却是很重要的。

如果一个人的喜怒哀乐表达失当，有时就会召来无端之祸。因此，真正的有心机者一般都不轻易表现自己的情绪，以免被别人识破软肋，造成可乘之机。所以不轻易表露自己的观点，也是内敛藏锋的智慧。

◎切勿做夸夸其谈的浅陋者◎

◎ 心机箴言 ◎

"河水愈深,喧闹愈小",大智者虽满腹经纶,却晓得"天外有天"的道理,故而谦逊做人、低调办事。而浅陋者,虽知识浅薄,却总爱妄自尊大、夸夸其谈。

心机解读

大自然的现象,往往与社会现象十分相似。麦穗愈瘪,头愈朝上;最坏的车轮子,走起来最响;空囊袋子,立不起来。

智慧渊博的人,都知道"三人行,必有我师焉"的古训,故而总是低调做人、踏实办事。这就如同果实愈是子粒饱满,愈是沉重,头却低垂得更低,是一样的道理。那些对"虚心使人进步,骄傲使人落后"置若罔闻的浅薄之人,却往往追风赶潮,附庸风雅。他们往往略知皮毛却不求甚解,掌握一点却又浅尝辄止,正所谓"一瓶子不满,半瓶子晃荡"。但这样的人却总爱高谈阔论、夸夸其谈。

因此,不懂装懂,没有真才实学而又口无遮拦的人必定会招惹是非,更会被人鄙视。此所谓:大智者若愚,大勇者形懦,大德者平易。

真正的学问绝对不靠卖弄,也更忌讳弄虚作假。"知之为知之,不知为不知,是知也。"其实,无知并不可怕,无知而嚣张就让人恐惧了,这就如同盲人骑瞎马,灾难在眼前。

心机案例一

金朝熙宗时期,徒单恭出任太原府尹。

为了故弄玄虚,增加自己的神秘色彩,徒单恭就让画师为自己绘制了一

幅佛像，然后，召集手下官吏说："我数次看见佛祖如来，和画上的佛像一模一样，这是大吉之兆啊！"

尽管众人都知道这是大忽悠，却依然随声附和："佛祖驾临，是大人的福报，大人前程将不可限量！"

不懂佛学的徒单恭，为了炫耀自己的能量，就胡乱吹捧一番，让众官吏窃笑。

紧接着，徒单恭就利用此事，下令所属州县交纳钱财，铸造一尊金佛像。徒单恭怕人们不服，就制造舆论："佛祖显灵，会给百姓带来吉祥，铸造金佛像正是为了报答佛祖的大恩，这是一件功在千秋的大好事。"于是，各州县官吏就强制性地向百姓摊派，百姓苦不堪言。可徒单恭却把强征上来的钱财据为己有，根本不提铸造金像之事，当地百姓为此恨之入骨。

后来，一朝中大臣闻知此事，就上书弹劾徒单恭说："徒单恭妄言佛学，不敬佛祖，欺骗百姓，捞取钱财，实在是胆大妄为，蒙蔽朝廷，必当严惩。"

熙宗倍感震惊，立即下令将徒单恭革职查办。

失去官位的徒单恭，恬不知耻，仍以"高人"自居，整日与重金请来的文人墨客喝酒赏舞，不时呈上文理不通的诗文，让人点评。徒单恭对家人宣扬说："我志在东山再起，没有声望不行，现在有了贤人的雅号，还怕他日不能如愿吗？我可不是个粗人啊！"

1149年，海陵王完颜亮发动政变，杀死了熙宗，自立为帝。在举国震惊之时，徒单恭却大喜过望，因为他的女儿是海陵王的糟糠之妻，被封为了皇后。徒单恭水涨船高，当上了宰相，为了显示自己的才学，就常常标新立异，对朝廷制度屡有更改。

海陵王获悉此事后，就质问徒单恭："朝廷制度是历代贤者所立，怎能擅自修改？你对政事并不精通，文才更不敢恭维，你这样卖弄炫耀，不怕天下人耻笑吗？"

徒单恭却毫不谦虚地说："臣为国分忧，不讲荣辱，革弊布新乃臣之职责，是有人嫉妒臣的才华，才诬陷臣的，陛下不可上当。"

海陵王碍于情面，就警告说："革弊布新，此乃大事，不可草率，你以后不要再自作主张了。"

徒单恭收敛了几天，后又旧病复发。他不顾多数人的反对，公开违背朝廷制度。在将要付诸实行之际，海陵王得知细情，要治徒单恭的罪，幸亏众臣求情，才勉强饶过。经此折腾，徒单恭大病一场，很快便呜呼哀哉、一命归天。

徒单恭为了炫耀自己所谓的才学，的确费了不少心思，闹出了不少笑话，也付出了惨重的代价，甚至为此搭上了自己的一条老命，他的结局足以警示后人。可惜，令人遗憾的是，时至今日，这样的悲剧还不断上演，甚至有增无减。一些人不懂装懂、假充内行，搞权威、瞎指挥，不但浪费了公共资源，还把自己也玩进了高墙铁窗，甚至搭上了性命。如果这些人都懂得收敛一些，就不会和徒单恭一样不得善终了。

心机案例二

有个北方老板，到南方去做生意。刚到南方，有许多事情弄不明白这很正常，因为各地都有不同的风俗习惯，但如果虚心请教别人，也许并不难懂。可这位老板却不想去问别人，他认为，那样显得自己太无知，太没面子。在他看来，在生意场上一旦被别人看出外行，就可能在谈合作时处于不利地位，因此，他宁肯不懂装懂，也不讨教，结果却闹出了笑话。

有一次，一个乡镇企业的老板请他去做客，大家聊得很开心，这时，下属送上一盘菱角。这位北方老板从没吃过菱角，又不好意思问，但主人出于礼貌就先让他品尝。结果，他拿起一只菱角，就放到嘴里去嚼。

主人看他连壳也没有剥就吃了，心里很诧异，就问他："这菱角是要剥了皮才好吃的，你怎么整个都丢到嘴里去嚼呢？"

北方老板明明知自己弄错了，但他却还死要面子，就振振有词地说："这你就不懂了，我刚到南方来，有些水土不服，连壳都吃掉，为的就是清热解毒。"

主人摇摇头，说："我们怎么没听说过菱角皮能清热解毒的事情呢？你们那儿这东西也很多吗？"

北方的老板答道："在你们这里是招待客人的！物以稀为贵，可在我们那

里一点都不稀罕,山前山后到处都是。"

菱角本来就是只有在水中才能生长的植物,可这北方老板却信口雌黄、胡说八道,这让主人不禁哑然失笑。

"十里改规矩,五里不同俗",任何人因为区域的差异,都可能存在认知盲区,可这位北方老板为了掩饰自己常识的不足,却高谈阔论、胡说八道,结果闹出了更大的笑话。

在生活中,遇到自己不了解的事情虚心求教并没有什么,因为"好问无须脸红,无知才该羞耻",而不懂装懂又借题发挥、慷慨陈辞的人更让人鄙视。

◎善于藏拙才不会成为众矢之的◎

◎ 心机箴言 ◎

言语锋芒太露容易得罪人,让其成为自己的阻力;行动锋芒毕露容易惹人嫉妒,给自己的生活带来麻烦。只有善于藏拙,才不至于成为众矢之的,才有可能走得更远,实现自己的宏伟目标。

心机解读

在生活中,很多人都自恃才高,总是想尽办法出人头地。于是,他们就在众人面前锋芒毕露,试图引起他人的注意。实际上,这样做的结果往往都是事与愿违。

人如果没有锋芒,就如同立不起的藤蔓,难以在社会中立足。但是,锋芒是把双刃剑,过于显露锋芒不仅会伤人,也会伤己。因此,显露锋芒必须要谨慎。那些雄才大略的有心机者,心中虽不愿久居下位,但他们绝不会在言语和行动上露尽锋芒。他们往往表现得很讷言,甚至是胸无大志。可实际上,他们并不是庸才,一旦有机会摆在他们面前的时候,你会发现他们其实很有才能,甚至还高人一筹,并且做出出人意料的成就。

他们为何要掩饰呢? 实际上,这就是有心机者的顾忌。他们担心自己的锋芒得罪人,这样一来得罪的人就会成为他们的阻力;如果行动上表现得太张扬,更会引起他人的嫉妒,这样一来嫉妒你的人又会成为他们的破坏者。如果一个人的四周都是阻力和破坏者,那么在这样的情况下,所有的立足点都会被推翻,很难实现远大的目标。因此,他们选择巧妙地将自己的才能藏起来,伺机而发。

心机案例一

三国时期有名的士族孔融,刚直耿介,是三国时期正直的士族代表人物之一。

在初入仕途时,他就大胆纠举贪官,在同僚中显得非常格格不入。董卓操纵朝廷废帝时,他又每每相逆其意,结果屡遭降职。后来到了曹操力握大权时,孔融又常常发表议论或写文章攻击嘲讽曹操的一些政策。一次,太尉杨彪因与袁术有姻亲,曹操迁怒于他而打算诛杀。孔融知道后,连朝服都顾不得穿,就急忙跑去劝说曹操不要横杀无辜,以免失去天下人心。并以辞官为由,让曹操不得不罢手。由于孔融的据理力争,杨彪才幸免一死,但由于公然顶撞,曹操已经对他非常不满了。

建安九年,曹操攻下邺城,其子曹丕纳袁绍儿媳甄氏为妻。对此,孔融又有一纸书信传到曹操眼前:"武王伐纣,以妲己赐周公。"曹操并没有马上明白孔融是在讽刺自己,还特意向其询问此话出处。孔融回答道:"以今度之,想当然耳。"意思是说,现在曹操的所作所为让人不禁联想到当年的荒淫之君臣。

此后,孔融又一连作书对曹操的诸多行令加以反对。对于孔融处处显露,一再与自己作梗,曹操心中早有嫉恨,只因当时北方形势尚不稳定,而孔融名声在外,不便对他怎样。

建安十三年,北方局面已定。为了排除内部干扰,曹操在着手实施统一

大业的前夕，终于对孔融下手了。他授意别人诬告孔融"欲规不轨"，又曾与祢衡"跌宕放言"，罪状就是孔融以前发表的关于父母与子女关系的那段言论。最终，高调处世、诸事张扬的孔融在建安十三年八月被曹操谋害，其妻子、儿女也未能幸免。

心机案例二

他叫张扬，个性与其名字一样，飞扬跋扈，喜欢在人前表现自我。上大学的时候，他是校内报刊的创办者，又是学生会的主席，笔头写得过人，舌头说得过人。张扬还有个特点，那就是得理不饶人。

大学毕业后，张扬顺利地找到了一份待遇不错的工作。然而，职场之路他走得并不平坦。由于他的骄傲和自负，得罪了很多同事，甚至是顶头上司。这样一来，他在工作上非常不顺利，经常遭到人为的阻碍，受到别人的"特殊关照"。

后来，朋友提醒他做人不要太"张扬"。张扬意识到了这一点，并有意地去改正，尽管消除了一些嫌怨，但他的无心之过仍然难免，终究还是遭受了不少挫折。

有句话说得好："久病成良医。"张扬在接受了痛苦的教训之后，才知道自己过去的言行锋芒太露，那样做就等于是给自己的前途设置了绊脚石。

或许有人会说："难道就该一辈子平庸，默默无闻吗？"当然不是。如果在你面前出现了表现本领的机会，及时把握是没有错的，只要你做出过人的成绩来，大家自然就知道你的实力如何。但是有一点，不管你有多大的本事，不要张扬，表现得过于强势，这样的话就会给人留下不好的印象。锋芒过露对于一个人而言，只有害处，没有益处。额上生角，必然会触伤别人，你自己不把角磨平，别人必将力折你的角，这样必将自己弄得遍体鳞伤。

卷十二 在展示口才的时刻：

嬉笑怒骂,妙"口"回春

　　妙语从古至今,都被人们视作公关的利器,它总是在人们陷入迷津或困惑的时候被及时利用,从而化险为夷、化干戈为玉帛。妙语的功效就在于攻心为上,它可谓是所有手段中最为廉价却又极为有效的。

　　当然,有的妙语是口蜜腹剑,有的是忠言逆耳,有的是口吐莲花,有的又是疯人醉话,有的则是指桑骂槐,等等,都不尽相同,但所有的语言都是达到目的的辅助手段。

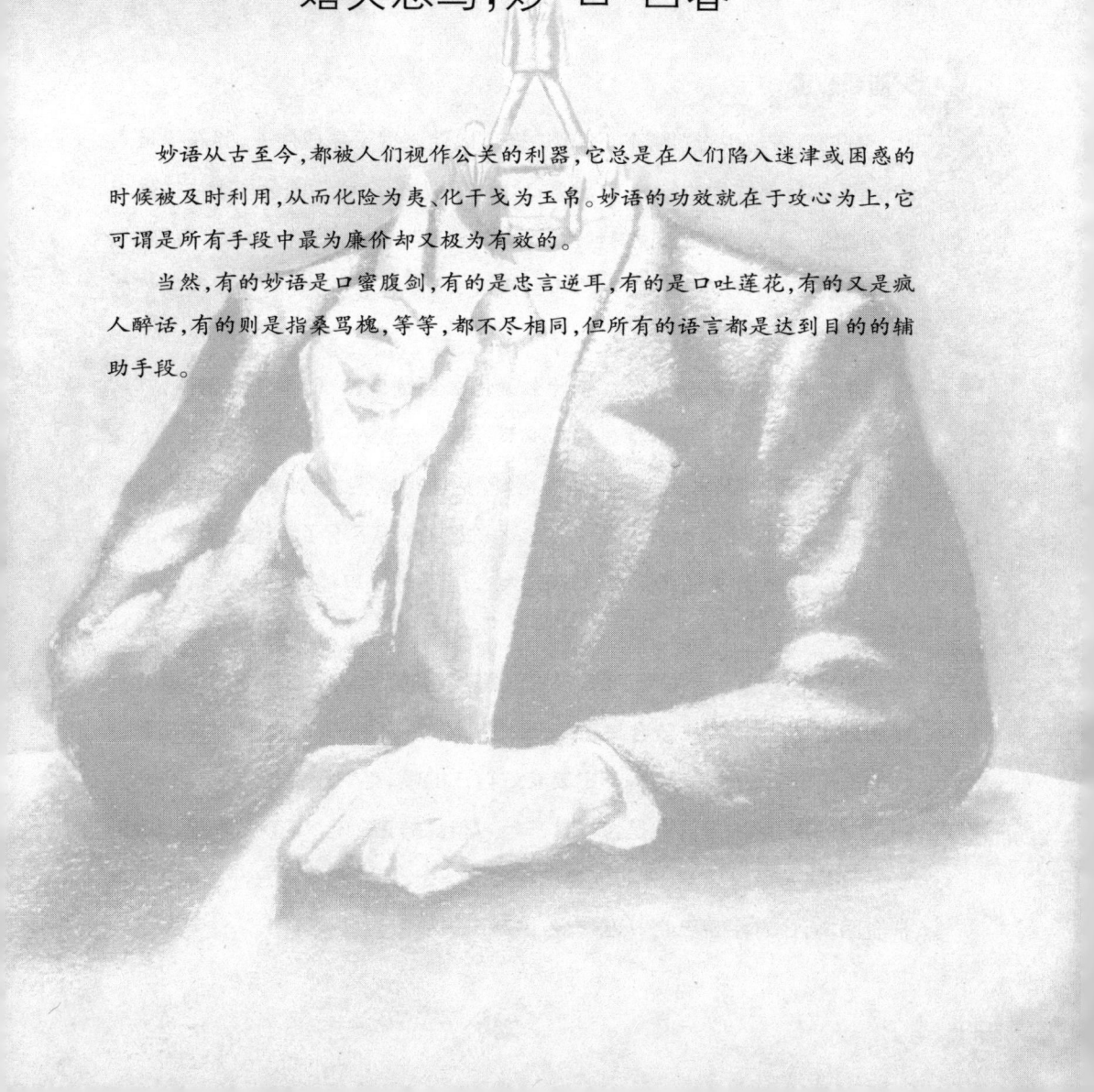

◎嘴上功夫，不只是花言巧语◎

同样的话，会说的与不会说的却大相径庭，有人说得让人笑，有人说得则让人跳。因此，慷慨陈词未必言之有理；话说半句却入木三分。功夫全在言语之外。

心机解读

有位哲人曾说过"世间有一种途径可以使人很快完成伟业，并获得世人的认可，那就是优秀的口才"。足见口才的重要性，会说话同会办事往往是相辅相成的。话说得好听，说得到位，对方就易于接受你所提出的条件和要求。否则，说话不分场合，不顾对象，不知深浅，不懂分寸，即便是一件很简单的事，也可能会被你搞砸。

许多人常常错误地认为，有什么说什么便是真诚，便是纯白无瑕，其实那是大错特错，任何事情都是物极必反，并非有些人不喜欢真实，而是你说话不掌握表达的艺术。直筒子的性格，固然值得欣赏，但如果不讲场合炫耀舌头的功力，往往会给对方造成相当大的尴尬，而下不了台阶。因此，有些话没有必要也无法说得太实、太死，太过于绝对很可能让不怀好意者钻了空子。

如果对一些事情并不了解，或者理解不清的话，就不妨用一些含糊其辞的表达方式，这样就比较容易脱身，也是机智、敏锐的一种表现。如果遭到别人似是而非问题的刁难时，一定要管好自己的嘴，绝对不能胡言乱语或与人抬杠，最好的解决方法就是含糊其辞地对待。若遭受他人刁难，面对两难问题时，冥思苦想毫无意义，而是要反其道而行之，用含糊的语言回答他。借此摆脱困境，让对手哑巴吃黄连，有苦说不出。

心机案例一

东汉末期，曹操挟天子以令诸侯，较有实力的军阀大都先后被他消灭了，唯独刘备和孙权还有发展壮大的可能。曹操也知道想一下子吞并这两股势力还比较难，必须分而歼之。于是，曹操就派人拿着他的书信去东吴，旨在和孙权联手消灭刘备。

孙权手下的谋士大都主张降曹自保，因为曹操的实力实在是强大，但只有鲁肃主张联刘抗曹。但鲁肃自知难以说服孙权和东吴的文臣，就特意来找刘备，邀请诸葛亮来当说客。刘备也意识到了形势的危机，立刻答应了鲁肃的请求，派诸葛亮随鲁肃一起前往东吴去说服孙权联合抗曹。

鲁肃引诸葛亮见了东吴的一群谋士，这些人并非泛泛之辈，各个都是有学问的人。

东吴第一大谋士张昭首先发难，说："听说刘备上门找你三趟，才把你请出山，以为有了你就如同鱼得了水，想夺取荆襄九郡做根据地。但荆襄已被曹操得到，你还有什么主意呢？"

诸葛亮盘算，如果不先难倒张昭，就无法说服孙权联刘抗曹了。诸葛亮说："刘备取荆襄这块地盘，易如反掌，只是不忍心夺取同宗的基业，才被曹操捡了个便宜。现在屯兵江夏，另有宏图大计，等闲之辈哪懂得这个！国家大事，社稷安危，都要有真才实学的人拿出好主意。而口舌之徒，坐而论道，碰上事儿，却拿不出一个办法来，只能为天下人耻笑。"

一番话，说得张昭哑口无言。

紧接着，另一个谋士又站起来问诸葛亮："如今曹操屯兵百万，将列千员，你说不怕，有些吹牛吧？"

诸葛亮立刻反驳说："刘备退守夏口，是等待时机。而东吴兵精粮足，还有长江天险可守，却都劝孙权降曹，太丢人了吧？"

就这样，东吴的谋士一个接一个地向诸葛亮发难，先后有七人之多，都被诸葛亮反驳得有口难辩。

面对如此雄辩的口才,孙权终于做出了联刘抗曹的决断,足见口才的力量。

诸葛亮不愧是一代谋略家,面对东吴众多谋士的咄咄逼人,而展示了铁嘴钢牙的辩才,舌战群儒、力排众议,达到了联吴抗曹的目的。

心机案例二

1988 年美国举行总统竞选,民主党在选民中造成了"布什是毫无独立主张"的这一印象,他们甚至称"布什是里根的影子"。

在交谈的时候,民主党人用挖苦的口气问:"布什在哪里?"

这样的问题,摆明了是在挖苦,如果你的回答不适度的话,难免会更加尴尬,那么这个问题该如何回答才能做到恰到好处呢?

布什的竞选顾问、老资格政治公关专家艾尔斯,为布什设计了一个回答:"布什在家里,同夫人巴巴拉在一起,这有错吗?"

这样回答,体现了强烈的针对性和恰如其分的分寸感的结合,可以说是有很高的艺术性。

像这样巧妙的回答一般人是想不到的,假如艾尔斯不是这么设计回答的,肯定就没有这么好的效果,也势必会带来影响。我们可以反过来想想看,如果你在社交场上遭到别人挖苦,而你马上抓住对方的弱点,给予迎头痛击,那样对方可能会很难堪,那时也许你自认为是胜利者,可在别人眼里,你却是一个心胸狭窄、不善言辞的人。而艾尔斯为布什设计的回答,却为布什的政治家风度增添了不少光彩。这不失为言谈的适度,分寸的掌握恰到好处。

嘴上功夫看似雕虫小技,却是很多人都需要学习的一门技术,如果你能够掌握好这一门技术,如果你能把这门技术运用得恰到好处,那么,就有可能因此扭转你的一生。说话不但要有尺度,而且尺度一定要拿捏到位,这样看似很普通的一句话,也会平添几许分量,话少又精到,给人感觉深思熟虑。而说话的尺度决定于你谈话的对象、话题和语境等诸多因素的需要。换句话说,要言之有度。有度的反面则是"失度",对人出言不

逊,或当着众人之面揭人短处,或该说的没说,不该说的却都说了,这些都是"失度"的表现。

◎良言过耳周身暖,绿灯大开行方便◎

◎ 心机箴言 ◎

俗话说,"良言过耳周身暖,恶语钻心彻骨寒"。由此可见,话能暖心也能伤人,但只要好话说到位,有时就能成为敲开成功大门的利器。

心机解读

在社会中,每个人都希望被尊重、被夸奖、被肯定。事实上,渴望被欣赏是人之共性,不论是谁,总是自觉不自觉地期待从其他人那里得到被欣赏的愉悦。

世界上恐怕没有人不喜欢听"好听的",这是人的天性。这在心理学中叫"真诚的肯定"。具体就是用赞美、欣赏及诚恳的字句向你的朋友说你"真的相信"。由于你适当地发出了真诚的肯定,你会得到接受你肯定的人给你直接的回馈。

可长期以来,大家有一个偏见,爱将那些善于说赞美话、会夸奖的人一律称之为"马屁精"。其实,这是对人际关系的一种误解,在每个人的心中,都有着爱听赞美话的倾向,这是人的天性。赞美的话听得愈多,心中也就愈高兴,信心也随着增高,这是人之常情。

心机案例一

古时候,有一个财大气粗的土财主,虽娶了几房媳妇,但奇怪的是生的孩子都是女孩,这让他相当困惑。可财主仍求子心切,到50多岁时又娶了一姚姓女子,这女子还真没有辜负他的愿望,在婚后的第二年,就为他生了一个白胖小子，这可喜坏了老财主。

为了庆贺老来得子，财主在儿子满月那天大摆筵席，众多朋友从四面八方赶来为他贺喜。财主生怕别人不知道他有个儿子，逢人便说："你看这孩子将来会怎么样？"

客人大多装模作样地端详一番，然后故意讨好老财主道："这孩子天庭饱满，地阁方圆，将来肯定是个当大官的料！"

明明知道是恭维话，但老财主听了还是笑得合不拢嘴，并立马奖赏他。

这时，财主又看到另外一个客人说："依你之见，我的儿子将来会怎么样？"

这位客人也端详半天，连声夸道："看这模样长的，就是大福大贵之人，将来肯定能发大财！"

财主听后，自然又是欣喜万分，再次安排仆人当场奖赏客人。

正要转身，第三个客人又跨进门来，财主就高兴地问："你看看我的孩子将来会是怎么样？"

这位客人却毫不客气地说："将来他肯定会死。"

财主一听，火冒三丈，气急败坏地命人把他毒打一顿，赶出了宴会。

第三个客人显然说的是实话，却遭到了与前面两位完全不同的待遇，因为这样的场合说出这样丧气的话，显然是不合时宜的。

在生活中，赞美是人际交往中不可或缺的重要组成部分，要想生存乃至步步亨通，就不能不掌握说话的技巧。古往今来，大凡"成功"者十有八九都精通此术。足见语言的魅力。一个聪明能干的人若能掌握赞美的说话艺术，犹如在成功的路上为虎添翼、锦上添花。

心机案例二

杨某是一家研究所的高级工程师，因为工作原因他与妻子两地分居十几年，虽然钱花了不少，礼品也送了很多，可不知道什么什么原因，妻子就是调动不过来，这件事让杨某十分头疼，但他也无可奈何。

最近,在杨某妻子调动过程中起到关键作用的某局局长又换了人,新上任的是从外地来的刘局长。杨某听别人说,这位刘局长能急人之急,为群众办真事,他先了解了几个受刘局长帮助的例子,然后决定登门拜访。

到刘局长家拜访的那天,他并没有开门见山地说出自己的来意。他先对刘局长进行了一番恭维,说他做得比较好的政绩,是真正为老百姓做实事。

刘局长很谦虚,他笑着说:"哪里,哪里,人家的确有困难,有的已经分居好几年了,就是调不到一起。我也只是做了一点自己应该做的事。"到了这个关口,杨某趁机说出了自己的问题:"刘局长,其实我也有点小事想麻烦您。我和妻子两地分居十几年了,一直没有解决。本来我不打算找了,可我听很多人说您的政绩突出,心中仰慕,所以想请您帮帮忙。"接着,杨某就把自己的情况详细地和刘局长说了一下。刘局长听后,让他回家等消息。

果然,不到半个月,一纸调令到手,杨某一家终于得以团聚。在这里,刘局长之所以能帮上忙,这是因为杨某的要求合情合理。当然杨某恰当的恭维也起了很大的作用。

在人的心中,都有着爱听顺耳话的天性。虽然有时明知对方讲的是恭维话,但心中还是免不了会沾沾自喜,这是人性的弱点。一个人受到别人的夸赞,绝不会觉得厌恶,除非对方说得太离谱了。精通心机说话的人,都是善于说"良言"的人,而且他们的人际关系通常来说都是处理得非常好的。

因此,在求人办事的过程中,我们要学会巧妙地赞美他人,甚至是给别人"戴高帽",这样就能够达到预期的效果。不过,送"高帽子"一定要送得恰到好处,这关键就是自己的要求合情合理,摆出一份诚挚的心意及认真的态度。否则的话,就会弄巧成拙,落得个适得其反的结果。

◎雄辩未必是银,沉默则贵比黄金◎

◎ 心机箴言 ◎

沉默不等于不说话,沉默不等于没有反击的力量,沉默不等于认同。沉默的背后,蕴藏着巨大的待发的力量。

心机解读

许多人将口若悬河、巧舌如簧作为一个人会说话的标志,现实中有不少人在与人谈话时,也喜欢口无遮拦地说个不休,认为只要尽量多说,将自己的想法一股脑儿地抖搂出来,就会说服别人。在有心机者看来,这种做法是十分不明智的。

沉默是一种无声的语言,中国有一句古话叫做:"于无声处听惊雷。"有时候沉默可以变得很犀利。我们大都会经历这样的场景:你在和别人讨论、争执,当别人感到乏味时,会不理会你的语言,拿起桌上的报纸或其他什么,随便翻阅起来,以此作为回应。但恰恰是这种沉默式的回击,往往会让你感到十分难受。这就是沉默的"犀利"之处。

沉默更是一种无声的武器。恰当地运用沉默,往往令对方招架不住,自乱阵脚,从而露出庐山真面目。有心机者主张,上帝给了我们一张嘴两只耳朵,目的就是让我们明白耳朵的作用比嘴巴大,听比说更为重要。在特定的场合中,少说乃至不说、保持沉默,常常比喋喋不休地理论更有说服力。

心机案例一

战国时期,秦昭襄王在位已 36 年。但国家军政权力依然掌握在母亲宣太后和叔叔穰侯手中,使得昭襄王无法独立执政,实行变革。范雎就是在这时到达秦国的。他先给昭襄王上疏,说自己有办法使秦国强大,还暗示了如

何处理昭襄王与宣太后及穰侯的关键问题。

昭襄王看了范雎的上疏后决定召见范雎。到了召见那天，范雎故意事先在接见的地点四处闲逛。昭襄王驾到时，侍臣看到有人在附近闲逛，便道："大王驾到，回避！"

范雎这时故意提高声音说道："秦国哪有什么大王，只有宣太后和穰侯而已！"这话正好击中了昭襄王积压在心中许久的心病。他有些不安地接见范雎，对他说："早该拜见先生的，只是政务烦心，每天要去请示太后，所以拖到现在。我生性愚钝，请先生不要客气，多加教诲。"

但范雎一言不发，仍若无其事地向四周顾盼着。

大厅内静悄悄的，气氛十分凝重。左右群臣们都有些不安地看着事态的发展。昭襄王猜想可能是由于众臣在场，范雎有所不便，就遣退众臣，但范雎仍然一言不发。昭襄王于是又问道："先生有什么赐教于我？"

范雎开了口，说："是，是。"停了一会儿，秦王又一次请教，范雎仍只是说："是。是。"如此重复了好几次。

后来，昭襄王长跪不起，说："先生不肯指教我吗？至少也该解释一下为什么一言不发的理由吧！"

这时，范雎才拜谢道："不敢如此。"于是滔滔不绝地谈下去。他谈的主要内容即是著名的"远交近攻"策略，同时也谈及太后、穰侯等人独断专权，架空昭襄王一事，并提出应对策略。

秦昭襄王听了范雎的话后十分赞赏，马上任命他为顾问。几年后，又让范雎做了秦国宰相。后来他对范雎说："过去齐桓公得到管仲，时人称他为'仲父'。现在我得到您，也要称您为'父'！"

范雎别出心裁的做事方法确有其妙不可言的独特效力。沉默使昭襄王屏退了众臣，也使昭襄王能怀着一种惊异而专注的心理来倾听范雎的意见，并加重了对他的敬重之意。

范雎巧妙地运用沉默，为自己赢得应有的尊重与地位。在生活中，如果我们能将沉默内化为个性的一部分，不仅能时常发挥"话多不如话少，话少不如话好"的力量，而且还能起到反客为主的效果，掌握人际交往的主动权。

心机案例二

有一次，日本一家制造公司就引进原材料的问题与美国一家客户进行谈判。

一开始，美国谈判方势头很猛，而且有条不紊，准备了大量的产品说明、价格对照、相关法律条文等谈判资料，不厌其烦的美国方面代表一一介绍，并表现出舍我其谁的自信。

对此，日本方面的代表多数情况下都是温文尔雅，仔细聆听，偶尔会有一两次的辩论。

几天下来以后，美国谈判方觉得应该是做最后决定的时候了。

然而出乎他们意料的是，日本代表此时却彬彬有礼地回答道："对你们之前阐述的一些事情，我们还有很多不明白的地方。"

"什么地方不明白？"美国方面谈判代表耐心地问道。

日本谈判代表不动声色地微笑作答："所有的内容，我们都不太明白！"

接下来，又是一通反复的论证与说明。日方代表的耐心让美国人觉得，自己只有以更大的耐心与之抗衡才能取得谈判优势。

于是，日本谈判方一而再、再而三地用各种理由消磨美国人的锐气。

美方谈判代表不甘心让自己此前一次一次的努力都付诸东流，于是最终不得已放低了要求。

几个回合之后，日本人终于把价格压到了最低点。可以说，日本的谈判者之所以能取得制胜的关键，在于他们有比对方还要强大的耐心。

在这个事例中，日本方面代表以沉默来反观美国方面代表的强势。这种沉默给对方造成一种压力，压出一些意想不到的收获。当然，在谈判中不能只是简单地沉默不语，可以"顾左右而言他"，或辅以某些相应的体态语言，如微笑着中断、皱眉、以手按眉毛下部、双手在胸前交叉而两脚重叠、目光旁视等动作，向对方发出信息。

如果你认为所有的谈判都要靠唇枪舌剑地争论才能有结果，那你就大

错特错了——有时沉默也是一种谈判之道。语言心理学家分析得出结论：
"沉默可以调节说话和听讲的节奏。沉默在谈话中的作用就相当于 0 在数学
中的作用。尽管是'0'，却很关键。没有沉默，一切交流都无法进行。"

在商业活动中多听、少说甚至不说，这样做的目的是为了获得最大的利
益。少开口不做无谓的争论，对方就无法了解你的真实想法。反之，你可以探
测对方的动机，逐步掌握主动权。这时候的沉默实际上是"火力侦察"。我们
必须认识到沉默与精心选择的话语具有同样的表现力，就好像音乐中的音
符与休止符一样重要。沉默会产生更完美的和谐、更强烈的效果。

当然，沉默不能滥用，如果双方在谈判时都采用沉默来对抗，那这场"没
有硝烟的战争"就不知要拖延到什么时候了。那些老谋深算、富有谈判经验
的人会一下子窥探出你沉默的用意，从而不露声色，令你失望。因而，只有对
那些急于求成或谈判经验稍逊的人运用此法，方能全面获胜，真正体现出沉
默的价值。

◎善意的谎言可以创造生活的奇迹◎

◎ 心机箴言 ◎

说谎话向来是被人们谴责的行为，因为人与人之间应该坦诚相待，可
是在某些特定情况下，善意的"谎言"也同样美丽。

心机解读

谁都知道说谎话不好，但在特定情况下，出于关怀对方的考虑，人们不
便直言相告，就应该编织一些美丽的谎言，去宽慰对方，这样的谎言效果要
比实话实说高明得多。

心理学家认为："一个没有谎言的世界会变得很冷酷。"换句话说就是，
世界正是因为有了一些善意的谎言，才变得真实而充满温馨。

所以，生活中是需要一些善意的谎言的。善意的谎言是美丽的，它不是欺骗或居心叵测。当人们为了他人的幸福和希望而适度地撒一些小谎的时候，谎言即变为了一种理解、尊重和宽容，而且具有神奇的力量。它让人们心底的希望之火重新燃起，也让人更加坚信这世界上仍然有爱，有希望，有感动……而这些，正是人与人之间沟通的最高境界，往往，心灵的契合通过最简单的方式，便有可能达到共振。医生的一句善意的谎言，可以让恐惧的病人由毁灭走向新生；父母的一句善意的谎言，让涉世不深的孩子脸若鲜花，灿烂生辉；老师的一句善意的谎言，让彷徨学子不再困惑，更好地成长……善意的谎言不会玷污文明，更不会扭曲人性。

其实，善意的谎言往往要比事实真相简单得多，它无须为了避免对方的"遐想"而遣词造句，只需怀有一颗至善至爱的心，就可以达成一种美妙的沟通效果。如此，人们不妨在与人交流中巧妙地运用一些善意的"委婉词"，让彼此传达出的信息流动得更加和谐。

心机案例一

有一个学生，他对长跑并不是很在行，但在一次测试中，老师告诉他的长跑速度比其他同学快，而且还说他有机会代表学校参加比赛，叫他好好努力。那位学生听了老师的话之后非常兴奋，因为一直认为自己没有长跑天赋的他，竟然能代表学校参加比赛。从这天起，他真正喜欢上了长跑，并且每天坚持起来跑步，过了一段时间后，本来完全不能代表学校参加比赛的他，竟然真的被选上了。

曾经有一位教师，他撒了一个慌说自己可以给学生预测未来：你将来可能成为数学家，他能当作家，那一个具有艺术天赋……在老师的指点、熏染、鼓励和塑造中，孩子们变得勤奋刻苦，懂事好学。几年后，大批学生以优异成绩迈进大学的校门，小村也因此闻名遐迩。人们都以为这位老教师能掐会算，可以感知未来。其实，老师的良苦用心是将一个美丽的谎言种植在孩子的心灵，就像播一粒种子在土里，终将枝繁叶茂，开花结果。

出于美好愿望的谎言,是人生的滋养品,也是信念的源动力。它让人从心里燃起希望之火,确信世界上有爱、有信任、有感动,因而找到更多笑对生活的理由。善意的谎言,是赋予人性的灵性,体现着情感的细腻和思想的成熟,促使人坚强执著,不由自主地去努力、去争取,最后战胜脆弱,绝处逢生。

善意的谎言具有神奇的力量,鼓舞你一次再一次地做着进步的努力,为了心中的梦想绝不轻言放弃。因为未来的道路完全被欢乐的心情照亮,生活因此变得更加美好。

心机案例二

严新,是一名医生,在实习时发生的一件事,对他触动很大,可以说终生难忘。

当时,他刚参加工作不久,就遇到了一位 47 岁的宫颈癌患者。病情已经相当严重了,省医院做过诊断后便让她回家治疗。

但严新的导师看过后,却给患者开了药,并漫不经心地对患者说:不是多大的事,慢慢就会好的。

而实习医生严新对此大为不解,认为患者本来就已经够倒霉的了,作为医生和导师,怎么还能欺骗患者呢! 于是,他看完诊断后,就一股脑儿地把宫颈癌的所有情况都说给了病人。可没想到的是,病人当场脸色苍白晕倒在地,阴道流血不止,很快就浸湿了外裤。

导师无可奈何地瞪了严新一眼,并让护士赶紧把病人抬进去住院。本来是她本人走过来开药的,是严新的实话实说让她的精神才彻底崩溃了。

病人从此就对生活丧失了信心,并拒绝进食,没到半个月就告别了人世。临走前,她还遗憾地告诉医生,她还有三个月女儿就要考大学了,可惜她等不到那一天了。

那位女患者临终前的遗憾也成了严新人生中最大的憾事。

尽管,没有人去谴责严新,但他在内心里却感到永远的内疚,好像自己就是杀人凶手。他不能原谅自己的那次实话实说,让原本可以延长至少半年的生命却在短短不到半个月里就悄然逝去！

从那以后，严新便学会了适时地"撒谎"。为了延长病人的生命，更为了让患者在人生的最后岁月对生活仍然抱有美好的希望而活着，他就用自己精心编织的"谎言"去安慰患者。

我们可以理解人们对谎言的深恶痛绝。可是，当事实真相与生命有冲突的时候，如果仍抱定诚恳的态度以实相告，那么无疑就会加速别人的死亡。在生活中，更多的时候，是需要一些善意的谎言来激励斗志、挖掘潜能的，而谎言有时的确能起到实话所不能起到的作用，善意的谎言也是很美丽的，它比那些引起严重后果的真诚效果要好得多。因此，只要我们掌握好"说谎"的火候，定能让它达到神奇的效果。

◎拒绝是一门艺术，"黑"脸也要"黑"得高明◎

◎ 心机箴言 ◎

勇敢地说"不"，学会拒绝，不是要你刻意地去拒别人于千里之外，而是为了更好地保护自己，更好地使自己活跃在社会这个大舞台上。

心机解读

在生活中难免会遇到亲朋好友提出的一些不合理的要求，这些要求往往是超过了自己能力的极限。纵使心中再不满，但为了日后双方的交往，很多人就只能硬撑。但有可能会导致对方的得寸进尺，一旦这种过分的要求逐渐累积之后，终究会让你向他尴尬地摊牌。可是一旦表达不到位，对方就会大动肝火，甚至心生怨恨。所以，在接受不合理要求的同时，人们应该学会拒绝之道。

事实上,谁也无法做到有求必应。所谓的助人为乐,也只能是在自己力所能及的范围内,若超出了自己能力的极限,那就是心有余而力不足。当你确实无力再出手相助时,你就要坚定地把"不"字说出口,但一定要讲究分寸和策略。

往往有些人,不懂得去拒绝别人,认为拒绝别人是件很难说出口的事。每当别人有求于自己的时候,总是不好意思拒绝,害怕拒绝了别人会损及别人的面子,从而使两个人的关系疏远。但是,有些时候别人的请求是自己根本不可能做到,或者即便能够做到也会给自己带来巨大的麻烦和损失,在这种情况下,就要勇敢地拒绝。而且事实上,只要你能够把拒绝别人的话说得巧妙、说得恰当,就不会伤害到别人的尊严。

心机人士指出,在涉及大是大非的问题上,在涉及你个人利益和前程的事情上,如果对方向你提出一些不合情理的要求,那么,你应当不能顾及情面,该黑脸时要黑脸,向对方斩钉截铁地说"不"。

心机案例一

隋文帝时,有个善于说笑话的人叫侯白。他讲的笑话不但好听,而且往往蕴涵着一些人生道理,大家都爱听他的笑话,就连宰相越国公杨素也最喜欢听他说笑话。这天,他应邀给杨素说了许多笑话,杨素听得兴起,也就忘了时间。等到侯白离开杨府时已是傍晚,谁知道刚一出府,又碰上了杨素的儿子杨玄感。这位公子和他爹一样,也非常喜欢侯白说的笑话,这次遇到侯白说什么也不肯放他回家,非要听他讲笑话。无可奈何,侯白只得站在路边给任性的杨公子讲起了笑话。

侯白说:"从前有一只老虎,肚子饿极了,一大早就去野外找食吃。这时它看见地上躺着一只刺猬,老虎以为是块好肉,就想一口吞进肚里,不料,刚一张口,就被刺猬夹位了鼻子。疼痛难忍的老虎不知碰到什么怪物,吓得纵身逃跑,一口气跑回深山老林,又困乏又惊恐,便昏昏睡去了。老虎鼻子上一直带着刺猬,等老虎睡了,刺猬才放开老虎。这一下不疼了,老虎这才想起自己腹内空空,从昨晚到现在还什么食物都没吃呢,饿得心发慌,便一跃而起又去找食。它没跃出多远,便见到一棵橡树,低头一看,那橡树的果实毛茸茸的,跟小怪物(刺猬)似的,便心有余悸地说:'今天早上遇见了您父亲,现在又碰上了您。请让一让路,放我回家吧!我肚子里还没食呢。'"

杨玄感听了,不禁一阵脸红,这故事里的橡树果实不正是说他自己吗?这才发现自己缠着侯白讲故事耽搁人家吃晚饭了,真是不够礼貌。他诚恳地向侯白道歉,以后也没有再纠缠侯白。

在人际交往过程中,拒绝别人往往损伤别人的脸面,伤害别人的自尊心。因此,有时候不宜直接用"不"字这个具有强烈对抗色彩的字眼,而是把否定性的陈述用肯定的形式表达出来。这往往能取得意想不到的效果,在达到目的的同时,还不会伤害到彼此之间的感情。

心机案例二

张琦大学毕业后,就被分到一个小地方工作,他感到很失落。为了打发这难熬的日子,他就整天和一帮哥们儿喝酒、打牌。

但这样的日子并没有给他带来真正的快乐,后来就逐渐醒悟过来,开始报名参加了等级考试。

有一天晚上,他正在埋头苦读,突然一个哥们儿打过来了电话,说邀请他去万海家里集合。张琦细问才知道,原来他们是"三缺一"。

可张琦又不好意思讲大道理来拒绝他们的要求,也不想再像以前没日没夜地玩耍,便回答说:"哎呀,哥们儿,我这样的臭手,你们还不清楚啊?你们成心是想让我'进贡'了吧?可我这个月的工资早都快见底了,这样吧,少玩会儿,就打一个小时,你们若答应我就去,不答应就算了。"

一阵哄笑之后,对方也就不好再说什么了,实际上他们已经知道张琦已经"另有所爱"了,也就不再来打扰他了。

有时候,断然拒绝朋友的邀请确实显得不够仗义。拒绝别人,不把话说死,那就可以先给对方设置一个条件,给对方留一个退路,留一个台阶下,然

后争取自己及时脱身的主动权,让对方明白你的态度,也就不会太勉强了。

社会非常复杂,人与人相处也不排除功利的目的。你可能无心去伤害别人,但你不能够保证别人会在有意无意中不伤害你。正所谓:害人之心不可有,防人之心不可无。很多时候,并不是所有的好处我们都要接受,为了保护自己就必须学会克制和拒绝。不要以为拒绝就会得罪人,适时地拒绝,有艺术地拒绝,不但不会遭到别人记恨,还会赢得别人对你的敬佩。有了勇气,你的智慧才能得以发挥,你的拒绝也会变得妙趣横生;有了谦恭,你的真诚才能使人相信,你的拒绝也会变成感动。

◎忠言不逆耳,事半但功倍◎

◎ 心机箴言 ◎

忠言逆耳是千百年来被证实的道理,但是圆融的人不会只顾自己的利益而拒进忠言,他们会讲究一定的方式和策略让忠言变得不再逆耳。

心机解读

古语说:"良药苦口利于病,忠言逆耳利于行。"对于接受忠告的一方来说,这固然是至理名言,因为它能使人从正面去接受别人的意见,但对于提出忠告的一方来说,却不宜遵循。因为一般而言,人们大都乐意听好话,听别人赞美自己的长处和优点,而不愿意听别人直说自己的短处和缺点。因此,真正能听得进逆耳忠言的人并不多。而像《论语》上所说的"人告之以过则喜"的情况就更是凤毛麟角了,恐怕也只有子路、孔子等大圣人才能有此雅量。

正像有人所比喻的那样,逆耳的忠言"是处在高温状态下的金子,它很烫、很热",只有那些十分了解你的人或者内心修养十分深厚的人,才会忍受那种切肤的灼痛,捡起那金光闪闪的金子。

每个人都是有自尊心的，他们通常会对自己不习惯的事物和不喜欢的话，产生一种强烈的抵触心理。在人际交往中，有些话我们若是挑明了从正面去说，极有可能引起对方的反感，让他难以接受。对于一句批评的话，如果婉转地提出，不逞一时的刚勇，同样能达到批评对方的目的，这就是有心机者说话的技巧。因为将不容易入耳的话用委婉的方式表达出来，既保全了对方的面子，也达到了说服的目的。

心机案例一

晏子是春秋时期齐国的相国，十分善于在说笑中劝谏国君。

有一次，齐景公问晏子："你的家靠近市场，你知道什么东西卖得贵，什么东西卖得贱吗？"晏子说："最近齐国市场上，踊（一种被砍掉双脚后穿的鞋）卖得比较贵，而履（指一般的鞋）卖得比较贱。"

齐景公听了，知道晏子是在讽刺自己滥用刑法，齐国的老百姓很多人受刖刑，被砍掉了双脚。

还有一次，齐景公非常愤怒，命令武士将一个人绑起来，要把他剁成肉块，谁劝也听不进去。晏子急忙走过去，左手抓住这个人的头发，右手拿着武士递过来的刀，抬头问殿上的齐景公说："让我来替大王行刑吧！大王快告诉我。古代贤明的君主肢解人，是从哪里下刀呢？"

齐景公听了，马上从座位上走下来说："你把这人放了吧，过错在我。"

齐景公有一匹马，他非常喜欢，可是，有一天这匹马却生病死了。齐景公非常生气，手拿长戈就要亲自把养马的马夫刺死。晏子急忙走上前去，说："慢着，让我来替大王杀死他吧！"说着，接过景公的长戈，对景公说："大王这样做，是让他连自己犯了什么罪也不知道就死了，必定觉得冤屈，还是让我先告诉他犯了什么罪，再杀他也不晚。"

晏子便拿着戈，走近马夫说："你犯了三条罪，该杀。第一，你为我们国君养马，不经心把马养死了，这是死罪；第二，你让我们国君因为马生病死了而不得不杀了你这个养马的人，你又犯了死罪；第三，你让我们国君因马生病

死了而杀掉养马人的事,传遍其他诸侯各国,让我们的国君蒙受重马轻人的坏名声,这罪又该死。你犯此三罪,所以该杀。"说着,晏子便要动手。

景公听后忙说:"先生住手,请放了他吧!不要让我落个不仁的罪名。"

晏子在劝谏齐景公时,不是通过正面批评,而是采用委婉曲折的方式,用"踊贵履贱"来劝谏齐景公不要滥用酷刑;问景公"古代贤君如何肢解人",让他省悟自己的过错;历数马夫的罪状,告诉齐景公不要因小失大。这成了后来历代聪明的臣子劝谏君主的惯用手法。

所以,我们在提出忠告时一定要讲究方式方法。毕竟,忠告再有价值,如果对方不接受,也是枉然。如果我们不论对象、不分场合、不选时机、不讲方法地乱提一气,那么非但不能起到应有的帮助作用,反而会让对方产生反感,甚至引发矛盾与冲突。

心机案例二

晓艳是个马大哈,这一天不知怎的又丢了好几百块钱。

好朋友圆圆一听,马上就叫起来:"你瞧你瞧,我说什么来着? 这叫'不听老人言,吃亏在眼前'! 我跟你说过多少回了,要小心小心再小心,仔细仔细再仔细! 你怎么全当耳边风了? 连自己的东西都保管不好,你还能干什么呀! 你想想,你都丢了多少东西啦? 我上次送你的那只手提包……"

"够了! 你别说了!"晓艳气呼呼地打断圆圆的话,"不就是那只手提包吗? 丢了就丢了,还没完没了啦! 我丢东西我乐意,你管得着吗?"

圆圆本来是一番好意,可是她的语气过于生硬,责备多于劝慰,使原本就很沮丧的晓艳更加难受,从而闹得不欢而散。

这个故事再次提醒我们:同样是忠言,顺耳的话比逆耳的话更能让人接受,正如甜药比苦药更受病者欢迎一样。因此,当我们向别人提出忠告时,应尽量避免用逆耳的话刺人、伤人,而应该尽可能多地把它转化成顺耳之言,因为这样往往可以获得更好的效果。

◎矮人面前短话说不得◎

◎ 心机箴言 ◎

因为人总是有自尊心的,总希望受到别人的尊重,谁也不希望人们一见面就提自己不愉快的事。

心机解读

与人说话时,如果直言不讳、丝毫不加掩饰地指出对方的问题和缺点,假如对方宽宏大量、宰相肚里能撑船,事情还好办,但是如果对方心胸狭窄,脾气暴躁,又听不得别人的反对意见,那么他就会对你心生厌恨,事情就会变得很难办了。

俗话说得好,"矮子面前莫说短话",别人有生理上的缺陷,或者家庭不幸,或者自己在为人处世方面有短处,心里已经够痛苦的了,不能再雪上加霜了。碰上这些情况我们都应加以避讳,绝不能"哪壶不开提哪壶",不然伤害了别人不说,别人也不会轻易放过你的,到头来只能是两败俱伤而已。

心机案例一

明朝开国皇帝朱元璋,从小出身贫寒,受尽煎熬,饱尝人间冷暖。

他很小的时候就放牛,给有钱人家干活,还曾经为了解决温饱而出家为僧。但朱元璋胸有大志,并不为陷入逆境而气馁,而是胸有鸿鹄之志,经过多年征战终于成就一代霸业。

朱元璋登基不久,他昔日的穷伙伴们都得到了消息,便有人来到京城,想大树底下好乘凉,混个一官半职。而朱元璋本身也很想见见昔日的老朋友,但又怕他口无遮拦,万一抖搂出昔日的丑事,反而让自己下不了台。犹豫再三,他决定还是召见为妥,总不能让人说自己富贵之后不念旧情,于是就下令让其晋见。

那人也不含糊，一进大殿，即大礼参拜，高呼万岁，说："我主万岁！实乃盖世英雄，当年微臣随驾扫荡芦州府，打破罐州城，汤元帅在逃，拿住豆将军，红孩子当兵，多亏菜将军。"

朱元璋听他说得十分含蓄，心里非常高兴，就回想起当年大家饥寒交迫时有福同享、有难同当的情形，心情很激动，就立即给这个伙伴金银珠宝，还让他在朝廷中做了大官。

而另一个当年一块放牛的伙伴也听说朱元璋这个当年的穷朋友在京城做了皇帝，便也找上门来了。见到朱元璋，他激动无比，生怕皇帝早已忘了自己，便在金殿之上指手画脚地上说道："我主万岁！你还记得当年吗？那时候咱俩都给人家放牛。有一次我们在芦苇荡里，把偷来的豆子放在瓦罐里煮着吃，还没等到煮熟，大家就一哄而上抢着吃，结果把罐子都打破了，撒下一地的豆子，汤都泼在泥地里。你只顾从地下抓豆子吃，结果把红草根卡在喉咙里，还是我出的主意，叫你用一把青菜吞下，才把那红草带下肚子里。"

当着文武百官的面，这位昔日伙伴的信口开河，让朱元璋颜面尽失，又气又恼，就大喝一声："哪里来的疯子，在此撒野，来人，把他推出去斩了。"

其实，这个被推出去斩首的人，和第一个享受荣华富贵的人诉说的是同一件事情，却出现了两种不同的结局，区别就在不懂得会说话的精妙。后面说话的这位老兄自认为自己提起儿时的事情，就能够让朱元璋念起旧情，可他没想到竟然给自己惹来了杀身之祸，原因就是他揭了朱元璋的短，自找倒霉。

因此，在与人打交道的过程中，我们要学会在不同的场合说不同的话。场面话谁都能说几句，但并不是谁都会说，一不小心，也许你就踏进了言语的"雷区"，触到了对方的隐私和短处，犯了对方的忌，对听话者造成一定的伤害，自己也落得下不来台。其实，每个人都有所长，亦有所短，为人处世的成功，一个很重要的因素就是善于发现对方身上的优点，夸赞对方的长处，而不要抓住别人的隐私、痛处和缺点，大做文章。所以，一定要注意，不论在何种场合，都不要揭别人的短处，也不要伤害别人的自尊！那样做，是于人于己都不利的事，有时还可能会给自己带来害处。

心机案例二

一位胖顾客到服装店里买衣服,她对一件大花和横向条纹的上衣感兴趣,售货员劝道:"这种大花带横条的衣服适合瘦人穿,你这么胖,再穿上这种衣服,那不难看死了。"

售货员是一片好心,但她触及了顾客的忌讳,女顾客气得一句话都没说就走了。

又一天,她碰到了另一位会说话的售货员,根据顾客的特点,售货员帮她选择了几何图案的花布,并且介绍说:"那种大花图案带有扩张感,你穿不太合适。这种几何图案花布艺术大方,颜色也好,一尺才8元,你买8尺就够了,花钱不多做件衬衫穿,能使人显得年轻,瘦溜。"胖顾客听了就很舒服。

人与人相处,会说话是一门艺术。因此,在现实的交际生活中,一定要注意尊重别人,不然就会使人际关系恶化,导致交际的失败。

生活是复杂的,由于种种原因,有时说话还非要涉及别人忌讳的话题不可,在这种情况下,就要讲究语言技巧了。要尽量把话说得委婉、含蓄些,在遣词造句时,要避免那些带有直接刺激感官的字眼,这样就有可能取得比较好的效果。

卷十三　在商场博弈的关头：

翻云覆雨，深藏不露

　　古有战场，硝烟弥漫；今有商海，波澜壮阔。在碧波荡漾的商海中，要想劈波斩浪、一帆风顺，就要学会经商之道，除了要掌握"眼观市场行情、耳听八方信息"的要素外，还要练就一身竞争博弈的本事，否则不是被强大的对手消灭，就是自我出局。

　　要想开辟财富通道，就要有匠心独运的商业绝技，而那些在商场叱咤风云的商业巨子，都是掌握商战玄机的高手，其运作手法几乎是登峰造极、炉火纯青，因而才在高深莫测的商战中轻松自如、游刃有余。

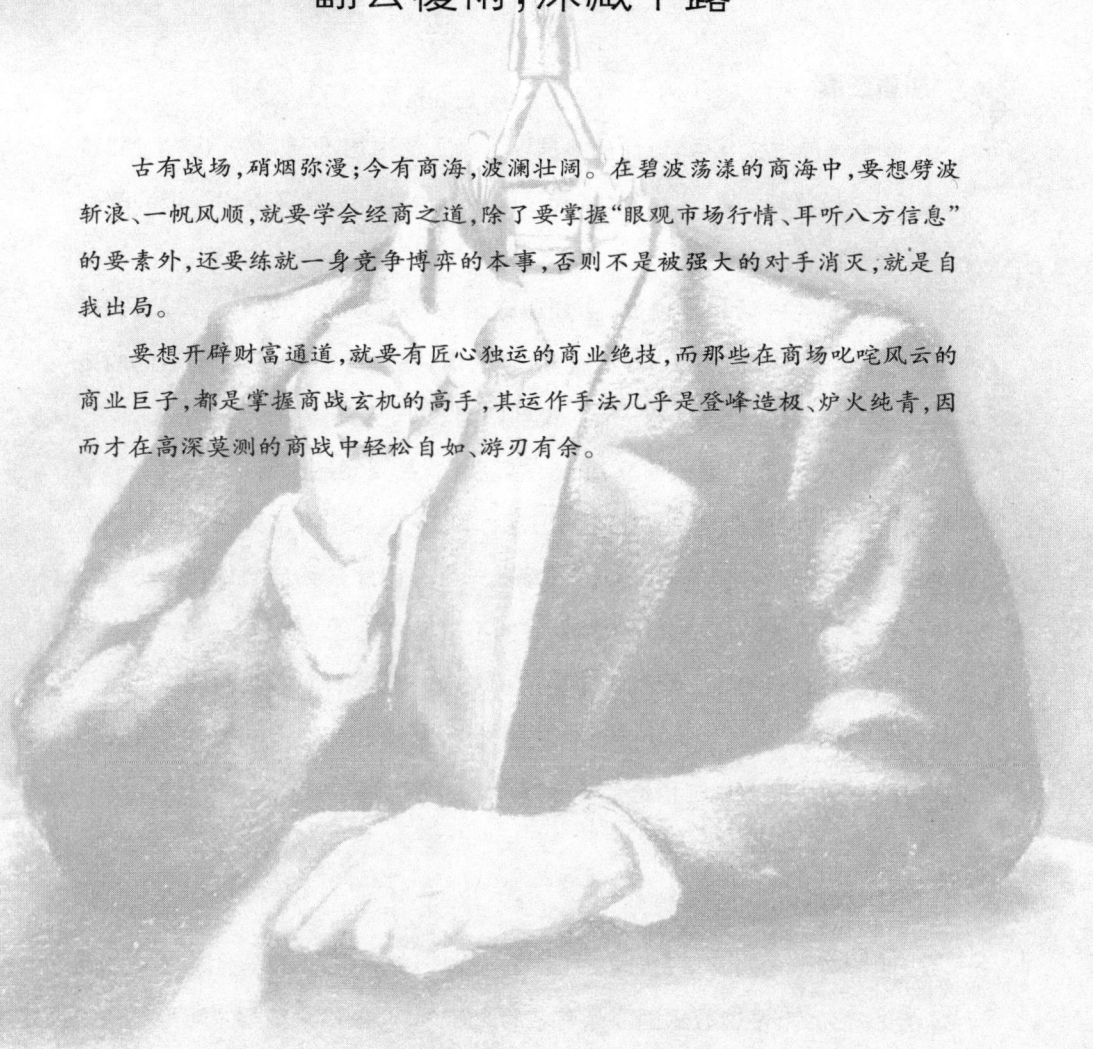

◎商场诡谲，诚信为上◎

◎心机箴言◎

商场如战场，总是充满了厮杀与火药味，但大智的儒商都讲究诚信至上，因为也只有这样，才能赢得更多的利益回报。否则，虽可能暂时捞取到好处，但却失去了无限的商机。

心机解读

在中国传统文化中，诚信始终被视为做人的道德准则。《礼记》中的"诚者，天之道也；诚之者，人之道也"和民间的"一言既出，驷马难追"，说的都是诚信的重要性。

"诚信"的内涵相当广泛，诸如遵守诺言，实践成约，老老实实，诚实可信，讲真话，不虚饰，办实事，不撒谎，守信用，不食言等等，都属于诚信的范畴，归结为一句话，就是一诺千金，说到做到。

在商海中，散布虚假信息，或者尔虞我诈，甚至制造假冒伪劣产品，都能够获得暴利，但这都是目光短浅的短视行为，不可能获得持久的发展。别人可能被蒙蔽一时，但绝对不可能被蒙蔽一生，因此最终受到惩罚的仍是自己。而一个商人的口碑才是永续发展的不竭动力。

因此，聪明的商人总是看重诚信的价值。虽然有时候会为诚信付出代价，甚至会被一些人视为不会钻营的愚蠢之举，但却能在后期的发展中赢得良好的口碑。而口碑则恰恰是不尽钱财滚滚来的真正渠道。

心机案例一

越国有个人叫虞孚，他的梦想就是成为一名富商。但是，他却不知如何才能做好商人，便请教越国鼎鼎有名的大商人、大政治家范蠡。可是范蠡没

有直接答复他，而是把自己的老师计然推荐给了他，让他去向计然请教。

见到计然后，虞孚表现得非常尊敬。计然看他心诚，教给了他一套种漆树的技术，并且告诉他这项技术可以让他发大财。虞孚按照计然交给他的方法去做了。

一晃过了三年，当年栽下的那些漆树，如今已经割得漆数百斛，虞孚高兴地想着："这一下我可真的要变成大富商了。"果然，他的漆因为质量上乘，在越国有口皆碑，大家都夸虞孚的漆好，真是供不应求。而虞孚也成为远近闻名的大富商。

又过了几年，虞孚经常在吴国经商的内兄告诉他，去吴国卖漆生意一定很好，并说吴国人崇尚绘饰，漆工很多，漆在吴国是畅销货，那些卖漆的人经常将假漆掺和在好漆中一起卖，一斛漆当两斛漆卖，可以大发其财。

虞孚为了发财，听了内兄的建议。在内兄的指导下，虞孚用漆树叶煮膏充漆，也煮了数百斛，带着好漆和假漆到了吴国。当时市场上要漆的人很多，大家亲眼看到虞孚的漆质量好，纷纷和他约定日子付钱拉货。当夜，虞孚认为有机可乘，便将假漆掺入好漆桶中，以为得逞。

然而没过多久，买漆的人发现，虞孚的漆并不好，便不再前来购买。虞孚赔光本钱，不但发财梦就此破灭了，还沦为了一个人人讥笑的乞丐。

对于任何一个想要走上成功之路的人来说，信誉绝不是无足轻重的。无论到了哪里，信誉都跟你的切身利益息息相关，甚至直接关系到你能不能赚到钱。因此，只有那些愚蠢的人才会将信誉和利益看成是矛盾的一对，认为诚实守信会影响自己的收益。

从虞孚售漆由富商变乞丐的整个过程中，可以得出这样一条真理："欺人者人必欺之"，偷工减料、耍小聪明，这可以逃过一时，但逃不过一世。从古到今，不论工业，还是商业、服务业，凡以次充好，欺骗客户者必衰败，而始终诚信保证质量者则昌盛。君子爱财，取之有道，越是精明的人就越是懂得信誉对自己的意义。

心机案例二

常年在福布斯排行榜位列前十的亚洲首富李嘉诚发家致富，靠的就是对客户负责。他无论是创业还是守业，最优先考虑的都是如何让自己的客户和合作伙伴满意。偷奸耍滑、欺骗他人的事，李嘉诚是从来不做的。他曾说过这样一段话："做生意要以诚待人，不能投机取巧。一生之中，最重要的是人品。我现在就算再有多十倍的资金也不足以应付那么多的生意，而且很多是别人主动找我的，这些都是因为别人相信我的人品。"的确，凡是跟李嘉诚合作过的人，没有人不称赞他的绝好"人品"。

李嘉诚的发家之路，是由生产塑胶花开始的。在他刚起步时，有一次接待了一位大客户。不过，对方有些担心李嘉诚的供货能力，因此要求须有富裕的厂家做担保，他才愿意与李嘉诚合作。为了争取到这个客户，李嘉诚找了许多商人，可是他们都不愿为这个年轻人做担保。无奈之下，李嘉诚只好找到外商，说明了情况。

看到李嘉诚的真诚，外商顿时被感动了，他对李嘉诚说："没想到，你竟然能这么坦白，看来，你的确是个诚实的人。诚信乃做人之道，亦是经营之本，既然你能做到诚信，那么我就相信你，咱们签合约吧。"

不过，李嘉诚却没有答应，他摆了摆手，诚恳地拒绝了与对方的合作："先生，谢谢您对我的信任。不过，我还是不能签字。因为，我并没有那么多资金，很难完成您的订单。所以，我只能期待下次再与您合作了。"

这番话，立刻让外商张大了嘴巴，他没想到，在这个狡诈的商业社会中，还有这样诚实的人。于是外商说："李先生，我真的很佩服您，我从没有见过像您这样诚实的企业家。我可以感到，您是一位可信赖的人，这样吧，我预付货款，以便为你扩大生产提供资金。"

有了外商的相助，李嘉诚的事业迅速腾飞，从此他成为香港塑胶花大王。与其说这是一次商业上的成功，不如说这是一次人格上的胜利。当李嘉诚的襟怀坦白令对方肃然起敬时，他在波诡云谲的生意场上每次能吉星高

照也就不难理解了。

事实上,每个人的心里都有一个关于你的"人品账户",你对他好,他就在心里暗暗为你的"人品账户"充值,冲着你这份"人品"他下次也还愿意来找你,当你的"回头客"。更何况,每个人都有自己的社交圈子,一个人对你的"人品"的评价,会影响跟他打交道的一大群人,你拉拢他一个,获得的绝不仅仅是一个,而是一群未来的潜在客户。

犹太人有一句商谚:失去诚信,钱袋子就立不住;缺少谋算,钱箱子就永远装不满。我们都知道,商业活动重在买卖双方的关系,就是一种交换关系。这种关系应当建立在互惠互利的基础上,大家在商务运作中,应当以自愿为原则,以互利为目的。只有如此,这种关系才能长期保持,生意才能长久兴隆下去。一个商人以信义来经营自己的事业,他就一定会成功。翻阅商业历史,真正存活下来的老字号商家,没有哪一家是靠欺骗而长久不衰的,而且可以肯定的是,他们在商界都讲求诚信,谁违背了信义就会遭到合作者和消费者的遗弃。

因此,诚实守信是人立足于世,并建功立业的基本准则。只有守信的人,才能赢得别人的信任,从而给自己的事业带来众多良性的发展。

◎奇货可居,从长计议◎

◎ 心机箴言 ◎

作为一名出色的商人,就要具备长远的战略目光,而不是为眼前的蝇头小利而计较得失。要有敏锐的市场洞察力,于平凡中看出商机,并采取相应的活动,从而为日后的增值储备力量。

心机解读

作为商人,其获利的方式和途径无非是两种:投资和投机。投资主要靠才能智慧;而投机除了智慧外,还得需要勇气和胆略,因为投机固然利润很大,风险同样也很大,但总有一些勇气可嘉的人无畏于风险。

商人的终极目标和追求就是为了获取"无数的利",而达到这一目的手段可以有多种表现形式。大智的商人,总具有前瞻的目光和敏锐的洞察力,总能在别人忽视或者不注意的地方看到商机,继而做出大胆的决策。在一般人看来,这可能是愚蠢之举,而这却恰恰是真正的高明商人的不俗之处。因为,世俗的眼光,只能看到眼前的利益,而看不到增值的潜力,更不愿意承受无法预测的商业风险,这就为大智者创造了奇货可居的生存空间。

发现商机是需要智慧的,而采取行动则需要胆量。在商机未明之前,有些需要在人们的意识里是模糊的,是以潜意识状态存在的。而商机的明确与启动则会带动相应意识的开发与逐渐明确,与之相应的商机方向也会逐渐变得明确,有眼光的商人总是领先一步锁定目标。

心机案例一

秦朝的大商人吕不韦就是一个"奇货可居"的高人。

为了赚取更大的利益,他把自己的全部家产都押在穷困落魄的作为人质公子的身上,认为这个叫子楚的公子,是"奇货可居",于是就进行了一场政治和商业的豪赌,最后他成功了,成为政商两界皆有建树的历史人物。

谈到历史上的秦朝,就不能不想到秦始皇;说到秦始皇,也可能很少有人不知道他统一六国,统一度量衡等。

然而,可能不是太多的人知道这样一个事实:之所以会有秦始皇,秦之所以能一统天下,实际上皆因有一个叫做吕不韦的人。

身为商人的吕不韦,非常关心政治时局。可他当时的商人身份却无法参与政治。

而机会是靠人把握的。一次,他到邯郸去做生意,巧遇在赵国当人质的子楚,凭着对时事的了解和商人对机遇特有的敏感,吕不韦一见子楚便认定"子楚就像一件奇货,可以囤积居奇,以待高价售出"——这是吕不韦最原始的判断。

在见到子楚后，吕不韦就回家和自己的父亲进行了这样的一场历史性的对话。

吕不韦问父亲："耕田能获多大的利？"

父亲答："十倍的利。"

吕不韦又问："经营珠玉能赢几倍的利？""

"百倍的利。"父亲毫不犹豫地回答。

吕不韦又接着问："若帮助立一国之主，能赢几倍的利？"

"无法估量，是暴利！"父亲有些惊讶。

既然能获无法估量的暴利，这样的大买卖就值得一博。在普通人看来，子楚不过是秦王庶出的孙子，又在赵国当人质，生活困窘，很不得意，无论如何是不会有什么出息的。赵国还随时可能杀了他，他能保住自己的小命就很难了。可是吕不韦却目光老到，他自信按照自己的策略，子楚将一定会是另一番命运，而且自己的命运也将随之改变。

于是，吕不韦就开始了对子楚的风险投资。他一方面拿出大量的金钱，供子楚去结交权贵宾客，以树立他的形象和声望；另一方面又带着大量的名贵珠宝去秦国讨好正在受宠的华阳夫人。

华阳夫人虽被立为正夫人，却没有儿子。吕不韦一心促成华阳夫人认子楚为子，这样将来子楚就能名正言顺、轻而易举地被立为太子了；既然子楚做了太子，那也就顺理成章地成为未来的皇帝。当然，子楚亦答应吕不韦："事情办成，我愿意将秦国的土地和您共享。"

在吕不韦的精心运作下，一切都发展得相当顺利。但有一件事超出了吕不韦的想象。子楚竟然看上了与吕不韦相好的一位漂亮女子，且已经怀有身孕。吕不韦本不愿意，可又一想，这样岂不更好？就这样，吕不韦不只是送给子楚自己的女人，还把自己的儿子也一并送上。

子楚继位后，任命吕不韦为丞相，封为文信侯，河南洛阳十万户作为他的食邑。可惜子楚在位仅三年就死了，子楚的儿子，实际上就是吕不韦的儿子继位，尊奉吕不韦为相国，称他为"仲父"。至此，吕不韦的辉煌可以说达到了顶峰。

作为商人出身的政治家吕不韦，显然是具有战略眼光的，正是他的"奇货可居"才改写了中国古代的历史。

在现实生活中，无论是商人还是政治家，都需要具有高瞻远瞩的战略眼光，因为只有这样才能做出超乎寻常的商业和政治布局。即便是作为平头百姓，也需要规划自己的人生目标，否则的话，就会缺少精神动力。

心机案例二

2009年9月21日，北京大学授予台湾著名收藏家王度名誉博士学位，校长周其凤对其给予了高度评价，说王度"不惜投入个人毕生积蓄，致力于收藏中华之美，为保护弘扬中华民族的艺术瑰宝作出了宝贵的贡献，而他的收藏在可以预见的未来里，必定是奇货可居"。

王度有很多头衔，有人称他"文物狂人"，也有人称他"中华文物的守护者"，对此，王度却朗声大笑，说自己只是个"坐在金山上的乞丐"，或者是个"文物保护者"。

已过古稀之年的王度的人生颇为传奇，自台湾政治大学新闻系毕业后，就到美国留学，在美国开餐馆二十几年，积累了大量的财富。1987年，为了照顾年迈的父亲，就卖掉7家餐馆回到台湾。如今，他却在台北租屋而居，连同父亲留下的两栋房子以及他自己赚来的钱，都全部投资到文物收藏。

应当说，王度属于收藏家中的另类。别人是在富足的生活之外，搜集文物投资或怡情，他却倾家荡产、节衣缩食地寻宝。别人只收藏文物中的精品，他却喜欢收集系列，从战国到明清，希望每个时期都有代表。其实这正是王度眼光"毒辣"的地方，那些看似不起眼的连环画册，却迅速飙升。据潘家园有关专家介绍，连环画套书和原稿最受藏家追捧，就连20世纪80年代的连环画《西游记》以及《三峡土特产的传说》的原作底稿的成交价均为两万以上，更不要说年代久远的画册了。因此，以王度现在的藏品数量，跻身收藏大家绝不为过。

对于办展览、出画册，王度有自己的看法，他说："我认为这些东西不是

只属于我一个人的,所以独乐不如众乐。"

不过,王度笑称自己"捐的比卖的多"。

他卖掉了父亲的房子,抛尽自己的家产,就是看到了文物的增值潜力,可以说是典型的"奇货可居"。不过,他已经进入了更高的境界,更多的是把赚来的钱用于社会公益事业。他曾自豪地说:"我认为我做的比我父亲留给我的房子还要好,钱再多,就多一个零,当财富积累到一定数量的时候,100亿和1000亿已经根本没有什么分别,用不光了。但我保护了文物,且50年如一日,现在树也长大了,花也开了,'奇货可居'的效应开始显现,已经到了收获的季节。"

王度甚至坦言,即使现在离开人世也没有什么遗憾,更没有后顾之忧。他说:"老天对我已经太厚爱了,我已经得到了我所有想要的东西。"

当然,他笑称自己还有一个梦想,就是他最珍爱的一对明朝时期东厂的双刀,已经收藏30年了,可谓价值连城,"但别人出多少钱我都不会卖。我希望一把送大陆,一把送台湾,希望将来能在一起,这两把刀应该留在我们中国"。

此外,他还想要卖掉文物做公益,"我认为我的文物收藏阶段性任务已经完成,要交给我女儿了。我现在要做的,就是回馈社会,这是我的最后一个目标"。

作为商人和慈善家,王度无疑是成功的,因为他凭借超敏锐的目光收藏了一批"奇货可居"的文物,并且用抛掉的文物回馈了社会。

王度的成功告诉人们,千万不要忽视那些原本不起眼的东西,说不定它就是你叩开财富大门的金钥匙。在生活中,只要留心,再加上敏锐的市场洞察力,你就一定能在别人轻视或者忽略的地方开出财富的通道。

◎学会合作，达到共赢◎

◎ 心机箴言 ◎

一个人不可能独自凭借自己的力量去闯世界，即使是那些白手起家的有成就的人，也需要借助众多的人的支持才能达到日后的业绩。

心机解读

一个人的能力本来就有限，而在当今这个科学交叉、知识融合、技术集成的大背景下，个人的作用更是日渐减小，一个人不可能同时拥有成就事业所必备的所有能力，成就事业的关键在于群体的合力。未来的竞争将是协作性的竞争，个人的力量在激烈的竞争中往往是不堪一击的。缺乏团队精神，不懂得积极寻求合作的人将难以生存。

在社会上做事情，如果只是单枪匹马地战斗，不靠集体或团队的力量是不可能取得大成绩的。越是追求伟大目标的人，越是需要借助别人的力量。每一个想获得成功的人都应该学会与别人合作。合作是有先决条件的，它要求每位合作者积极进取，为共同目标而努力奋斗，切记不能有私心、杂念。只有齐心协力，才能到达成功的彼岸。

大量事例证明，许多失败者都是单枪匹马闯天下的"个人英雄"，由于没有借助群体的力量，因而自己的不足与欠缺得不到补充；许多成功者都会借助别人的才智、技术、方法等等，因此取得了令人称羡的辉煌业绩。

心机案例一

汉高祖刘邦出身寒微，他在起兵之前甚至就是一个不学无术的混混。可就是这样一个人，却灭亡了盛极一时的大秦，击败了当时公认的"社会精英"——西楚霸王项羽。

刘邦曾说过这样一段话:"夫运筹帷幄之中,决胜千里之外,吾不如子房(张良);镇国家,抚百姓,给饷馈,不绝粮道,吾不如萧何;连百万之众,战必胜,攻必取,吾不如韩信。三者皆人杰,吾能用之,此吾所以取天下者也。项羽有一范增而不能用,此所以为吾擒也。"

的确如此,论智谋他不如张良,论安邦治国他不如萧何,论带兵打仗他不如韩信,刘邦甚至明白自己的这些不足之处,但他懂得用人之道,知道如何扬长避短,取他人之长弥补自己的不足。作为汉王,他可以将后勤全权委托给管理型人才萧何,可以对智囊性人才张良的出谋划策言听计从,可以将几十万大军的指挥权交给卓越的军事统帅韩信,这就是刘邦的聪明之处。

反观跟刘邦争夺天下的项羽,他本身具有超强的个人能力,武艺超群,天下无敌,但韩信、陈平这样的人才在他帐下都得不到重用,唯一对他忠心耿耿的范增最后也让他的刚愎自用给气死了。他只看到了自己的长处,却不懂得"分工合作",借用他人的长处,这就是项羽败给刘邦最根本的原因。

金无足赤,人无完人。每个人都有自己的天赋、特点、个性,也有诸多不足之处。我们所要做的就是善于发现自己的特长,发挥好自己的特长,并且利用自身乃至周围的一切条件去弥补自己的不足,最大化地实现自己的人生价值。

心机案例二

通用汽车曾经被日本的丰田、本田汽车侵占了不少市场,因此与丰田汽车成了一对最大的冤家。进入 20 世纪 90 年代后,这对最大的冤家也化敌为友,联手合作。这一联合战略,使得通用汽车实力大增,促进了它大阔步向前发展。

日本丰田汽车公司成立于 1938 年,它是由丰田自动织布机制造厂老板的儿子丰田喜一郎创建的。在公司成立之前,丰田喜一郎研究了一台从美国买来的汽车发动机,经过几年的研究他于 1935 年制造出了第一辆丰田卡车。丰田汽车创办之初,大量使用了福特车和雪佛莱的部件。

1957 年，"丰田"小轿车正式对美出口，但整个年度只卖掉 288 辆。接着陆续向美国推出"皇冠"、"光冠"，战绩依然不佳。美国的三大汽车公司福特、通用、克莱斯勒都没有把日本人放在眼里。然而，日本人并不气馁，丰田公司"十年磨一剑"，他们于 1966 年推出世界级名车"花冠"，再度进军美国市场。"花冠"很受美国人欢迎，很快攻下美国这个通向汽车世界市场的桥头堡。

进入 20 世纪 70 年代，两次石油危机的爆发，使经过充分改进的"丰田"小型轿车，以节省能源等巨大优势，向美国发起了全面的进攻，争夺汽车市场份额。

日本汽车在美国大获全胜，使世界汽车行业的座次重新排定：第一是通用汽车公司，第二是福特汽车公司，第三是日本丰田汽车公司，第四是日本日产汽车公司。美国汽车业虽然还占据前两位，但他们不得不惊呼："狼来了！"

进入 20 世纪 80 年代初，美国汽车公司全面亏损，其中 1980 年克莱斯勒赤字达 17 亿美元，福特达 15.4 亿美元，赤字最少的通用公司也亏 7 亿多美元。而日本汽车还在源源不断地涌向美国。1981 年日本车在美国的销量超过了美国汽车总销量的 20%，美国人不得不采取措施，限制日本汽车的进口量。

1990 年，美国对日本的贸易逆差高达 4100 亿美元，其中汽车贸易逆差竟达到 75%。1992 年，美国总统乔治·布什访日，底特律三大汽车巨头紧随其后。日本首相表示："通用汽车对于美国的重要性有如他们的国旗，我可以理解他们被日本人击垮时的感受。"此后美国调整战略，向日本汽车发动全球性反攻。

进入 20 世纪 90 年代后期，世界汽车业加快了国际化步伐，横向联合进一步展开。通用汽车公司也审时度势，与日本两家较小的汽车制造公司建立了合作关系，不久保险公司又与日本丰田公司成为合作伙伴。丰田汽车公司和田副社长在底特律召开的新闻发布会上称，丰田将和通用公司共同研究开发高科技环保汽车。

两强联合，你中有我，我中有你，使往日弥漫的硝烟被驱散，双方在世界汽车市场的竞争实力大增。特别是对于通用公司来说，使其工人失业等竞争带来的危机得到缓解，因此丰田与他们联合，一改只依靠个人的力量走向联

合的道路。

通过"强强联手",丰田与通用在世界汽车市场具有了更加强大的竞争力。得到丰田协作的通用汽车公司,其发展速度更加迅猛。

由此可见,个体的力量是弱小的,集体的力量是不可战胜的,只有真诚相待,互惠互利,才是事业发达的根本原则。

◎欲取先予,是商道中的高明之举◎

◎ 心机箴言 ◎

欲擒故纵中的"擒"和"纵",看似矛盾,实际上它们之间有着非常微妙的关系。古代阴阳学说中认为阴阳互变,矛盾也会相互转化。军事上,"擒",是目的;"纵",是方法。暂时的放弃为的是换来更加有效的获得。

心机解读

欲取先予,这是商家之道。无论商家做什么生意,都把赢利作为追求的方向。经商者想要赚钱,那不妨转换思路,学做"赔钱"生意。

在生意场上,如果只是一味地与对方较力,明争暗斗,最终受伤害的人只会是自己;倘若此时吃点小亏,有时会取得意想不到的效果。当然,这种吃亏不是盲目地屈服,更不是软弱地退却。

有利则为,无利则止。真正赔本的生意当然没有人去做。如果看准目标,做别人不做的"亏"本生意,也是一条生财之道。"吃小亏赚大便宜"。商人们要想拥有一番成功的事业,决不能一味地急于求成。这样,最终自己会什么大事也做不了,所有的积极"进击"也将会徒劳无功。懂得吃小亏,有技巧地退步、吃亏,以保证目标的正常实现,在吃亏的同时使自己有利益可得。其实,吃眼前亏是为了获得更长远的利益,吃了眼前亏,却获得了更多的利益,因此,聪明的人都能悟出其中的道理。

心机案例一

宋公子鲍胸怀大志，却长期隐忍不发。为了迎接宏图大展的早日到来，一直以来，他总是广纳人心，散尽家财，周济贫民，在百姓中有了很高的威望。

宋昭公七年，宋国出现罕见大灾，全国各地粮食告急。而宋昭公却不理国政，终日奢靡无度。

公子鲍就豪放地打开自家的粮仓，给百姓放粮。他不但善于公益事业，而且做得还非常到位：凡是国中70岁以上的老人，都按月发放粮食衣物，并且还不断派人到一些老贤之人、有功之臣的家中去慰问，带去大量的生活用品。而对于那些有一技之长的人，他都收养在门下，宽待厚养。就连宗族亲戚，不分远近，凡有红白喜事，其费用全由他出。可是到第二年，灾情并未得到明显改善，但公子鲍的粮仓却早已经空空如也了。于是，他又去找襄夫人借钱筹粮，救济苍生。

到这个时候，公子鲍已经赢得了良好的社会舆论，举国上下无不念其大仁大义，都明里暗里愿意帮助他成为一国之君，连那位襄夫人都不再支持自己的孙儿宋昭公，主动要求帮助公子鲍除掉昭公。

有一天，襄夫人把昭公出去打猎的行程密告给公子鲍，让他趁机把昭公杀了。公子鲍权衡分析了当时的局势，觉得时机已经成熟，便让手下一员干将在军中动员："国母襄夫人有命，今日要扶立公子鲍为国君。我们要同舟共济，共同讨伐无道昏君，拥戴明主！"

由于公子鲍长期的恩泽四布，军中上下都对他敬仰已久，早就有扶持公子鲍主理国政之意，就连老百姓听闻公子鲍要夺取王位，也是额手称快。

待昭公刚一出宫，就被公子鲍派去的人杀死。公子鲍身边的亲信就启奏襄夫人："公子鲍仁厚得民，宜嗣大位。"

于是，在众人的拥戴中，公子鲍就成为了国君，就是后来的宋文公。

公子鲍深得"欲取先予"的玄妙，先舍予了钱粮，换来了民心；乃至给予到经济匮乏，却赢取了天下。

很多事情都是欲速则不达，急于求成显然是不明智的选择。处理任何事情都要学会掌握和控制好节奏，要想达到什么目的，就不妨先予后取，这样至少就会为自己赢得良好的信誉。

心机案例二

日本电视台的发展就是一个典型的"欲取先予"的例子。

在 1952 年的时候，日本全国的电视机拥有量最多不过 3000 台左右，可每台电视机的售价却高达 23 万日元。

当时，即便是刚参加工作的大学生职员的每月薪水也不过是 1 万日元，因而，若想买电视机，除非两年不吃不喝，足见电视机价格的昂贵。

由于电视机数量太少，而企业也不肯在电视上做广告，因而开办电视台自然就不会有多少收入。

1952 年在日本首家开播的 NHK 电视台做预算时，就预计第一年度亏损额为 4 亿日元，第二年度将达到 5 亿日元。可是日本第二家开播的电视台——日本电视的创始人正力松太郎却独辟蹊径。电视台开播后，正力松太郎便在街头、公园、车站等人流穿梭的醒目之处设置了电视机，播放职业棒球、相扑、拳击等各种节目。

果不其然，人们纷纷被日本第二家开播的电视台节目吸引，无不驻足观看。看到人们纷纷被电视台节目所吸引，如醉如痴，各家酒吧、茶馆，乃至澡堂和理发店为了开辟客源都竞相购置电视机，以招揽生意。在东京银座、新宿等大街上，凡备有电视机的店铺，无不顾客盈门，生意兴隆，反之则店堂冷清，无人涉足。

就这样，尽管全日本只有数千台电视机，但日本第二家开播的电视台电视观众却数以百万计，于是，各家公司争相到电视台做广告。节目开播仅半年，电视台便已经开始赢利了。

正力松太郎正是使用了"姑欲取之，必先予之"的行销术，才为起步艰难的电视台打开了财富通道。

许多商人也精通此道，现在若举目四望，就可以看到，诸如免费体验、免费品尝、免费接送、免费试听等，就是"欲取先予"的高明佐证。

◎另辟蹊径，打破常规◎

◎ 心机箴言 ◎

　　如果按部就班、循规蹈矩，那可能永远也捕捉不到有利的机会出头。因此，精通心机学的人，总是突发奇想，打破常规，用不寻常的方法将事情做成。

心机解读

　　创新是经营者获取财富的一条捷径，企业家的高低优劣之分往往也是因此而产生的。茫茫商海，千帆竞渡，唯有那些善走新道、出奇制胜的水手，才能迅速抵达成功的彼岸。"另辟蹊径"是一个可以广泛运用的"心机"经营法则。出奇制胜，打破常规，用别人想不到的新奇手段来战胜竞争对手。

　　经商是一门学问，不仅需要精明的头脑，更需要做事的技巧，特别是独辟蹊径。对于一个商人来讲，要有出"奇"制胜、独具一格的经营技巧，才能在商场上立于不败之地，赚取财富。反之，如果商人一味地去跟随别人的脚步，那么就永远只有做"第二个吃螃蟹的人，而做不了第一个吃螃蟹的人"了。当然，创新需要冒险，需要你付出热情和勇气。同时，创新不是对旧事物的全盘否定，而是在旧事物的基础上做出新的突破。如果你具有创新精神，相信你的事业会有一个较大的突破。

心机案例一

　　公元前 284 年，燕昭王为了报杀父之仇，任命乐毅为主帅，联合赵、楚、韩、魏四国，率大军讨伐齐国。齐国军队由于缺乏战备，接连被攻破七十余

城，最后只剩下莒(今山东省莒县)和即墨(今山东省即墨市)两个边远城市，仍由齐军驻守。一时间，齐国危在旦夕。

僵持了一年之后，即墨城仍未能攻克。就在这时，燕国内部发生了变化，那位胸怀大志的国君燕昭王去世，他的少不更事的年轻儿子继位，即燕惠王。田单认为正好可以利用新主与旧将之间难免有隔阂的时机，就此挑拨，于是，便暗中派人到燕国散布谣言，声称乐毅智谋过人，进攻齐国之初一口气攻克七十余城，现在只剩两座城却迟迟不能攻下，并非兵力所难，而是他想倚仗兵威来收服齐国人心，自己好在南面称王；如果另派主将，即墨指日可下。燕惠王信以为真，派骑劫取代乐毅为将。

骑劫到齐后，一反乐毅战法，改用强攻，见仍不能克，便又改用恐怖手段威慑齐军。田单将计就计，诱使燕军行暴。声称齐军最怕燕军割掉降卒的鼻子，如果真如此，即墨不攻自破。骑劫果然中计而行。即墨军民见状，更决心守城，唯恐落到燕军手中。田单又声称守军害怕城外祖坟被掘，那样魂灵无依，做子孙的就会屈膝投降。骑劫立即挖坟、焚尸，即墨人无不痛心疾首，誓与燕军决一死战。

为隐蔽自身的反攻意图，使燕军丧失警惕，田单命精壮甲士隐伏城内，令老弱、妇女登城守望，又让即墨富豪持重金贿赂燕将，假称即墨将要降燕，请求燕将保全妻小。此时，燕军围城已愈三载，急欲停战回乡，见大功即将告成，一心坐待受降，守备更加松懈麻痹。

公元前279年，田单见反击时机成熟，便集中千余头牛，绘五彩龙纹，在每头牛的牛角上还牢牢地绑上两把锋利的尖刀，牛尾上捆扎上一束浸透着油脂的芦苇。夜间，军卒们高举着火把，将捆在牛尾上的芦苇点燃。牛负痛从预先凿好的城墙的通道冲出，狂奔燕营。数千名精壮勇士随后砍杀，城内军民锣鼓声动，呐喊助威。只见燕军军营内火光冲天，杀声震耳。燕军将士从梦中惊醒，仓皇失措，四散溃逃。主将骑劫也在混乱中被杀。

齐军乘胜大举反攻，很快将燕军逐出国境，被占领的七十余城也全部收复。随后田单又迎襄王返回都城临淄，拥立为齐君。田单因有功而封为相国，是为安平君。

　　田单智谋超群,在国破城围、双方力量对比悬殊的情况下,坚守孤城,麻痹燕军,积极创造反攻条件;在时机成熟时,充分运用机动性、突然性、杀伤力和心理威慑等因素,以"火牛阵"进行夜间突袭。

　　要想不同寻常,就需要有创造力,而创造力的核心是想象。田单的"火牛阵",无疑就是一项非常富有想象力的创造。此法不同寻常,出其不意,攻其不备,最终战胜了燕军。

心机案例二

　　伊夫·洛列是法国著名的化妆品制造商,他从1960年开始生产美容化妆品,到如今他在全世界的分店已逾千家,其产品在世界各地深受人们的喜爱。

　　然而,伊夫·洛列走上化妆品之路,却源于一次"意外"。伊夫·洛列年轻时,经营着一家花卉店,一天,他突然想到:能不能使花卉的香味入一种药膏,使之成为芬芳扑鼻的香脂呢?

　　想到这里,伊夫·洛列的热情被点燃了,于是说干就干。凭着浓厚的兴趣和对于花卉的充分了解,不久之后,伊夫·洛列研制出了一种香味独特的植物香脂。他十分兴奋,带上产品去挨家挨户地推销,取得了意想不到的结果,几百瓶试制品不大工夫就卖得一干二净。

　　这个事情,让伊夫·洛列不由联想到:"我干吗不用花卉和植物来制造化妆品呢？"他认为,利用花卉原有的香味来制造化妆品,能给人以自然清新的感觉,而且原材料来源广泛,所能变换的香型种类也非常多,前途一定会大好。

　　考虑清楚后,伊夫·洛列开始拜访各个化妆品制造商,游说他们实施自己的计划。但在当时,人们对于利用植物来制造化妆品是抱否定态度的,几乎每个制造商都没有听完伊夫·洛列的建议便摇摇头、挥挥手,对他下了逐客令。

　　尽管没有人愿意为自己投资,但是,伊夫·洛列坚信自己的新颖想法没

错。于是，他自己向银行贷款，建起了自己的工厂。到了 1960 年，他的第一批花卉美容霜研制出来了，便开始小批量地生产，结果在市面上引起了轰动。在极短的时间内，就顺利卖出了 70 多万瓶美容霜，这对于洛列来说，的确是个巨大的鼓舞。

当然，对于化妆品的创新，伊夫·洛列还在继续。不过这一次，他不是在针对产品本身，而是利用邮购的方式来推销产品，这在当时可谓是一种壮举。

伊夫·洛列开创了自己的公司之后，曾在报刊上刊登过广告，不过效果不太好，金钱花费较大，反应却并不强烈。有一天，他突然有了一个想法：在广告上附上邮购优惠单，一定会引起许多人的注意。他在《这里是巴黎》杂志上刊登了一则广告，上面附载了邮购优惠单。《这里是巴黎》是一份发行量较大的杂志，结果其中 40% 以上的邮购优惠单给寄了回来，伊夫·洛列成功了。

短短的时间内，伊夫·洛列运用这种创新方式，将他的美容品源源不断地卖了出去。从这以后，伊夫·洛列迅速扩大了工厂，专卖店进驻了巴黎的时尚之路——奥斯曼大街。而他也一跃成为了法国的富豪之一。

伊夫·洛列另辟蹊径，打破常规，利用花卉来制造美容霜，这是他成功的第一点；而采取当时闻所未闻的邮购方式，更加促进了事业的腾飞。所以说，巧妙地利用创新，这不仅是创造产品，更是创造市场，创造机遇。

因此，从现在开始，在你的事业中学会创新吧，不要总是固守一种做事方法，打开思维的大门，让更多的创意如星星般点缀在你的事业中。等到那个时候，你就会发现原本无路可走的市场，突然有了一个绝妙的机遇摆在了眼前。

◎瞒天过海，制造假象获取成功◎

◎ 心机箴言 ◎

在社会中生存，如果总是依照常规出牌，必将会有规律可循，对手更能事先采取应对之策。而若变换花样，怪招频出，就会给对方造成真假难辨、防不胜防之势，从而达到出奇制胜的目的。

心机解读

经商需要多点心机，不能够完全展露自己的意图，必要的时候甚至还要不断地变化花样。有时为了达到目的，甚至还要借助一些非常手段，制造迷雾、传播假象，来骗取对方的信任，赚取更大的利益。瞒天过海就是商家常用的招数。虚虚实实、真真假假，让人丈二和尚摸不着头脑。

这种变化莫测的烟幕弹，往往能起到保护自己、迷惑对手的作用，尤其是在商业信息方面，更是一而再、再而三地用伪装的手段迷惑、欺骗对方。使对方放松戒备，然后突然行动，从而达到取胜的目的。即便是在推销商品中，商家也常以伪装或隐蔽的手法制造假象，一日三变的价格战，什么折价、让利，更是让人看得眼花缭乱，实行制订好的销售计划，从而达到推销商品的目的。

心机案例一

三国末年，随着蜀国五虎上将的相继离去，丞相诸葛星落五丈原，蜀国的实力越来越衰弱。一时间，蜀中无大将的局面使得魏国在发动兼并战争时，第一个进攻对象就是蜀。于是，以钟会、邓艾为主将，卫瓘为监军的魏国大军浩浩荡荡地向蜀国进发。羸弱的蜀国几乎丧失了面对强敌的招架能力，很快就被击败，落入曹魏之手。

　　刘蜀败亡,钟会、邓艾二人功不可没。但是,两个人互相猜忌,都认为对方有抢功之嫌。钟会的谋士劝他趁这个机会扳倒邓艾,杀掉卫瓘,安心独占蜀中,成就一番乱世英雄的霸业。早就对邓艾不满的钟会不禁蠢蠢欲动,开始紧锣密鼓地筹备如何借用朝廷之手消灭邓艾。

　　钟会盘算,如果他先下手为强,向朝廷揭发邓艾有谋反之心,朝廷势必会暗中命令监军卫瓘进行调查。只要卫瓘杀了邓艾,他就可以再罗织罪名除掉卫瓘这个强大的对手。

　　在得知卫瓘已经接到了朝廷密令后,钟会特意跑来见卫瓘,话语中旁敲侧击,大有落井下石之意,并用隐晦的词语告知,邓艾谋反早是事实,如果卫瓘一味偏袒,就是对司马大将军的不忠,理应和反贼同罪。

　　刚接到密令还对朝廷用意十分疑惑的卫瓘,此时立即明白了这一切只是钟会设下的局。对于眼下的局势,卫瓘心知肚明:自己只是一个没有过多兵权的监军,如果没有朝廷指令,山高皇帝远,自己在这里什么都做不了,擒杀邓艾只会于己不利;但若拒绝钟会的要求,肯定会立即遭到毒手。

　　于是,卫瓘决定先答应捉拿邓艾,只要能不引起邓艾手下将士的怀疑,活着回到京师,就还有机会向司马大将军告发钟会的种种劣行。卫瓘表面上对钟会唯唯诺诺,表示会服从朝廷的命令,并与其约定第二天一早就捉拿邓艾父子,希望钟会出兵协助。

　　钟会不禁暗喜,以为卫瓘不明就里已经上钩。他连连应承,一面调动手下准备将邓艾一党一网打尽,一面命人加强对卫瓘的监视。

　　卫瓘知道此时是最紧要的时候,自己不但不能露出任何痕迹,而且要表现得颇为积极,才不会引起钟会的怀疑。于是,第二天天还没亮,卫瓘就以司马大将军手谕号令全军,说邓艾谋反;凡悬崖勒马站在官军一边的,就可以加官晋爵;要是执迷不悟仍要与之为伍者,就与邓艾同罪,诛三族。这样,邓艾的将士纷纷离开军营,与卫瓘合兵一处。邓艾父子还在睡梦中就稀里糊涂地被抓了起来。

　　见邓艾父子已被囚禁,钟会意欲斩草除根,紧接着又将他不信任的将领也全部关押起来,从而把兵权都集中在了自己手里。然后,他利刃相加,威逼卫瓘下手杀了邓艾父子和那些不听话的将领。

情急之中，卫瓘一面假意应承，以近日过度操劳身体虚弱为由，向钟会"告假"几天，并答应身体稍好便立即着手处理邓艾父子一干人等。另一方面，卫瓘又想尽一切办法去通知那些尚有实权的将军们钟会即将造反的实情。

为了放松钟会的警惕之心，卫瓘大喝盐水，吐得昏天黑地。本来身体就虚弱的他这样一来，更是精神涣散，仿佛大病一场。即使这样，钟会还是怀疑卫瓘只是在拖延时间，于是派去亲信和医生诊治观察。得知卫瓘的确是身体不适，并未发现丝毫破绽后，钟会才渐渐相信卫瓘果然是病势严重。

卫瓘一看自己不再被严密监视，就赶紧联络诸军告知钟会谋反的消息，要求各军将领于次日清晨发兵围攻钟会。

就这样，还在为自己即将成为蜀中之王沾沾自喜的钟会，被卫瓘带去的部队杀得个措手不及。一场兵变至此终于平息了。

卫瓘无疑是一个政治博弈中的九段高手，当他意识到钟会这个老谋深算的阴谋家想利用他借刀杀人，然后再以复仇之名除掉自己的伎俩后，就玩起了瞒天过海的招数，在一边周旋的同时，等待反击的机会。结果他不但在威胁下全身而退，还抓准时机将钟会一举歼灭，这都得益于他的谋略和智慧。当时，他面对谋划在心、杀机毕露的对手，采取了拖延和对手过招的方式，转移对手的注意力，并制造假象迷惑对手，借助对手的疏漏，一举将对手彻底击败，显示出了高超的斗争艺术。

在生活中，若遇到了强大的竞争对手，如果直接迎击，恐怕有些难以招架，就不妨采取瞒天过海的拖延战术，为自己争得足够的生存空间后，才反戈一击，方能扭转局势。

心机案例二

孙膑早年与庞涓师从鬼谷子学习兵法。他勤奋攻读，刻苦钻研，加上天资聪明，很快便获得了较丰富的军事学知识，未出茅庐便显示出超人的军事才华，以致引起了与他同窗共读的庞涓的嫉妒。

后来，庞涓受魏王之请，担任魏国大将，虽然春风得意，但一想到才在己上的孙膑，就深感不安。因此，庞涓就秘密派人去把孙膑请到魏国来，假意推荐给魏惠王，实际上企图加害于他。孙膑到了魏国，做了一个无名无权的客卿。这时，庞涓便加紧进行陷害孙膑的阴谋活动。他先派人伪装受孙膑表兄的委托，劝孙膑返齐。待骗得孙膑的亲笔复信后，加以涂改，随即向魏王诬告孙膑私通齐国。魏王为之大怒，下令处死孙膑。

庞涓本想杀掉孙膑，但想起《孙子兵法》还未骗到手，于是又假惺惺地装起慈悲来。当孙膑看清了庞涓的真面目，真是追悔莫及。如今被庞涓控制着，膝盖已去，两腿无力行走。他开始装疯卖傻，把刚写成的几篇兵书一片一片地烧毁，一会儿大哭，一会儿大笑，一会儿又做出各种傻相：不是唾沫横流，就是张目乱叫不绝。来人惊恐万状，急忙将此事告知庞涓。庞涓亲自察看，只见孙膑痰涎满面，时而伏地哈哈大笑，时而又号啕大哭起来。庞涓生性狡黠，恐其佯狂，遂命左右将他拖入猪圈中，孙膑披发露面，倒身卧于粪秽之中。庞涓仍半信半疑，但看管则较从前大为松懈了。孙膑整日狂言诞语，或哭或笑，白日混迹于市井之间，晚间仍归猪圈之内。数日后，庞涓才相信孙膑是真疯了。

就在此时，禽滑厘把孙膑的冤屈告诉了齐威王。齐威王打发淳于髡到魏国去请孙膑，由禽滑厘配合着，偷偷地让孙膑化了装，抱到车上带回齐国。

孙膑回到齐国，齐威王敬他为上宾，当即便想拜孙膑为军师，孙膑推却了这个位子，说等到用他时他自会出力。

后来，庞涓带兵连败宋、鲁、卫、赵等国，齐王派田忌为大将，孙膑为军师，使庞涓连连打下败仗。最后，孙膑用"减灶法"，引诱庞涓来追，暗处设下伏军。心狠手辣的庞涓被乱箭射死在马陵道上。

◎声东击西,真真假假藏智谋◎

◎ 心机箴言 ◎

在商业运行中,商家为了达到某种目的,往往采取非常措施,故意散布一些虚实交汇、真假难辨的信息,以此招揽顾客的眼球。

心机解读

商场如战场,往往为了操控商业局势,商家会利用各种方法和手段,制造商业迷雾。尤其是在商业对决、利益交锋的关键时刻,更是使出浑身解数,不断散布各种虚假信息。

应当说,商业的经营日趋激烈,竞争更为残酷,如果按照惯常规方式,四平八稳地进行老套的各种经营活动,就会受制于人,处处被动。有心机的经营商家从不会按常理出牌,而是采取虚虚实实、真真假假的手段,声东击西来迷惑对手,从而达到出奇制胜、打败对手的效果。

"声东击西"原本是三十六计中的第六计,属于军事谋略,可是现在却广泛运用于各种商业经营,也确实达到了不错的效果。为了更好地理解其军事玄机,我们不妨看一下它本身的含义:敌人处于心迷神惑、行为紊乱、意志混沌的状况,不能提防突发事件,此时利用他们的心智混乱无主张的机会,消灭他们。

由此可见,今天的商业经营与古代的战争相比,其残酷性有过之而不及,故此,采用此法也理所当然。其实,"声东击西"是对《孙子兵法》中"出其不意,攻其不备"思想的具体化运用,是古今中外战争中最为常用也最易成功的计谋之一。商家运用起来,自然得心应手。

心机案例一

公元前 205 年 5 月,原与刘邦结盟的魏王豹在其兵败彭城退守荥阳、成皋一线与项羽相持之际,背汉降楚,派大将柏直、冯敬扼守黄河临晋渡口,企图阻挡汉军北进。为了消除身后之患,刘邦终于在相持三个月后决定,任命韩信为左丞相,率曹参、灌婴二将,领兵伐魏。

韩信大军挥师临晋渡口时,只见隔河相望的魏军重兵把守,难于强攻,遂命令暂且停驻此地,安营扎寨。在此过程中,韩信一面派人收集可以与魏军隔河相拒的船只,一面派探马暗察上游地势。传回的探报表明,在上游夏阳之地的魏军防守颇为松懈。韩信闻之大喜,立即带领曹参、灌婴二将前去察看地形。

三人到了夏阳实地一看,顿觉苦恼:只见夏阳河段水深滩险,汹涌澎湃,河中布满了礁石,别说是行船,就是羽毛恐怕也很难飘浮起来。曹参、灌婴二将看后都摇头作难,只有韩信一人闷头不语。

回到汉军营地,韩信苦思冥想后,忽然眼前一亮,当即传来曹、灌二将,命曹参领兵上山伐木,大小均可,越快越好;又令灌婴带人前往市场,购买数千瓦罂,每个瓦罂能容纳二石的物品。二人一头雾水,颇感意外,不禁问道:"将军要这些东西有什么用?"韩信只言"到时自知"便再不多说。二人只得奉命退出,分头行事。实际上,韩信是想采用声东击西之计,在夏阳河段出其不意地击败魏军。

几天后,所需物品准备齐全。待曹参、灌婴二人向韩信复命时,韩信又命令道:"你二人再将所备物品制成木罂,制法均在这封函中,制成后立即来报。"说完,将一封函信交到二人手中。

领命后,二人马上指挥将士按函中要求,用四木夹住一个瓦罂,捆绑牢固,然后再将木罂用绳连起,数十个连成一排,分别连成数十排。几天的工夫,所有的木罂都已赶造完毕。

一切准备妥当后,韩信便开始了行动。黄昏时分,他召来曹、灌二将,命灌婴率领数千人马，守住前些天收集来的船只，告知只准击鼓呐喊，不准擅自渡河。而他自己则与曹参统领大队人马，暗中搬运木罂，连夜赶到夏阳。然后指挥将士把木罂放入河中，两三人一个木罂，用桨缓缓向对岸渡去。由于木罂体轻，浮力又大，四周都是木头，即使撞到河中礁石也不会破损，因此顺利渡过了这段险峻的河段。

且说这边扼守在临晋渡口的魏将柏直、冯敬，忽然闻听到对岸汉军鼓响如雷，喊声震天，以为韩信要强行渡河。于是，急忙调动人马，严密注视对岸的动静。他们哪里知道，这是汉军的虚张声势之计。真正的主力正在韩信的指挥下，在滩险水急、难以行船的夏阳，用木罂徐徐渡过了黄河。

直到汉军全部安全渡河后，魏军还没有丝毫察觉。韩信率领大军以迅雷不及掩耳之势，下东张，拔安邑，直逼魏都平阳，一扫魏军。

魏王豹兵败后逃到东垣，又被汉军包围。走投无路之下，魏豹只得束手就擒。就这样，韩信只用了短短不到一个月的时间就平定了魏地。

韩信作为我国历史上著名的军事家，无疑是玩弄奇招、出奇制胜的高手，他伐魏首战成功借助的就是声东击西这种战术。其虚张声势的样子迷惑了敌人，因为假象的目的就是掩盖自己的真实意图，然后率领主力，从魏军意想不到的地方突然降临，将魏军打了个措手不及。

俗话说，害人之心不可有，防人之心不可无。无论是战争还是商业，庆功的美酒和鲜花，只属于那些胜利者。因此，为达目的，可以采取灵活多变的招数，所以，作为社会中的一员，要想避开陷阱，就需要擦亮眼睛，而不要被那些所谓的花言巧语和漂亮的包装所迷惑，因为声东击西的招数，已经渗透在所有的层面，一不小心，就会走进美丽的陷阱。

心机案例二

1985年4月，娄维川在青岛和日方一株式会社进行谈判，主要问题则是引进先进的塑料编织袋的生产线。在进行了一周的技术交流之后，谈判进入了实质性阶段。

日方的主要代表首先发言:"我们经销的生产线质量非常好,全部都是由日本最守信誉的三家公司生产,具有 20 世纪 80 年代的先进水平。这套设备的总价是 240 万美元。"听完日方的报价之后,楼维川微微一笑。他从容地站起身,声音朗朗地说道:"根据我们掌握的情况,你们的设备性能与贵国某某会社提供的产品是完全一样的。我省某某厂曾经购买的该设备,比贵方开设的价格便宜一半。所以,我希望请对方重新出示价格。"日方代表听完娄维川的话后,面面相觑。就这样,第一轮谈判结束了。

第二天,日方和中方又开始了第二轮的谈判。这一次,日方代表把各类设备的价格开出了一个详细的清单,报出总价 180 万美元。经过一番激烈的争论后,他们又将总价降到了 140 万美元,后压到 130 万美元。至此,日方代表表示,价格已经是最低,无法再压。随后,在持续长达 9 天的谈判中,日方与中方一共谈崩了 35 次,但双方都不妥协。

如何才能够再让对方降低价格呢?娄维川苦苦地思索。忽然,他脑子里闪出了一个计策,"声东击西",他与另一家西方公司做了洽谈联系。这个小动作很快就被日商发现了,而后他们直接将价格降到了 120 万美元。这个价格按理说应该不错了,然而娄维川知道当时有几家外商同时在青岛竞销自己的编织袋生产线。他觉得利用这个机会还能够将价格压低一些。在接下来的一次谈判中,娄维川故意将自己没有拉上拉锁的公文包丢在谈判桌上,露出了西方一家公司的设备资料以及照片。

随后,日方代表经过请示后再次做出了反应,希望中方暂时不要和其他的厂家谈判,并说他们目前正在和生产厂家协商,希望几家一同让价。最后,日方宣布了第五次压价,娄维川迅速反应,表示再降价 5% 即可成交。日方谈判代表经过请示,宣布最后开价再让 3%,总价 110 万美元。这个价格与娄维川的要求只差了 3 万多美元。看到这已经是日方给出的最低价格,娄维川便与日本代表握手成交了。

商业谈判桌无疑是斗智斗勇的舞台,双方为了各自的利益,都会展开一场惊心动魄的博弈,讨价还价、吹毛求疵,都是商家采用的常规招数,而"声东击西"之计更是被广泛运用。娄维川高超的谈判艺术与技巧再次印证了这一点。

因此，在商业活动中，当自己处于无法直接与竞争对手正面交锋的不利局面时，就可以采用声东击西的策略，避开与对手的正面冲突，采取迂回包抄的战略部署，并通过成功地策划与组织一些迷惑性的活动，等对手放松警惕时，挥戈上阵展开反击，就往往能一下子扭转乾坤，掌握主动权。

卷十四　在机缘降临的瞬间：

善于借势，才可寻到跳板

　　俗话说"一个篱笆三个桩，一个好汉三个帮"，任何人的成功，都不是单打独斗的结果，都是在充分借鉴或者整合了周边资源的基础上，再加上个人的天赋和努力，才达到了自己的人生高度。如果单靠个人的努力就想取得非凡的成就，既不现实又不自量力。

　　因此，真正的智者，总是审时度势，从错综复杂的局势中理清思路，寻找一切可能性，从而最大限度地调动一些积极因素来辅助自己，这样才是通向成功之路的唯一捷径。

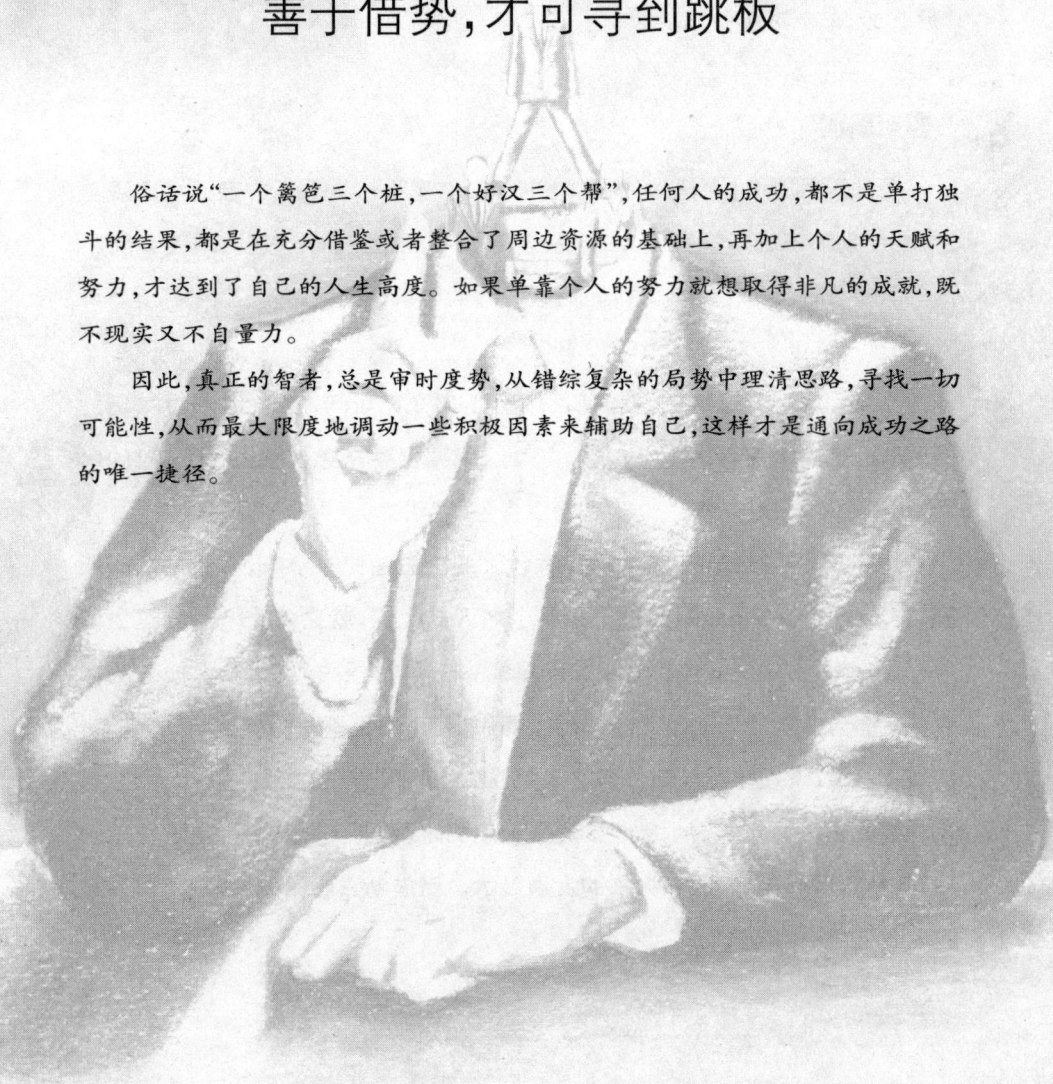

◎大智者,在借势之中巧省力◎

◎ 心机箴言 ◎

"朝里有人好做官",这是一句流传千古的话。虽然有些偏颇,但却折射出了"近水楼台先得月"的道理。真正聪明的人都会充分借助自己的资源优势,创造不凡的业绩。

心机解读

在日常生活中,有些人为了能在众人前露脸,总是千方百计地表现自己,生怕别人不知道自己的存在,甚至不惜打肿脸充胖子,竭力地美化和粉饰自己。然而,令人遗憾的是,他们这样做的结果往往是事倍功半,甚至事与愿违。

那么,怎样才能引起别人更多的关注呢?毫无疑问,在与人交往中,借助他人的面子和威名可以抬高自己。因此,想要提高自身形象,扩大自己的影响力,不妨采用拉抬效应,也就是我们常说的"借光"。

许多人都有崇尚名人的心理,对名人的话总是俯首恭听,唯命是从。所以,在人生舞台上若能利用自己与某个名人挂上钩,就会名声大振。这是因为,名人都是强者,而强者是以其雄厚的实力做依托的,具有傲视他人的本钱。在弱肉强食的规则中,强者尊贵,弱者低下,也是不争的事实。如果弱者硬要强出头,玩逞强游戏而不肯暂时屈从,就会使自己更加不利。

事实上,承认强者的地位并不是无能的表现,只有认清现实,才能做到趋利避害,保存自身,以求将来的发展壮大。而借助强者的力量,则可以少走许多弯路。

心机案例一

汉宣帝时期,有一名能干的官吏叫龚遂。

当时,勃海一带连续几年灾情严重,民不聊生、饿殍遍地,最后百姓实在无法忍受饥饿,就纷纷聚众扯起造反大旗,当地官员就采取血腥镇压,不但收效甚微,反而激起更大的民怨。在众官束手无策之际,宣帝就派年已七十余岁的龚遂去任勃海太守。

龚遂轻车简从、走马上任,与前任不同的是,他首先采取安抚政策,与民同甘共苦,并鼓励农民垦田种桑,并规定农家每口人种一株榆树,一百棵薤白,五十棵葱,一畦韭菜,养两口母猪,五只鸡。

而对于那些心存戒备、依然带剑的人,他则好言相劝:"别那么紧张了,干吗不把剑卖掉去买头牛?"

几年后,勃海一带就呈现出前所未有的繁荣景象:社会安定,百姓安居乐业,温饱有余。龚遂也因此而名声大振。于是,汉宣帝就召他还朝。他有一个属吏王先生,就主动请缨,想随他一同去长安,说:"大人您放心,我对你会有好处的!"

可其他属吏却不同意,说:"这个人,一天到晚只知道喝酒,整天喝得醉醺醺的,又好说大话,还是别带他去为好,免得惹出麻烦!"

龚遂说:"他既然想去,就让他去吧!"

到了长安之后,这位王先生终日沉溺在醉乡之中,也不去见龚遂。可有一天,当他听说皇帝要召见龚遂时,便对看门人说:"去将我的主人叫到我的住处来,我有话要对他说!"

龚遂也没有和他计较太多,还真来了。王先生就问:"天子若问到大人如何治理勃海,大人该如何回答?"

龚遂说:"我就说任用贤材,使人各尽其能,严格执法,赏罚分明。"

王先生就连连摆头,说:"这怎么能行? 这岂不是自夸其功吗? 大人一定要珍惜这次难得的机会,千万不能搞砸。"

龚遂认为言之有理，就试探地问："我也知道，这次机会是获得皇上认可的绝佳机会，我也不想错过，有可能是我人生最后的一次机会，但如何说才合适呢？"

王先生就说："请大人这样回答：'这不是微臣的功劳，而是被天子的神灵威武所感化！'"

龚遂点头认可，在皇帝召见时，就按王先生的话做了回答。

宣帝听后果然十分高兴，便将龚遂留在身边，并委任其显要而又轻闲的官职。

龚遂显然是一位智者，牢牢地抓住了皇帝召见的这次机会，同时又听从王先生的劝告，用恰到好处的话语打动了皇上，并实现了自己的愿望。

生活中虽然像龚遂这样直接面君的机会不多，但和有权势的人物接触的机会还是很普遍的，因此只要顺势抓住机会，就迎来了人生的捷径。成功实际上就是一个不断成长的过程。在这一过程中，个人的奋斗虽然是主要因素，但离开了别人的栽培，难免要走太多的弯路。在成长的道路上，若能得到贵人的扶助那可就万事不难了。

心机案例二

埃德沃·波克被称为美国杂志界的一个奇才。谁也无法想象，这样一个人物最初却是穷得差点儿要饿死的波兰难民。

波克在美国的贫民窟长大，一生中仅上过 6 年学。6 岁的时候，波克跟着家人移民到了美国。在上学之余，他还要做许多工作，以贴补家用。波克从小就是一个"工作狂"，无论是什么样的脏活、累活，他都任劳任怨地干着。13 岁的时候，波克便辍学了，然后在一家电信公司工作。然而，他并没有忘记学习，仍然不断地自修。他省下了车钱、午餐钱，买了一套《全美名流人物传记大成》。

紧接着，波克做了一件从来没有人做过的事：他直接写信给书上的那些大人物，向他们询问书中没有记载过的童年往事。例如，他写信问当时的总

统候选人哥菲德将军是否真的在拖船上工作过；他又写信给格兰特将军，询问了他有关南北战争的事情。

在那个时候，年纪只有14岁、每一周的薪水只有6元2角5分的小波克用这种方法结识了美国当时最有名望的大人物：哲学家、诗人、名作家、军政要员、大商贾、大富户等等。这些名人也很爱他，也都乐意接见这位充满好奇心且又可爱的波兰小难民。

有了这些名人的帮助，波克自然进步飞快，他努力学习写作技巧，然后在上流社会中毛遂自荐替他们写传记，同时那些大人物们也积极地帮助他找工作。

不久，这个传奇性的年轻人因为一位名人的推荐，被《家庭妇女杂志》邀请作为编辑。波克爽快答应，而且在这里一做就是30年。现在，这份杂志已经成为了全美销量最高的妇女刊物。

做生意很难，做生意又不难，关键就看你的身后是否有贵人相助。一份良好的关系，一个真正的朋友就可以帮我们解决许多棘手的问题。事实就是这样，当我们建立了很好的人脉关系，什么事情都变得简单起来，这时候你就会觉得事业发展之路平坦了许多。

在通往成功的道路中，每一个梦想成功的人，不仅要自己主动争取贵人，更应该让贵人乐意走到你的身旁，这样你就必须有吸引贵人之处。朋友，何不发挥你的所长，吸引成功路上的贵人们来相助呢？

◎让朋友为你铺路◎

◎ 心机箴言 ◎

千里难寻是朋友，朋友多了路好走。与朋友形成强有力的合力，任何事业都可以创造出辉煌。

心机解读

在平常的生活中，常有人说："一个好汉三个帮"，"多个朋友多条路"。"三个臭皮匠，顶个诸葛亮。""朋友"在中国传统中是两弯相映的明月，讲究一个肝胆相照，义字当先。朋友在竞争激烈的现代社会则更显得日益重要。善于利用朋友往往会使你的生活自由自在，并且会有很多机遇。我们应该多多结交一些有益的朋友。

有个富商，他说他的朋友无数，并且常为此而自豪。他说："朋友不可以同等对待，要分等级的，要因人而用！对方有坏意，不够诚恳的朋友，我总不能也对他推心置腹吧？那只会害了自己。"他把朋友分了"等级"，共有"刎颈之交级"、"推心置腹级"、"可商大事级"、"酒肉吃喝级"、"嘻嘻哈哈级"、"保持距离级"等等，从而控制同对方交往的密度和自己打开心扉的程度，因为不同的朋友有不同的作用。根据朋友的品性、才能的不同，"用"的方式也可以有所不同。

心机案例一

赤壁大战之时，曹操大军由于重用了熟悉水战的荆州降将蔡瑁、张允，从而克制曹军不习水性的弱点。常言道："知己知彼，百战百胜。"周瑜当然对曹军军情了如指掌，他暗暗下决心："吾必先除此二人，然后可以破曹。"

正在周瑜绞尽脑汁谋定策略时，曹操手下的谋士也即周瑜的故友蒋干

来访，周瑜一眼便看出蒋干的来意：一是说降，二是刺探军情。所以，他立刻想出了一条利用"朋友"的妙计。周瑜当晚，盛情款待蒋干。席间，他故意大笑畅饮。夜间，周瑜又佯作大醉之状，挽住蒋干的手说："久不与子翼（蒋干的字）同榻，今宵抵足而眠。"当军中打过二更时，蒋干起身，趁周瑜鼻鼾如雷去翻阅桌上的信件，不料翻出了"蔡瑁，张允谨封"的一封信，他急忙取出偷看。只见其中写道："某等降曹，非图仕禄，迫于势耳。今已赚北军困于寨中，但得其便，即将操贼之首，献于麾下，早晚人到，便有关报。"蒋干对蔡瑁、张允竟然暗结东吴十分惊讶，于是便将书信藏在衣内，到床上佯装睡觉。

大约在四更时分，有人悄声入帐低声呼唤周瑜，周瑜故作"忽觉之状"。那人说："江北有人到此。"周瑜小声地喝道："低声！"又转过头来冲着蒋干喊了两声，蒋干佯装熟睡没有做声。于是他就故意偷偷走出营帐，蒋干赶紧爬起来偷听，只所得外面有人说："张、蔡二都督道：'急切间不得下手'……"随后，叽里咕噜地不知说些什么秘密。不一会儿，周瑜就回到帐内又睡了起来。这一切当然都是周瑜安排好了的。

蒋干在五更时分，趁着周瑜熟睡未醒，便悄悄溜回江北。他一回营就向曹操禀告，并交上那封伪造的书信。曹操勃然大怒，二话不说就下令斩了蔡瑁和张允，当两颗血淋淋的人头献上之时，曹操方才后悔不已说："吾中计矣！"

周瑜利用蒋干这个"老朋友"，从而一举除掉了两个最大的隐患，这才有了流传至今的赤壁大战火烧曹营的经典故事。

心机案例二

好的朋友，是能够使自己脚踏实地，为自己提供帮助、抑制自我，并且可以同你一道完成个人独自难以完成的事情的亲密伙伴。

香港著名的圣安娜饼店的创始人霍世昌，他的成功也是依靠朋友的帮助。当人们向年近半百的霍世昌问询是如何创业的时候，这位幽默的老板笑着回答道："你猜错了，我是靠借钱开饼店，靠朋友发财的。"他为借助朋友发大财而感到自豪不已。

当时他大概是在电灯公司工作，是有关技术维修方面的。那时虽未结婚，但已有女朋友。她很喜欢弄些点心、蛋糕之类食品，味道嘛还真是不错。她是跟一位师傅学习的。他便想，徒弟已经有此成绩，师傅当然更好，由此便萌升起开饼店的念头。在那时，西饼业还没有呈现出现在的这种蓬勃势头。他想这是一项有作为的生意，便跟她的师傅商量了一下，最终达成了一致，但最重要的问题却是资金缺乏。他先做出一份包含预算、地点、资金、经营方针等详细内容的可行性计划书，然后便将其推销给朋友们看，以三寸不烂之舌将他们说服以求得到他们的帮助。当初是靠借钱开饼店，可如今霍记饼店的生意已十分红火了。

在商业界，与朋友合伙的历史由来已久。如果霍世昌没有这样配合默契的朋友，这些奇迹不可能创造，这些成就不可能取得。朋友，确实是保证我们事业成功不可或缺的重要砝码。

多个朋友多条路。无论是在学习还是在工作中，每个人都应善待周围的人，满怀热情去赢得友情，构建通往成功的桥梁；主动而热情地与人交往，敞开心扉去迎接深厚、牢固、值得信赖的友谊！

◎数载同窗，一生财富◎

◎ 心机箴言 ◎

同窗之情，情如手足，在某种程度上犹胜于手足之情。通常来说，办事儿最实在、最得力的要数同学关系。

心机解读

大千世界，茫茫人海，成为同学，实是缘分不浅。虽相处时间不长，但这中间的关系值得珍惜，值得持续下去。如果你与同学分开后，还能保持一种相互联系、愈久弥坚的关系，对你的一生，或者说对你将来所达到的目标与

理想是会很有好处的,这其中的有利方面,也许是你所从未想到的。

心机案例一

刘备还在读私塾时,由于讲义气、聪明,因此成了同学中的头儿,在这几年中,他经常帮助其他同学,与他们的关系处得非常好。后来长大了,大家都有自己的道路要走,刘备与这些要好的同学也就各奔东西了。

虽然大家分开了,刘备却很注重经常与同学保持联系。其中有一位叫石全的人,是刘备读书时最合得来的朋友,他读书后,仍回家继续供奉自己的老母亲,以尽孝道,靠打柴卖字画为生。刘备不嫌其清贫,经常邀请石全到他家做客,共同探讨当时的天下形势,这样的聚会每次都很成功,刘备与石全的关系也在不断地加强,情同手足。

后来,刘备为了实现自己心中宏伟的目标,就带起了一支队伍参加了东汉末年的大混战。初时,刘备军事实力很小,不得不依附其他人,在一次交战中,刘备所带的军队被全部歼灭,只他一人逃脱,被石全藏了起来,逃过了一劫。

可见,同学关系有时在很危急的关头能帮上你大忙,起到排忧解难的作用。如果你善于借助同学的力量来推销自己,也往往能让你在事业上少走许多弯路。

心机案例二

有一位美术系刚毕业的女生,对于设计服装布料非常感兴趣,她决定要涉足这一行。只是刚开始进入这个行业非常困难,因为无论是使用布料的服装设计师,还是制造服装的工厂,都有自己已经很习惯的供应商。对于一个完全陌生、甚至还只是初出茅庐的布料设计者,他们根本就没什么兴趣。

女生拿着一堆自己花费很长时间精心设计的作品,来到一个著名服装设计师的公司。助理设计师本想打发她走,可是见她一副渴求的模样,便于心不忍地对她说:"好吧! 我拿进去给我们的设计师看一下。"

过了一会儿,助理设计师出来对女生说:"设计师说,我们的设计图太多了,根本没时间看。"

这位女生又跑到制造服装的工厂,结果也是一样。她四处碰壁,心情十分沮丧。她想,只要方法用对了,不断地尝试,一定能打开僵局。

这位女生的一位同学现已成为名歌星。在一次签名会上,女生挤在一堆歌迷里面,也以一副十分崇拜的样子望着歌星。好不容易轮到她和歌星握手时,女生从背包里拿出一些布料和自己的设计图,对歌星说:"我好崇拜你哟!老同学,真想为你设计漂亮的服装,请您在这几块布上为我签名。"女生摆出万分崇拜的模样。

歌星看了这些布料和设计图说:"哇!好漂亮!请你和我的服装设计师联络,我想用这些布料做衣服。这是她的电话,就说我叫你去找她的。"

女生开心地说:"好啊!我明天就去。"

第二天一大早,女生就来到先前她被泼了一盆冷水的著名设计师的公司。

女生拿出有女歌星签名的布料来,对助理设计师说:"是她叫我来找你们的,她说要用这些布料做衣服。"

助理设计师进办公室不到几分钟,设计师就带着满脸的笑容走出来见她。女生就这么走进了这个行业,而且愈来愈受客户的欢迎。

虽然善用同窗之情能为我们带来诸多好处,但是一定要记住的一点是,这中间的好处是来自于自己的努力的,如果在你与同学分开之后并没有经常性地相聚,那关系之好从何谈起?从中受益则更是一纸空文了。

所以,只要你有这份心、这份情,真诚地维持分开之后的同学关系,那你的交往面会更加地广泛,路也会比别人宽。

◎"借"其人之道还治其人之身◎

◎ 心机箴言 ◎

小人固然可怕,但若能及时发现并抓住其弱点,"借"其人之道还治其人之身,也会收到事半功倍的效果。

心机解读

生活中,小人当道之事时有发生。江山易改,本性难移。狗就是狗,它不会因为被人类豢养而变成老虎。

心机人士认为,人性亦如此,小人就是小人,不要指望他有朝一日成为正人君子。对待他们万不可手软,一定要以其人之道还治其人之身。面对小人的圈套和诡计,你必须保持冷静:对方处境不妙时,不妨痛下杀手,"痛打落水狗";对方想用毒计整治你,侮辱你时,最好将对方曾经讲的方法、道理、要求,照猫画虎,全部奉还给对方。

心机案例一

武则天铲除唐朝宗室势力,为自己登上皇帝的宝座,扫清道路的工具用的也是这一计策。武则天把持朝政后,把宗室诸王势力的存在,看成潜在的威胁。为了使自己耳聪目明,并且及时掌握政敌的动向以及扫荡诸王势力,武则天施用了鼓励告密和任用酷吏的权宜之计。

武则天下令,任何人,都可以到京城面见皇帝,告发机密;凡告密之事,任何人无权盘查、阻拦;沿途地方官员要安排外地来京告密者食宿,接待规格如同接待朝廷的五品官员一样。告密者进京以后,武后通常会亲自召见,根据告密人的优势,进行赏赐。如告密之人面色凶狠,擅长辞令,两眼凶光毕露,适合做爪牙的,武后立即封官,或授予御史之职,或授予游击将军,并赏赐金银绸缎,如告密者所报不实,却不严加追究。由于告密被太过提倡,一时间,告密之风盛行。不少人将告密者和偷盗进行比较,觉得告密比偷窃利益更大。偷窃如果失败,难免坐牢,侥幸成功,才可获得金银财宝,而告密者有很大机会升官发财,即使失败,也无害处。

因此,一班赌徒、罪犯、无业流氓、无赖之辈以告密作为获得富贵的捷径。历史上几个最著名的酷吏如索元礼、来俊臣、周兴都出现在了唐朝。

从告密者中武则天选拔了一批新官员,这些人是一帮杀人不眨眼的刽子手,他们多出身无赖,狡诈残忍,惯于陷害无辜。群小使用异常残酷的手段,助武则天镇压异己。武则天正是借助于告密、借酷吏扫荡了唐朝宗室势力,为自己清除了登上宝座的种种障碍。

不过,物极必反。告密和酷吏虽然帮助了武则天,但他们的横行肆虐,造成了世风败坏,小人钻营,人心惶恐,冤狱遍地,怨声载道。武则天意识到权宜之计的使命已完成,收场的时候到了。为了稳定政局,安定民心,武则天开始向酷吏开刀。"告密"仍是武后整治并铲除酷吏的办法,真可谓以其人之道还治其人之身。

酷吏周兴草菅人命,残害无辜,恶贯满盈,杀人无数,朝野上下无不对他恨之入骨。正在他横行得意之时,有人告发他"谋反"。武则天令酷吏来俊臣审理周兴案。来俊臣对周兴的老奸巨猾、诡计多端早有耳闻,料想他定难让他招供,便想出一计,让他痛痛快快地招认。受命后,来俊臣派人以请周兴饮酒为名将他邀至家中,席间他借"请教"为名,问其招供的方法,周兴便中了圈套,说:"这事不难,拿来一个大瓮,四周燃起炭火,把囚犯装入瓮中,他会不认罪吗?"来俊臣借机派人搬过来一口大瓮,按周兴所说的,用炭火围住烧烤,然后站起来对周兴说:"有人告发你有谋反之意,太后有令,由我审讯老兄,就请君入瓮吧!"周兴恍然大悟,惶恐不安,只好叩头认罪。这便是历史上有名的"请君入瓮"的故事。来俊臣审判周兴不也是巧借其人之道还治其人之身吗?

周兴被除掉之后,有人告发来俊臣谋反,武则天下令将他斩首于市。武则天为了争取民心,下了一道诏书,历数来俊臣的罪状,将任用酷吏以来造

成的灾祸,统统归于来俊臣身上。

　　武则天借酷吏之手为自己扫荡了政敌,而后又以毒攻毒巧借酷吏的头颅清洗自身,缓和危机。由此可见,武则天对"以其人之道还治其人之身"运用之熟及权谋之高明。

　　自古以来,以毒攻毒的计策成为处置小人的最佳办法。不过,如操之过急,群小便会结成暗党,互相勾结,反而招致大祸。有时缓一缓,他们之间也许会互相挤对,不攻自破。这也是以其人之道还治其人之身的妙用。

心机案例二

　　有个小男孩在一家面包房买了一块两便士的面包。他发现这块面包比往常买的要小得多,于是就问老板说:"先生,您没发觉这块面包比往常的要小好多吗?"

　　"哦,那不更好,小一些,你拿起来就轻便些。"老板奸诈地笑了笑。

　　"我懂了。"

　　男孩随手把一个便士放在柜台上, 他心中仍有些愤愤不平要走出店门时,老板叫住他:"喂,面包钱你还没付足呢!"

　　"哦,那不更好。"小孩彬彬有礼地说,"少一些,你数起来就更容易些。"

　　老板哑然。

　　机智的小男孩以毒攻毒,巧妙地整治了那个贪便宜的老板。这就是"借"其人之道还治其人之身的妙用。对待那些奸佞小人万不可有"妇人之仁",有时以牙还牙,以毒攻毒,以其人之道还治其人之身是必要的。对坏人动了菩萨心肠,心慈手软,结果自己只能深受其害。

◎借助他人声望,抬高自己身价◎

◎ 心机箴言 ◎

在某些情况下,如果单纯地靠自己的名声,有时是很难成功的。因此,就有人适度地借助哄抬效应,以名人的招牌为自己聚敛人气,却有四两拨千金的奇特功效。

心机解读

名人的确是一种稀有资源,由于名人的身份地位往往更能引人注意,在强化事物、扩大影响方面更具有社会效应。所以,适当利用名人效应来壮大自己的名声,也是一些人常用的做法。但这均是在道德和法律准许的框架内有效运作的,当然与弄虚作假、招摇撞骗的做法有质的区别。

因为名人大多在社会上有着较高的知名度和美誉度,有着良好的口碑和信仰,如果掌握分寸,适当运用,有时会产生很奇妙的效果,这正是运用了别人大多对名人仰慕的心理。但绝对不可张冠李戴、生拉硬拽,如果用于欺骗性质,就会给自己惹上一身官司。名人效应可以适度地借助,但要务必掌握一个度,否则,就会惹火烧身。但前提条件是,确实有某种渊源,如果是纯粹的借势,那就有些过火了。

可是,在日常生活中,有些人为了能在人前露脸,总是千方百计表现自己,不惜打肿脸充胖子。然而不幸的是,这样做的结果也有事倍功半,甚至事与愿违的时候。

因此,对于待人处世,借光不失为一种提高自身形象、扩大自己影响的策略和技巧。毫无疑问,在与人交往中,借助他人的面子和威名可以抬高自己。

心机案例一

民国初年,著名外交官陆征祥就曾有这样一段趣闻。

民国建立后,资历颇深的外交家陆征祥被民国政府任命为驻法国大使。

因为陆征祥自幼接受的就是西方教育,对西方人的生活习惯和爱好兴趣都了如指掌。他娶了位比利时姑娘为妻,而且这位姑娘的父亲是一位有地位的比利时将军。

有这样一位老丈人做靠山自然有利于打开外交局面。在接到担任驻法大使的任命之后,陆征祥颇费心机,他深知,要想在法国政界提高身价唯一可行的办法就是把自己装扮成一个腰缠万贯的阔佬。他把从政府领到的经费全部用到了中国驻法使馆的装修上,使得整个使馆看上去富丽堂皇。

同时,陆征祥还让老岳父在比利时给他订购了最好的马车,从国内带去不少字画古玩,放在使馆醒目的地方。到了巴黎后,陆征祥打扮得衣冠楚楚,携夫人频频出入法国上层外交场所,与法国政界名流、贵夫人、阔太太时常往来。

陆征祥的这一举动,让街头巷尾议论纷纷,都知道了新上任的中国大使是位阔佬,对他都刮目相看。其实,陆征祥这样做完全是为了便于工作,因为当时的人们是比较注重身份和地位的。可是这样的结果,虽然使他落魄成穷光蛋,却打开了外交工作的新局面。

可是,局外人并不知内情,往往以貌取人,在他们看来,陆征祥有这么华丽的住所、马车、衣着,口袋里的银子会少吗?但陆征祥也绝非傻瓜,几年之后,他奉命改任驻俄大使时,就乘机将使馆物品尽数拍卖。

诚然,有人惯于玩弄权术、沾光行骗、欺世盗名,但这并非借光本身的错误。只要动机纯正,借助各种外力来提高自己的知名度,以此拉动办事效率,是被社会承认的方式之一。因此,也不能对此妄加指责,斥其一无是处。

当然,在生活中,这样的例子很多,经常可以看到某人到处炫耀和某名人合影、签字等,其实二者根本没有任何联系,但之所以如此这般,就是在满足虚荣心的同时，可以换取某种好处。

心机案例二

　　王军在创立公司之初，因为公司规模小而缺乏订单。好多客户开着小车在王军的公司门口停下，都不愿意进去详谈。王军整天在为了筹集资金建新厂房而苦恼。后来一次偶然的机会，王军得到一个消息，附近的一家规模颇大的公司常年亏本，原因只是因为缺乏先进的技术与实干性的技术性人才。王军通过朋友的关系找到了这家公司，与公司老板商谈中，王军指出，他可以带领自己的技术团队为贵公司免费服务一年，以提高贵公司的业绩与技术水平。但是王军有一个小小的要求，就是王军的公司将以这家公司办事处的名义存在且双方不存在任何利益关系。这家公司的老板在考虑之后终于答应了王军。王军带着自己的公司为这家公司创造了一系列的高额赢利，同时也打着这家公司的名义给自己接了不少的订单。

　　当自己的力量达不到某种境界的时候，不妨靠一下背后的大树，它可以让你快速地到达目的地。

卷十五 在权力制衡的时刻：

恩威并重，收放自如

处在权力中心的人，要想有效地领导自己的部下，树立自己的权威，就要在权力场中做到见机行事，逢凶化吉，要能够随时变换脸谱，去担当差距很大的角色。

作为领导，不能只是一味地"软"或是扮红脸，那无异于纵容别人欺侮自己，可若整天总是黑着脸，这样弓虽硬，但却容易激化矛盾，从而处处受攻，八面树敌。

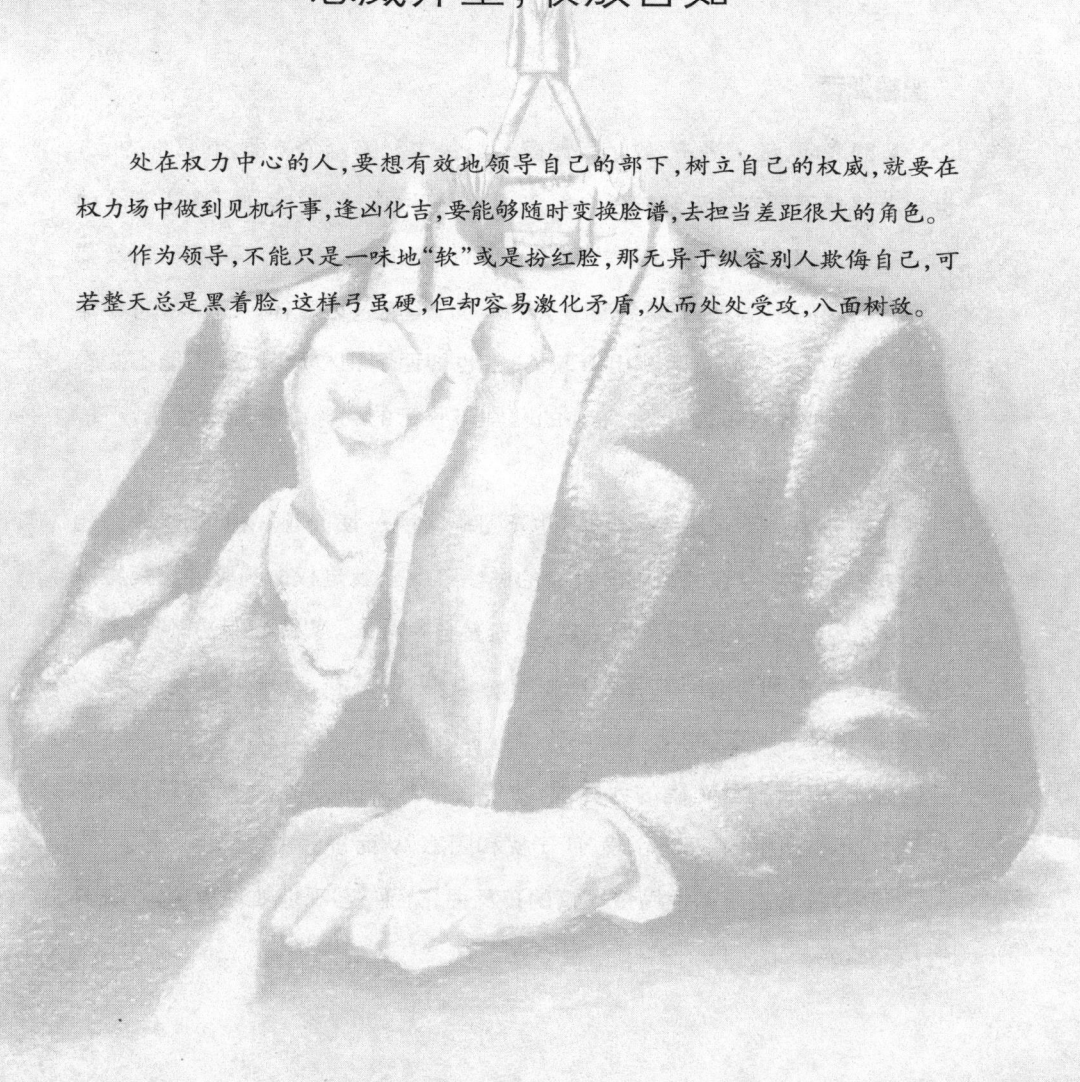

◎权衡利弊，顾全大局◎

任何行为都包含利弊两个方面，因此，在行动之前，都要清醒地考虑到可能出现的正反两种结果，既不能因负面影响就消极对待，也不能只看到好的因素就一意孤行，所以必须斟酌推敲，扬长避短，从大局着眼。

心机解读

实践表明，任一经济、政治运作模式都包含利弊两个方面，到目前为止，世界上还找不到完美无缺的包含经济、政治等运作模式。因此，在实施活动的过程中，就要始终树立正确的利弊观，对任何经济、政治等运作模式，既要看到它有利的一面，也要看到它有弊的一面，不能只见森林，不见泰山；在作出选择和取舍时，既要两弊相衡取其轻，也要两利相权取其重，不能不知轻重，更不能不分轻重，又要把眼前的利弊与长远的利弊综合起来考量，不能只图眼前之利，无视长远之弊。

任何行为都不可能完美无缺，也不可能解决一切问题。相反，从一开始人们就要知道它存在的缺陷。社会的进步事实上就是权衡利弊并反复推进的结果。如果总是幻想甘蔗两头甜，无疑是自欺欺人。实践证明，任何行为和模式都是各有利弊，所以，不能因一时一事，只见其利，或只见其弊，都是不客观的，也是不可取的。

因此，只有树立正确的利弊观，才能在实施新的方案、评价改革成果的过程中，不被所谓的"两难困境"所干扰和困惑，从而确保决策的合理性。

所以，只有在平衡中衡量事情的正反面，公平、客观地处理事情，才更具有战略眼光。

心机案例一

清朝皇太极去世之后，为了确保大清江山万古长青，就立即立儿子福临为太子。

福临是皇太极与孝庄皇太后所生，因而如何确保儿子的皇位就成了孝庄皇太后的终生使命。

但当时，多尔衮的权势异常强大，不得不任命其为摄政王处理朝政，但多尔衮并不满足，总是觊觎帝位，使得福临的地位遭遇严重考验。

在福临的羽翼尚未丰满之时，孝庄皇太后的当务之急就是如何保全儿子的性命，唯一的选择，只有以嫂子之身下嫁小叔多尔衮，以此来进行牵制。

这样做，虽然也委屈自己，也会被天下人耻笑，但为了对付面临的危局，保护皇权不至旁落他人，孝庄皇太后就必须牺牲自己的名誉，并以自己的风情和柔媚向多尔衮展开全面进攻。说实话，以孝庄皇太后的美貌和聪慧，多尔衮实难拒绝，于是，二人终结为秦晋之好。

就这样，多尔衮就被牢牢地控制在孝庄皇太后的手中，纵有篡位的野心，也慑于压力和孝庄皇太后的监视而无法有过分的行动。

后来，福临渐渐长大，身边逐渐培养了自己的心腹，形成了自己的势力。

孝庄皇太后，为了确保自己的儿子稳坐江山，先是委身他人，后采取断然措施，都是权衡利弊的结果。俗话说，两害相衡取其轻。其实说起来比较容易，但真做起来往往就需要有勇气和胆略，因再小的"害"也是损失，更何况有时两种情况都很严重。

在生活中，人会不断地面对各种挑战与考验，但只要仔细权衡、掌握分寸，就会得出正确的选择，也只有选择的正确，才是成功的前提。

心机案例二

杰克逊是美国缅因州的一个伐木工人。

他独自一人在森林里伐木，不慎被倒下的大树压住了右腿。

他就试着用各种方法想把腿抽出来,可是无论如何都办不到。腿被压得死死的,一点儿也动弹不得。

此时的杰克逊相当清楚,他绝对不能靠等待,否则的话就会因时间耽误得太长流血过多而死去。

他就毫不犹豫地拿起手边的斧子,拼命地朝树身砍去。可是由于用力过猛,三四下后,就把斧子的手柄给震断了。

还好,他身边还有一把电锯,于是就开始用电锯锯树。

但他很快就发现,大树是呈45度角倒下去的,巨大的树的自身压力随时可能会把锯条卡住,那样,他只有束手待毙了。

最后他终于下定了决心,拿起电锯对准了自己的右腿。

他从树下解脱出来了,终于得救了,但他永远失去了右腿。

应当说,杰克逊的选择对常人来说是难以想象的,但他的做法无疑是对的。因为失去一条腿总要比失去整个生命划算。

生活中,有时利弊的权衡是无奈的,甚至是残酷的,但在"鱼和鱼掌不可兼得"的时候,就必须"舍鱼而取熊掌"。这就是权衡的作用。

◎各行其职,到位而不越位◎

◎ 心机箴言 ◎

做领导要致力于管理和用人,而非事事亲力亲为。否则的话,既失去了管理的意义,最终还会事倍功半,让自己疲惫不堪。事事要到位,但不能"越位",更不能代劳。

心机解读

要想让人才发挥作用,就要为他们搭起好的舞台,这样他们才能演出好戏。巧妇难为无米之炊,若没有给人才以充分的条件,人的才能发挥就会受

到限制。

充分的授权会使每一个成员都感觉到自己能够独立判断，对自己的工作负责，而绝不是任人指使。但管理者也要注意在扩大自主权与加强领导之间取得平衡，既能使员工打破陈规陋习，把自己的才能最大限度地发挥出来，同时又使其忠诚于企业。

心机案例一

暮春的一天，汉宣帝的丞相丙吉带着几个随从，坐着马车外出办事。

马车正在长安大街上行驶，前面的道路却被堵塞了。原来，刚才有一群人在这里斗殴，不仅打伤了好几个，而且还有一两个人倒在地上起不来了。

众人一见闹出了人命，惊慌不已，议论纷纷，都不知怎么办才好，以致见到丞相的车来了也没来得及回避让道。车夫把马车停了下来。他想丞相一定会让人去了解一下斗殴的情况，然后加以处理的。可是丙吉却像没有看见路上发生的事一样，挥挥手叫车夫继续前行。

车夫一挥鞭子，马车继续前行。刚出城，丙吉看到一个农民正赶着一头牛往前走，那牛一边走一边喘气，还不时把舌头吐出来。丙吉马上叫车夫把马车停下来，并对一个骑马的随从说："你去问问那个农民，他赶着牛走了多少里路了，为什么那牛会喘气不止？"

坐在丙吉旁边的一个下属官员对丙吉的举动很不理解，不禁问他说："大人刚才对人命关天的事视而不见，现在见到一头牛吐舌喘气却停车询问，是不是有点重畜轻人，不够妥当呢？"

丙吉听后回答说："你错了！市民斗殴伤人，这应该由长安令、京兆尹等官员去处理。丞相的职责是考核这些官员的政绩，然后奏请皇上进行赏罚。作为丞相，没有必要事事都要亲自过问，而应该关心国家大事。所以我不停下车来去管那些打架斗殴之类的事情。"

"那大人为什么又如此关心这头牛呢？"那位官员还是感到不理解。

丙吉于是继续说："至于这头牛的情况就不同了。现在还是春天，照理说天气还不应该太热,但我却见这牛热得吐舌喘气。如果是因为已经走了很远的路了当然也不奇怪,但如果是并没有走多远的路,而是因为天太热的缘故导致牛吐舌喘气,那就说明今年的天气不正常,农事会受到影响。这可是关系国计民生的大事了,正是做丞相的人应该关心的。所以就要停下车来了解情况。"

那位官员这才明白过来,心想:"人们都说宰相肚里能撑船,丙丞相可真是知大节、识大体啊!"

授权任用与事必躬亲相对,是统治的权谋,领导的艺术。那些会做领导的人,致力于选拔任用人才,而不去做应该是属下做的事,这是抓住了根本。那些不会做领导的人,伤形费神,愁心劳意,结果越是管理不好,这就是因为他没有抓住根本。

心机案例二

IBM 公司的前总裁汤玛士·华生,是一个很拼命工作的人。后来在任职期间被诊断出罹患心脏病,但他仍不知疲倦地坚持工作。

有一次在工作中,他旧病复发,被送往医院进行治疗。医生经常检查,最后认为华生必须必须马上住院治疗,如果再耽误的话,将会有生命危险,医生把这个消息告诉给他。

华生一听,如晴天霹雳,他焦躁地说:"我怎么会有时间呢?我们公司可不是小公司啊,我每天要忙个不停,还有忙不完的工作等着我,我怎么能安心住进住院呢!"

这位名叫华尔许的医生并没有和他多说,只是邀请华生一起出去走走。华生不明白医生的意思,想了一下接受了他的邀请。

他们开车来到郊区的一个墓地,华生更是不明白医生到底想做什么了。他困惑地看着医生。

医生也猜到了华生的意思,他指着坟墓说:"你我总有一天要永远躺在这儿。没有了你,你目前的工作还是会有人接手来做。即使你不幸离世了,公

司仍然会照常运作,不会因此而关门大吉。你可以离得开公司,公司也可以
离得开你。"

听完这番话后,华生站在那儿沉默不语,豁然超脱。他在第二天便写好
了辞职申请,这位在美国商场上呼风唤雨的总裁就这样洒脱地离开了自己
热爱的工作岗位,并住院接受治疗。

在医生的努力下,华生很快就康复出院,身体健康的华生并没有回 IBM
公司继续供职,而是过着闲云野鹤的生活;华生离开后,IBM 并没有颓废不
前,它仍旧保持着自己鲜明的活力。

好的管理者就是企业离开你照样转,做到这一点就是要信任下属,懂得
授权之道。

◎宽容大度才能赢得尊重◎

◎ 心机箴言 ◎

古人云:"宰相肚里能撑船"、"将军额头跑得开马",作为上司要有宽
广的胸襟和包容的气度,不能用自己的标准要求下属,因为上司的站位要
高,这样才能赢得下属的信赖。

心机解读

一个真正有高深修养的上司,应具有接纳庸俗的气度和宽恕他人的雅
量,应该有容纳他人缺点和宽恕他人过失的气度,绝不可自命清高,不跟任
何人来往而陷入孤立状态。尤其是那些有志于做大事的人,更要有容人之
量,这样才会有人与你共享,为你效劳,你的事业才能不断发展壮大。

在生活中,如果多一份宽容,一件可能原本很糟糕的事情也会向好的一
面发展,这就是"化干戈为玉帛",是宽容的另一种境界。真正宽容的人才能

够化解诸多矛盾,这样可以赢得人心,俗话说:"多大肚量成多大的事。"一个有所作为的人,首先要具备豁达、开放、包容的胸襟,要有含污纳垢的气度和忍仇容敌的胸怀。若一个人心胸狭窄,不懂得宽容他人,自己做事时也许会取得小小成就,但做领导是肯定不能成大气候的。

因为,上下级的关系本来就容易产生隔阂,而下属们一般都害怕被领导指责,他们加倍小心,努力工作,如果身为上司,对下属出现的每一处并不显眼的错误都不放过,对工作中的每一个可以忽略的过失都斤斤计较,那就更会加剧下属们的这种恐惧,进而造成彼此不信任甚至敌视。

事实早已经证明,事业越成功的人,就越有宽容之心。宽容犹如春天,可使万物生长,成就一片阳春景象。不计过失是宽容,不计前嫌是宽容,得失不久居于心,亦是宽容。宽容可助你赢得下属的忠诚,保持其积极进取的心;可使你不受一时得失的影响,保持对事情正确的判断。所以,如果你想有所作为,获得成功,那就要学会宽容,养成能够容忍谅解别人不同见解和错误的肚量。

心机案例一

东汉末年,袁绍有一次向曹操发动了大规模的进攻,并令谋士陈琳写了三篇檄文,对曹操大加鞭挞。

陈琳才思敏捷,言辞犀利,在檄文中,不但把曹操本人给臭骂得体无完肤,甚至连他的祖宗三代也没有放过。曹操是相当恼怒,气得钢牙紧咬、火冒三丈。

可是不久,袁绍失败,陈琳也落到了曹操的手里。

人们都以为曹操可逮住了报复的机会,陈琳必死无疑,因为只有这样,才能解曹操心头之恨。然而,出人意料的是,曹操非但没有杀陈琳,反而对他委以重任。这使陈琳非常感动,后来为曹操出了不少好主意。

当时有属下不解,曾问曹操:"大人为何不杀陈琳反而重用,难道您忘了他是如何往您身上大泼脏水的事情了? 对于这样侮辱您的人您却待为上宾,

不是让天下人轻视您吗？"

曹操哈哈大笑，说："我和陈琳往日无怨、近日无仇，他之所以对我大泼污水，主要是各为其主，这一点恰恰说明他对主子的忠诚。我怎么能亏待一个对主子忠诚的人呢？况且现在正是用人之际，我怎么能乱杀英才呢？那样天下人岂不是更加嘲笑我？现在我这样做，天下人则都知道，对待仇人，我尚且如此，何愁天下能人不来呢？"

属下对曹操的胸襟佩服之至。

可和曹操同时代的周瑜，在容人之量上与曹操相比却大相径庭，虽然周瑜也是三国时代才华横溢的人物。

赤壁之战中，周瑜统帅的东吴方面损失惨重，而诸葛亮却没有多少损失，当时就气得周瑜"大叫一声，金疮迸裂"。后来，周瑜又用美人计，骗刘备东吴招亲，被诸葛亮识破，最后是"赔了夫人又折兵"。最后，周瑜用"假途灭虢"之计，想谋取荆州，亦被诸葛亮看穿，周瑜仰天长叹："既生瑜，何生亮！"连叫数声，吐血身亡，足见周瑜度量之小。

曹操和周瑜，虽然同属三国时代的杰出政治家，但却有着不一样的胸襟。

从古至今，大凡胸怀大志、目光高远的仁人志士，无不以大度为怀，置区区小利于不顾。相反，那些鼠肚鸡肠、心胸狭隘，对只言片语耿耿于怀的人，很少能成就大事业的。

心机案例二

世人大多知道，基辛格是尼克松总统的最亲密助手。其实这两个人曾经是一对政敌。

在总统竞选期间，基辛格利用自己的影响力，对总统竞选人尼克松展开了猛烈的炮火，使尼克松遭遇了空前的挑战。

尽管基辛格的猛烈攻击给尼克松造成了很强的杀伤力，但却最终没有阻止尼克松成功问鼎白宫，登上总统宝座。

即便是在尼克松担任美国总统之后，基辛格也没有停止他一贯的炮火，并讥讽尼克松"根本没能力治理好美国"。

但令人倍感意外的是，在猛烈的炮火中，尼克松总统见证了基辛格的才华，就顶住各种压力，大胆任命基辛格为国家安全助理。

尼克松的这种低调处理的宽容姿态，使基辛格深为感动，便倾其全力帮助尼克松总统。

基辛格也果然不负重望，凭借其渊博的知识、独到的见解、过人的胆识纵横国际政坛，成为驰名国际的外交家，为尼克松总统扫除了许多国际障碍。

尤其是在"水门事件"中，基辛格更是利用其出色的外交才能为尼克松总统排除了不少来自美国国会的弹劾威胁。

但二人也时常开一些善意的玩笑，1971年在尼克松发表一次演讲后，基辛格就在第一时间里给尼克松打电话说："关于您的领导风格，非常有意思的是，您从来不制造小新闻，总是大新闻！绝对是令人叹为观止！"

就这样，由于尼克松的宽容，才成就了一对政治家的黄金搭档，也因此在世界政坛上叱咤风云、所向披靡。

尼克松总统以其宽宏大量的胸襟，不仅成就了他的伟大事业，也为世人留下了宽容的风范。实践已经不止一次证明，那些胸襟宽广的人，才能有海纳百川的气象，才能成就非凡的业绩。

◎知人善用，恩威并施◎

◎ 心机箴言 ◎

在权力场中，若要做到见机行事，逢凶化吉，转难成易，就需要根据形势的变化随时变换脸谱，去担当差距很大的角色。

心机解读

在权力行使中，不要一味地实行强制手段和高压政策，这样并不能确保

权力的有效行使,只有那些懂得恩威并重的领导者,才是驾驭权力的高手。但"恩惠"并非软弱可欺,而是要善于软硬兼施,该软时软,该硬时绝不退让。

说到底,恩惠只是达成目的的一种手段,是为了避免不必要的麻烦;恩惠,更是为了笼络人心,当时机成熟时,就应当机立断,乘势取胜,达到既教育了歹人,又保护了自己的目的。

若要在权力场中春风得意、游刃有余,就不能一味地"软",若一直扮红脸,无异于任人欺侮。但总是黑着脸,弓虽硬,但却又会激化矛盾,处处受到攻而落得敌人满天下。高明的操纵者,追求恩威兼施的巧妙效果,既可杀灭对手威风,又可以给人台阶,圆满收场。

人生在世,待人接物,应当说更多的时候是软的,所谓有话好好说,遇事好商量,遇事让人三分等,都是人们待人接物中常有的态度和常用的方法。但不是所有的时候恩惠的手段都灵验,有的人就是欺软怕硬,敬酒不吃吃罚酒,好话听不进,恶话倒可让他清醒。这时,强硬的态度与手段就成为必要。

所以,恩与威,作为一种谋略,或者作为一种交际手段,无论在何种场合,不可偏废。从理论上讲,恩,体现友善、修养、通情理;威则显示尊严、原则和力量。它们作为软硬谋略的两个方面,存在的基础应是真实与合理,否则,软硬兼施便成了狡诈,虽得逞于一时,终究必吃大亏。

心机案例一

东魏政权虽仅存在了十多年,但却一直由高欢、高澄父子两人控制。

高欢是依靠鲜卑军人起家的,又得到了汉族豪强的支持而夺得政权,上台后,他吸取了尔朱氏失败的教训,就留心接纳汉族士大夫,注意笼络鲜卑贵族。但是,他对官员的贪污聚敛、为非作歹的行为比较纵容,使得东魏吏治日趋腐败。

行台郎中杜弼上书要求高欢整肃吏治, 高欢却说:"天下贪污,习俗已久。今带兵的鲜卑将帅的家属部将都在关西,宇文泰又经常派人过来对他们笼络招降,他们也在犹豫观望;而江东又有南梁萧衍汉族士大夫都认为他是汉室正统。我如果急于整肃，势必会触动许多人的利益，恐怕鲜卑将帅将投奔宇文泰，汉族士大夫则向南梁，那样的话，我们将无法控制局势，将何以立国？还是等局势稳定之后再说吧！"

杜弼则不以为然，在高欢准备出兵攻打西魏时，就再次要求高欢先除内贼。高欢问他："谁是内贼？"

杜弼说："谁掠夺百姓的财产就是谁。"

高欢没回答，就令军士排列两边，举刀、挺矛、张弓，要杜弼从队伍中走过去。

看到这等阵势，杜弼直吓得冷汗直流，战战兢兢。

高欢却开口说："箭虽在弦上而未发，刀虽举而未砍，矛虽挺而未刺，你便吓成这样。可是诸位却要冒着枪林弹雨，九死一生，他们虽有贪腐，但功劳还是最主要的，能把他们看做常人吗？"

东魏的都城在邺，高欢却一直住在晋阳，将朝政委托给孙腾、司马子如、高岳和高隆之，人称"邺中四贵"，他们专恣朝政，骄横贪枉，权熏内外。

高欢既不想得罪权贵，也不愿看着他们强大，便任命其子高澄为大将军，领中书监，大权尽发高澄。

太傅孙腾自以为是其父辈，又是功臣元老，进大将军府，不等招呼便坐下来。高澄看到他如此张狂，就给了他一个下马威，令左右将他拖下座，用刀背抽打他，并令他站立门外。

高隆之随高欢起兵山东，也属于元勋级别，故高欢称其为弟。一次，高澄的弟弟高洋对高隆之叫了声"叔父"。高澄马上沉下脸，骂了高洋一通，使高隆之下不了台。

高欢却趁机假装关切地对公卿大臣说："孩子长大了，我也管不住了，你们要注意回避些。"从此，公卿大臣见了高澄都非常害怕。

尚书令司马子如是高欢的昔日旧友，位居高位，权倾一时，却不自重。他常与太师、咸阳王元坦大肆敛财。御史中尉崔暹、尚书左丞宋游道等人曾先后弹劾他们，奏本写得非常严厉。

高澄就将司马子如收押起来。一夜之间，司马子如的头发都急白了，他

说:"我从夏州投奔相王,相王送我露车一辆、曲角母牛一头。牛已死了,曲角尚在。此外,我的财产都是从别人那里掠取来的。"

其实,高欢、高澄如此动作只是为了警告这些权贵,并非真要处置他们。高欢写信给高澄说:"司马子如是我的故旧,你应该宽待他一点。"

高澄得信,正骑马在街上,就立即令人将司马子如带来,打开枷锁。司马子如大惊失色,说:"莫非要杀头吧?"

没想到高澄却放了他,但同时也免掉了他和元坦的官职,其余涉嫌的大小官吏或杀或罢官,过去谁也不敢触动的案子都一一办妥。

几个月后,高欢再次看到司马子如时,他已憔悴得不成样子。高欢却亲昵地把司马子如的头靠在自己的膝上,亲自为他捉头上的虱子,又赐给他一百罐酒、五百头羊、五百石米。他对邺城的权贵说:"咸阳王、司马子如都是我的布衣之交,与我的关系你们谁能超过他们,他们犯法,我还不能救,你们可要小心啊!"

高欢父子一个扮白脸,一个扮黑脸,一个以旧恩笼络,恩威并施,巧妙施展权术来驾御公卿贵戚。

在生活中,若巧妙地运用"恩威并用"的方法,既不伤和气,而又达到统御的目的,尤其对那些有功之人更适合些。事实上,恩威并济的用权规则,是领导者常用的驭人法宝,恩威并施、刚柔相加的政策,也就是所谓的"大棒加胡萝卜"、"打一巴掌揉三揉"的政策,而许多领导都深通此道,并多次运用于自己的驭人之中。

心机案例二

梅考科是美国有名的富翁。在成名之前,他也曾经一贫如洗,他的"富"是靠自己的勤奋和精明所换来的。梅考科尤其精于对内部员工的管理,在梅考科的公司内设有严格的规章制度,违者必罚,绝不姑息。

有一次,一位跟梅考科干了20多年的老工人喝醉了酒,在工房里跟工头大闹起来,工头立刻向梅考科作了汇报。梅考科大笔一挥:"立即开除。"

这位老工人是梅考科创业时的患难之交,在他创业最艰难的时候,公司一连三个月分文没发,许多员工都弃梅考科而另攀高枝去了,可是这位老工人却没有走。对于这样一位"知己",梅考科当然不会"开除"了事。他找到老工人,与老工人谈心。原来,这位老工人的妻子刚刚死去,留下了两个年纪不大的孩子。可偏偏又祸不单行,一个孩子不慎跌断了腿,老工人心情不好,就只好借酒消愁,没想到又被工头发现了。工头把他一顿臭骂,老工人借助酒劲,就与工头吵了起来。

梅考科听后拿出厚厚的一沓儿钞票,塞给老工人,并对他说:"你回去把家务好好料理料理吧!"

老工人心头一亮,感激地说:"老板,您不开除我了?"

"不,制度面前人人平等,开除的命令是不能收回来的。"梅考科紧握住老工人的手,坚决地说,"不过,请你放心,我是绝对不会让自己的老朋友走上绝路的。"

梅考科坚定不移地开除了这位有 20 多年交情的老朋友,令全公司的员工刮目相看。事后,梅考科安排老工人在自己的一个牧场中做了管家,这又令知情的人赞叹不已。

不管是谁,哪怕是老板自己的"知己",只要触犯了公司既定的规章制度,也必须受到应有的惩罚。只有这样,才能更好地提高公司制度的威慑力,让那些无视法规存在的职员心存警惕。然而,仅仅拥有严格的制度是完全不够的,要想让员工死心塌地跟随自己,任劳任怨,一同创造事业,还必须要给予他们生活上的关怀、鼓励,使他们知道他们的老板是值得信赖和追随的。梅考科就是这样一个颇有人情味的精明实业家。

◎抓住对方软肋,偶尔敲山震虎◎

◎ 心机箴言 ◎

任何人都有自己的软肋和盲区,如果在适当的机会,轻轻敲打一下,往往会起到事半功倍的效果,此所谓"打马骡子惊","敲山可震虎"。

心机解读

在战场上向敌人正面进攻,不仅伤亡巨大,而且未必有取胜的把握,因为正面进攻虽杀声震天、声势浩大,但其自身优劣也往往暴露无遗,倒不如采用曲线迂回的方法,抓住敌人的缺陷旁敲侧击,反而有可能达到不战而屈人之兵的目的。军队打仗是这样,在现实生活中做人也是如此,尤其是作为领导,就更要有这等驭人的功力。有时直接与属下正面论战,虽苦口婆心,但未必能够取得好的效果,甚至事与愿违,因此,为了敦促某种事情的顺利解决,就不如抓住对方软肋,敲山震虎、暗示利害,让其自我检视,从而达到翻然醒悟的目的!

俗话说,人无完人,金无足赤。无论是高居庙堂之上的帝王将相,还是处在江湖之中的黎民布衣,都会有程度不同的软肋。但如何利用属下的软肋帮助自己轻松管理,则是考验领导者的智慧。俗话说,"玉不琢,不成器"。作为一个管理者、一个领导者,如果不会批评属下,就不能帮助属下进步,更不可能塑造一个富有战斗力的团队。而管理者本人也就不可能成长为一名引导别人的高手。而且,尤其值得注意的是:越是职位高或者想做到高层的管理者,就越应该学习如何利用属下的软肋,进行"有效地批评"。因为,更多的时候,职位越高,越会让你倚重组织赋予你的"职权"来批评属下,想当然地在内心深处认为自己是正确的,从而忽视了旁敲侧击的效果。事实上,会不会含沙射影或者敲山震虎,和职位高低无关,而是和你的领导力修养有关。因此，要想成功地领导和管理属下，就要成功地对属下进行"木桶短板"教育，而不是仅仅依靠公事公办，还要懂得打蛇"打七寸"的方法和技巧。

心机案例一

洪武年间，朱元璋感到日益年老体衰，就带着几分神秘告诉已经被内定为继承人的孙子朱允炆，说自己已为他选择了一个可以治理天下的人才，"这个人一生都会效忠于你，并能为你治理国家，开创太平盛世。但这个人有个缺点，就是过于傲气，所以现在还不能用他，目前我正在想法压制他的狂傲，将来才能成大器"。这个被朱元璋看好的人才就是方孝孺。

方孝孺自幼聪慧，6岁能诗，人奇其才。15岁即随父兄北上济宁，励志攻读。后师承宋濂。洪武十五年，受东阁大学士吴沉等举荐，应征至京，奉旨作《灵芝》、《甘露》二诗，甚合圣意。赐宴时，太祖朱元璋有意测试其为人，见其举止端庄，学问渊博，就萌发了让其日后辅佐子孙之意，但观其身上有一种狂傲，却是为官之大忌。朱元璋认为有必要让其蛰伏一段时间，杀杀傲气才可重用，便对其说，一流的才华是用来治国理政的，而不是用来自我炫耀卖弄的，于是对其用厚礼遣回家乡，拒绝留京使用。方孝孺这才有所顿悟，此后十几年，居家苦读写作，修身养性。

洪武三十一年，朱元璋驾崩，皇太孙朱允炆继位，改年号建文，称建文帝，遂召方孝孺入京，任翰林侍讲学士。这方孝孺经过多年的潜心修炼，果然变得十分谦虚，就被建文帝委以重用，方孝孺也将建文帝视为知遇之君，对其忠心不二。

后来燕王朱棣发动争夺皇位的战争。朱棣夺得皇位后，他的第一谋士姚广孝曾跪求朱棣不要杀害方孝孺这样的人才，明成祖朱棣答应了姚广孝。南京陷落后，方孝孺闭门不出，日日为建文帝穿丧服啼哭，明成祖朱棣派人强迫他来见自己，方孝孺却穿着丧服当庭大哭，拒绝归顺。后明成祖要拟即位诏书，大家纷纷推荐方孝孺，朱棣遂命人将方孝孺从狱中召来。方孝孺当众号啕，声彻殿庭，明成祖也颇为感动，走下殿来跟他说："先生不要这样，其实

我只是效法周公辅弼成王来了。"方孝孺就反问："成王现在何处？"明成祖答："已自焚。"方孝孺问："何不立成王之子？"成祖道："这是朕家里的事！与外人无关！"并让人把笔给方孝孺，并说："此事由先生写，天下人才信服！"孝孺奋笔疾书"燕贼篡位"，然后掷笔于地，且哭且骂："死就死了，诏书不可写。"朱棣发怒道："你难道不怕连累九族吗？"方孝孺仰天大笑："就是你杀了我十族又能如何？"

方孝孺从一个桀骜不驯的恃才狂人，到一个死心塌地的效忠大臣，就是朱元璋一句"一流的才华是用来治国理政的，而不是用来自我炫耀卖弄的"旁敲侧击的结果，一下子打中了这个才华横溢读书人的软肋，并最终成为"士为知己者死"的典范。

因此，在生活中遇到那些不好对付的"刺儿头"或者"钉子户"，最好不要正面迎战，他们往往"吃软不吃硬"，只要把准脉搏，寻找"罩门"，对症治疗，就能起到显著效果，而经过精心设计的迂回包抄的战术，直取其软肋，就能让其臣服。而这样的人一般经过风雨洗礼之后，往往能够成为忠心耿耿的左膀右臂。

心机案例二

某电器厂三分厂的孙厂长，原本以为自己绝对会在集团重组中出任销售总经理，可结果，总经理一职却被电器二分厂的袁厂长担任。孙厂长除了私下抱怨是袁厂长抢了他的位置外，还多少流露出对集团武董事长用人方法的不满。

集团武董事长获此信息后，虽然内心十分生气，但孙厂长毕竟是自己一手提拔起来的中层干部，况且在销售上也确实有一套，为集团的发展也立下了汗马功劳。如果孙厂长以这样的心态工作，必定会影响集团的利益。于是，武董事长就在一次集团召开的会议之后，将孙厂长留了下来。

武董事长对他说："孙厂长，你是我一手提拔的中层干部，向来对我都是忠心耿耿，我相信今后的你对我依然会是这样。不过，最近有一些关于你对这次人事调整的谣传,我根本不相信。哦,另外,你要处理好你家里的事,不要让你老婆再到厂里闹你什么绯闻的事,你是我的兄弟,我才这么说。虽然我不相信这是真的,但毕竟不是什么脸上贴金的事。我可不愿意我的爱将在别人的谣传中栽了跟头!"

"董事长,您放心!我怎么会对您有意见呢?别听别人胡说八道。"孙厂长惊出一身冷汗,"至于我老婆闹到厂里的事,更是她的胡乱猜疑,根本没有那回事!您放心,我绝对不会给您丢脸。"

自此谈话之后,孙厂长就像换了一个人,不,比之前表现得更好。

对于得力爱将的情绪,武董事长一席话就将其驯服,并让其顿然醒悟,足见敲山震虎的威力。

生活中对于那些自以为是的人,如果放任不管,他反而认为对方软弱可欺,无招可使,这样就会更加助长其嚣张气焰,但这样的人往往又是有能力的人,比较顾及颜面,如果放任自流绝对是人才浪费。因此,如果掌握命门,适度敲打,便可让其翻然醒悟,痛改前非。

◎ 用人就要坚信不疑 ◎

◎ 心机箴言 ◎

疑人不用,用之不疑,就是给人以充分的信任,创造良好的前提条件让他独立地发挥才干,即委之以事,就要有放手让权的气魄。

心机解读

"疑人不用,用人不疑"是古训,也是管理学上非常重要的道理,更是有心机者应当深谙于心的道理。对于感觉靠不住、没把握、不放心或认为有问题的人,那在做事之初就不该委以重用;对于自己感觉不错的、认为可用之人,那就要放下顾忌,放心使用、大胆使用。

心机案例一

　　战国时期魏国的国君派大臣乐羊率军去攻打中山国，因为中山国国君的重臣乐舒恰是乐羊的儿子，所以朝廷中私论颇多。大家认为乐羊虽会打仗，但这次肯定不会全心全意去为国尽忠。

　　乐羊在抵中山国后，决定用围而不战的战术攻城，所以一连数月，不动一兵一卒。于是私论成了朝论，弹劾他的奏章像雪片似的飞到了魏文侯的手中。魏文侯不动声色，反而派遣专使带着礼品、酒食远道去慰问乐羊，犒劳他指挥的军队。流言愈益沸腾，魏文侯索性大兴土木，给乐羊建了一座漂亮的别墅。

　　终于，乐羊按计划攻克了中山国，得胜回朝。魏文侯特意为乐羊举行盛大的庆功酒宴，并赏给了乐羊一个密封的钱箱。乐羊回到家后打开一看，不禁感动万分。原来，箱子里装的不是魏文侯赏给他的金银绸缎，而是满满一箱在他攻中山国时大臣们弹劾他的秘密奏章。乐羊这才明白，如果不是魏文侯的全力庇护，不是魏文侯对他的这种超乎寻常的信任，不要说攻打中山国的任务不能完成，就是自己的性命恐怕也难以保住了。

　　与此同时，秦穆公也留下了一段用人以信的历史佳话。秦国当时与晋国争霸，恰逢晋君病逝，秦穆公想乘此机会假道晋国灭晋的友邻郑国，于是派了孟明视、西乞术、白乙丙三位大将出征。没想到秦军进入晋国的高山峡谷时，受到了晋军的伏击，秦军全军覆灭，三位主将被活捉。

　　晋国为了羞辱秦国，不杀孟明视等，反而将他们押送回国，请秦自处。秦国举朝羞愤，三位将军也恨不能立刻以死谢罪。但秦穆公却身穿白衣素裳，亲自到郊外去迎接他们，并为未能生还的将士痛哭祭奠，然后向全国发布引咎自责的《秦誓》。他说："孟明视等都是杰出的将才，只是因为我的错误决断，才蒙受了这样的奇耻大辱。胜败乃兵家常事，我相信他们一定会为我们的国家报仇血恨。"

　　一年之后，孟明视率师伐晋，又遭惨败。秦穆公不顾大臣们的反对，仍然让他位列将相,并帮助他整顿军政。孟明视等发誓要报此知遇之恩,定要实现《秦誓》中的誓言。他们厉兵秣马了整整三年,三人再度伐晋,这一次是势如破竹,压过全境,晋军大败,只得求和。此一战大振秦国国威于天下,终于使晋国承认了秦国已经振兴并享有同等权力的地位。

做到用人以信、用人不疑并不是那么容易的,除了能运用自己的权力给人创造发挥才干的条件外,还要能在流言如矢的情况下,持信不移,并且在遇到困境时,能与下属同甘共苦,共患难;而不仅仅只是以消极的态度等待其发挥才干、创造佳绩;要以积极的态度参与其中,增强其信心,扶助其毅力,以其事待其成。

可以说,这种用人以信的品德,同时也体现了一种宽广的胸怀、临难不苟的气度以及高瞻远瞩的眼光。这当然可以称得上是为官者的一种素质了。士为知己者死,女为悦己者容。用人用到魏文侯、秦穆公那样的水平,那是不会发愁求不到贤才的。